UN254122

近所鉄道

梅田十三

現代書館

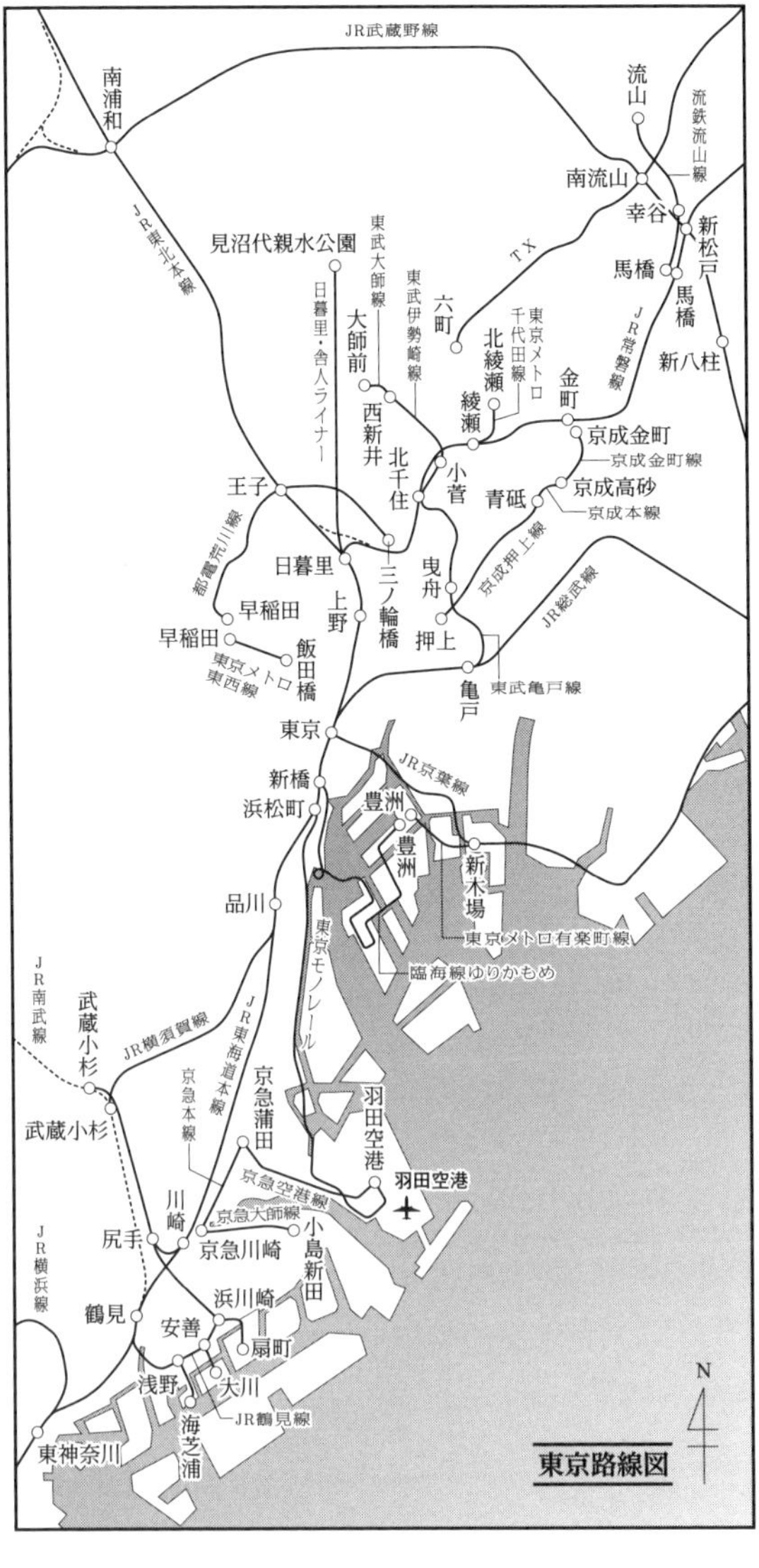
東京路線図
JR武蔵野線
南浦和
JR東北本線
流山
流鉄流山線
南流山
幸谷
新松戸
TX
馬橋
馬橋
新八柱
JR常磐線
見沼代親水公園
東武大師線
東武伊勢崎線
日暮里・舎人ライナー
大師前
西新井
六町
北綾瀬
東京メトロ千代田線
綾瀬
金町
京成金町
京成金町線
北千住
小菅
京成高砂
青砥
京成本線
王子
都電荒川線
日暮里
三ノ輪橋
京成押上線
曳舟
JR総武線
早稲田
早稲田
上野
押上
飯田橋
東京メトロ東西線
亀戸
東武亀戸線
東京
JR京葉線
新橋
浜松町
豊洲
豊洲
新木場
東京モノレール
品川
東京メトロ有楽町線
臨海線ゆりかもめ
JR南武線
武蔵小杉
JR横須賀線
JR東海道本線
京急本線
京急蒲田
羽田空港
武蔵小杉
羽田空港
京急空港線
京急大師線
川崎
尻手
京急川崎
小島新田
JR横浜線
鶴見
浜川崎
安善
扇町
浅野
大川
JR鶴見線
海芝浦
東神奈川
N

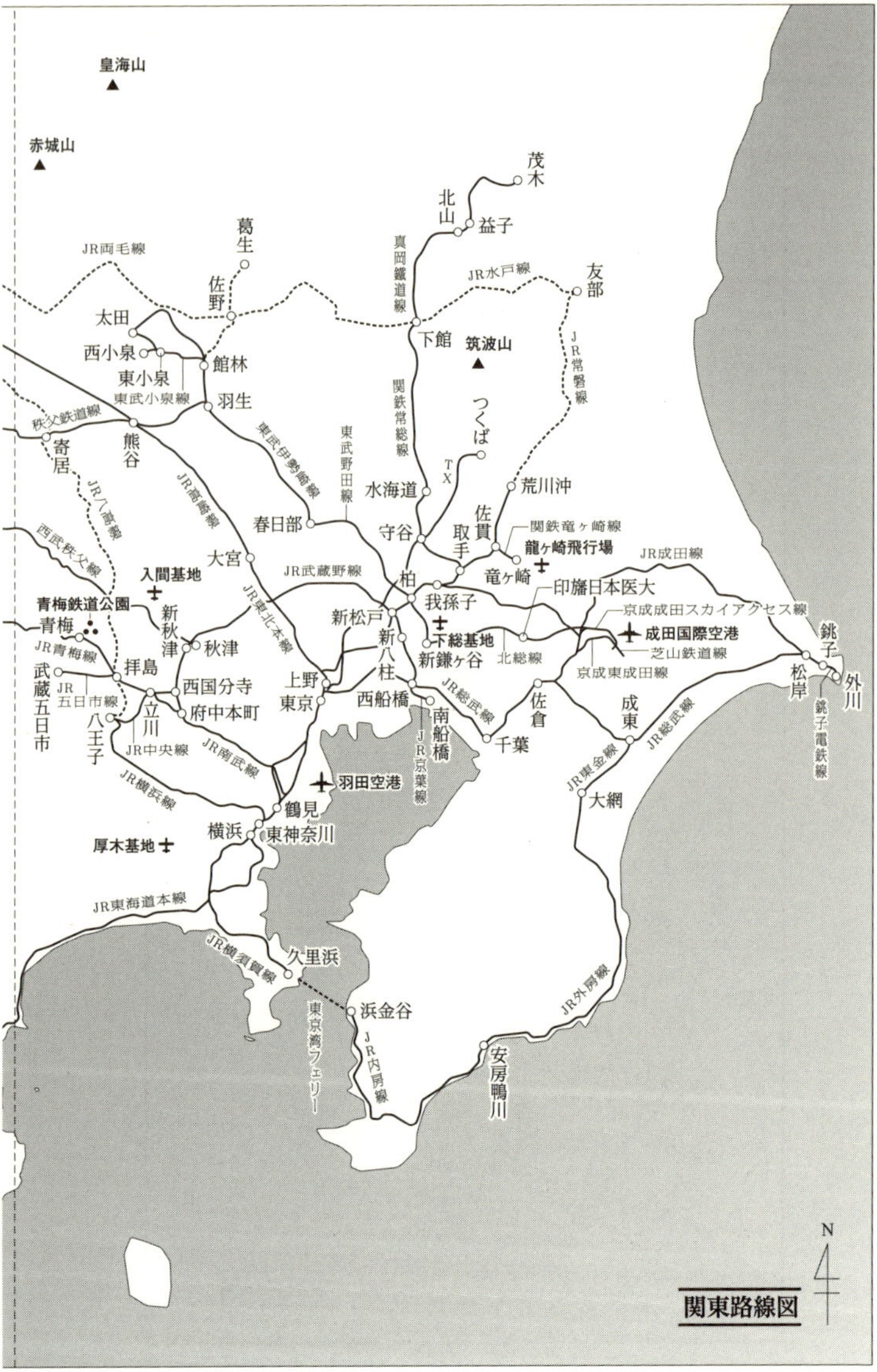

皇海山
赤城山
茂木
北山
益子
葛生
JR両毛線
真岡鐵道線
JR水戸線
友部
佐野
太田
下館
筑波山
西小泉
館林
東小泉
東武小泉線
羽生
関鉄常総線
JR常磐線
つくば
秩父鉄道線
熊谷
寄居
東武伊勢崎線
東武野田線
TX
荒川沖
JR八高線
JR高崎線
水海道
佐貫
春日部
守谷
取手
関鉄竜ヶ崎線
西武秩父線
大宮
龍ケ崎飛行場
JR成田線
入間基地
JR武蔵野線
柏
竜ヶ崎
印旛日本医大
我孫子
京成成田スカイアクセス線
青梅鉄道公園
新秋津
新松戸
成田国際空港
青梅
JR東北本線
新八柱
下総基地
銚子
JR青梅線
秋津
新鎌ケ谷
北総線
芝山鉄道線
拝島
京成東成田線
武蔵五日市
JR五日市線
西国分寺
上野
東京
西船橋
JR総武線
佐倉
外川
松岸
立川
府中本町
南船橋
成東
八王子
JR中央線
千葉
JR総武線
銚子電鉄線
JR南武線
JR京葉線
JR東金線
羽田空港
JR横浜線
大網
鶴見
横浜
東神奈川
厚木基地
JR東海道本線
JR横須賀線
久里浜
東京湾フェリー
浜金谷
JR内房線
JR外房線
安房鴨川
N

関東路線図

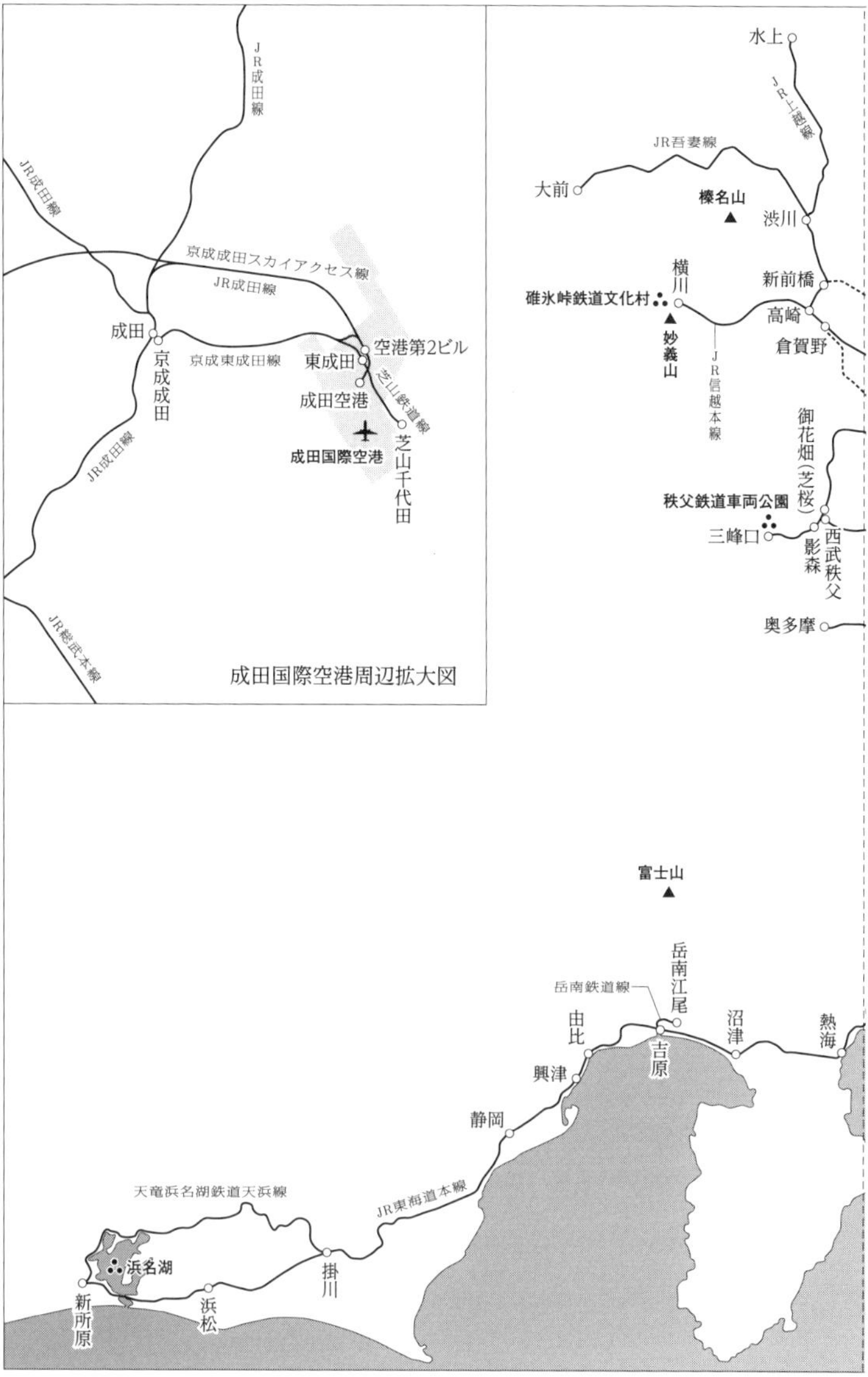
成田国際空港周辺拡大図
JR成田線
京成成田スカイアクセス線
京成東成田線
芝山鉄道線
JR総武本線
成田
京成成田
空港第2ビル
東成田
成田空港
芝山千代田
成田国際空港
水上
JR上越線
JR吾妻線
大前
榛名山
渋川
横川
碓氷峠鉄道文化村
妙義山
JR信越本線
新前橋
高崎
倉賀野
御花畑（芝桜）
秩父鉄道車両公園
三峰口
影森
西武秩父
奥多摩
富士山
岳南鉄道線
岳南江尾
由比
吉原
沼津
熱海
興津
静岡
JR東海道本線
天竜浜名湖鉄道天浜線
浜名湖
新所原
浜松
掛川

近所鉄道（Kintetsu と略して下さい。）

機関士は、エドワードをみて、

「なんで　そんなに　しょんぼりしているんだい。ぼくと　でかけないかい。」と、こえをかけました。

「おねがいします。」

エドワードは、きゅうに　げんきづいて　こたえました。

さっそく　助手は、エドワードのかまに　火をつけます。じょうきが　いきおいよくでてきました。

機関士が　レバーをひきました。

エドワードは、シュッシュッ　ポッポッと　はしりだしました。

（ウィルバート・オードリー『汽車のえほん』第一巻『三だいの機関車』桑原三郎・清水周裕訳。以下『汽車のえほん』の著者及び翻訳者は全て同じ）

一　近所電車

～流鉄　流山線

何事も面白ければそれでいい。面白い事は、面白いというだけで存在理由がある。

幼稚園だった私がただ一途に読んでいたのは『汽車のえほん』シリーズだった。色も形も性格も様々な、正面に巨大な丸い顔のある蒸気機関車らが繰り広げる楽しい話もさる事ながら、彼らが心地よさそうに煙突から煙を吐きながら走って行く姿、その後ろに広がる総天然色の異国の風景、どこまでも延びて行く線路。幼年の私はそんな世界に憧れた。私が生まれて初めて覚えた外国人の名前は、『汽車のえほん』の作者である「ウィルバート・オードリー」だった。

夏休みが来ると、毎年のように島根県にある父方の祖父母の実家に帰省した。家の二階からは一畑電鉄の線路が間近に望めた。近くの踏切がかんかんかんかんと鳴り始めると、少年の私は何をおいても二階に駆け上がり、出雲平野の向こうからかたん、ことんと走って来る、或いは走って行く二輌編成の電車を飽かずに眺めた。眺めるだけでは飽き足らないので、帰省の度に電車に乗るだけの目的で乗った。最寄り駅の歩廊から左右に延びる線路を眺めていた時、傍らの踏切がかんかんと鳴り出した時、肌色に青帯の小さな電車が現れた時、その電車に乗り込んだ時、私の心は激しく高鳴った。夏空にふわりふわりと浮かぶ白い雲の下を、田圃と松林と低い山の中を、電車はゆらり、ゆらりと左右に揺れながら、かたん、ことんと走って行った。

それだけの事だが、それだけで面白かった。少年の私には、線路がどこまでも延びて行き、その上を汽車が走って行く事、その汽車に私が乗っている事が、途方もなく面白かったのだ。


それが成長というものだったのかどうか判然としないが、中学生活の半ばを過ぎた頃の私は既に汽車好きではなく、むしろ汽車好きだった自らの過去を否定したい反動を覚え始めていた。その一方で私は旅行好きになっていた。旅行では目的地に向かう事が目的だから、私にとっての汽車はバスや船や飛行機と同等の交通手段の一つになり下がった。目的地まで汽車よりも本数が多い上に運賃が安いバスが走っていれば、私は平然と鉄道に背を向けた。

やがて私は、異国でやりたい事など何もなかったにも拘らず、異国での生活というものに憧れるようになった。そして私は、したい事をしない後悔というものが大嫌いだった。フィリピンのマニラ。中国の上海。ウクライナのオデッサ。私はこれらの異国の街で何となく生きた。


異国の街で何となく生きた日々は何となく終焉を迎えた。すごすごと帰国した三十代半ばの私を待っていたのは苦悶の日々だった。何もかもが思い通りに行かなくなった。もはや日々は漫然とは過ぎなくなった。私はその日々を、ぎりぎり歯軋りする思いで過ごし続けた。

そんなある日、私は近所の図書館で借りるべき本を持って受付に向かう途中、何となく児童書の棚の前を通りかかった。私は何となくそこにちらりと目を向けた。そこにあったのは『汽車のえほん』シリーズ全二十六巻だった。私は咄嗟に借りる予定だった本を全て元の棚に戻し、一回の貸し出し上限である十冊、第一巻から第十巻までの『汽車のえほん』を借りた。一日で全て読み終え、その翌日に第十一巻から第二十巻を、更にその翌日に残りの六冊と一巻から四巻を借りた。そして私は三十年前の自分がそうだったように、正面に巨大な丸い顔のある蒸気機関車らが繰り広げる楽しい話もさる事ながら、彼らが心地よさそうに煙突から煙を吐きながら走って行く姿、その後ろに広がる総天然色の異国の風景、どこまでも延びていく線路。中年の私もそんな世界に憧れ始めた。絵本だけに飽き足らず、私は鉄道関連の書物をも読み耽る様になった。かつて少年の頃に私が飽かず眺めた様な鉄道の写真集の数々。そして、宮脇俊三。内田百閒。

結局のところ、私は四半世紀の時を経て再び汽車好きとなった。そして思った。また、汽車に乗りたい。汽車に乗って、かたん、ことんという轍を聞きながら、どこかに行きたい。

しかし私は敢えてそうしなかった。今の自分の周囲を幾層も取り巻いている暗闇の渦巻きに少しの薄明も兆す気配がない現在、汽車に乗りに行ったところで何になる、そんな事をして何になる、という思いがあった。それはただの気分転換、言い換えれば現実逃避でしかない。汽車に乗って転換された気分は、逃避した現実に戻った途端に余計に煩悶を起こすであろう。それは汽車に対して失礼であると考えた。ならば最初から逼塞し続けた方が遙かにましだと考えた。

だからして私は、じっと息を潜めたまま苦悶の日々を過ごし続けた。
そうして日々は過ぎて行った。もうどこにも行けない気がし始めた。

そんな日々の果て、南風が不意に、気紛れに、儚げに、だが確実に吹き始めた。私がそれまでみじみじと書き続けていた物語が、本として世に出る事になった。知らせを受けた時、歓喜だの興奮だのはなかった。奇妙な脱力感だけがあった。そして、ぼんやりとした気分のまま思った。そうだ、汽車に乗りに行こう、と。

さて、汽車に乗りに行こうと思った私は、はたと考え込む事になった。私は汽車に乗りに行きたいと念じてはいたものの、どこのどの汽車に乗るかという具体的かつ肝心な点については全く考慮していなかった。実際に汽車に乗りに行く自分の姿を、苦悶の中の私は想像出来ないでいた様である。恐らく、そんな機会は自分には永遠に訪れまいと諦念していたのだろう。
あれこれ考えた挙句、私は当然過ぎるとも云える結論を下した。手始めに一番近所を走る汽車に乗りに行こう。その瞬間、最初に乗りに行く路線は決まった。流鉄《りゅうてつ》流山線、である。

流鉄とは流山鉄道の略称ではない。本書の鉄道会社名及び路線名の表記は原則として『JTB時刻表』に依拠しており、そこでそう表記されているのでそうなる。その流鉄には一本しか路線が存在しないが、それがわざわざ流山線と命名されている理由は知らない。

それは兎に角、私はこの鉄道に乗った事は無かったが、その存在は昔から知っていた。最寄りのJR常磐線柏駅から上野駅に行く度に、列車は流鉄との連絡駅である馬橋駅を通過した。その度に私は同駅の隅にある流鉄の小さな歩廊や二輛編成の小列車を眺めていた。

この鉄道に乗るという発想が起きなかったのは何故かと考えるに、恐らくは余りに小さ過ぎた為だろうと思った。ただでさえ退屈な車窓であろう関東地方の、全長五・七キロ、途中駅四、走行時間十五分という小物など念頭になかったのは無理からぬ事である、と考えた。

そして今、そんな小物こそ今の自分にうってつけである、と考えた。私はこの鉄道に乗った事が無い。乗った事が無い汽車に乗りに行くのは面白いだろう。その面白さは流鉄だろうが北海道の地方線だろうが異国の豪華列車だろうが何ら変わるところはない。そもそも今の私がいきなり遠出するのは不自然と思われる。昏睡から醒めたばかりの病人が松阪牛の極上ステーキを欲してはいけない。最初はお粥から始める、即ち近所を走る小鉄道から始めるのが自然の流れと云うものであろう。本場の粥を食べに香港に行こうなどと考えるのもまた自然ではない。

流鉄の始発駅にして終着駅たる流山駅は、私の住居から徒歩一時間半の場所に位置する。時は二〇一二年十月初旬の昼下がり。未だに残暑が厳しい。太陽にじりじりと焦がされている田舎道をてくてく歩く。陽炎が立ち上っている。汗が出る。だが時折思い出した様に気持ちのよい風がふわりと吹き抜ける。雀がちるちると飛び廻っている。最後の蟬たちがじいじいと最後の喚き声を立てている。傍らに乱立するつくばエクスプレス線の高架橋の上から、一定時間を置いてしゃあああという列車の走行音が聞こえて来る。それが消えるとまた蟬の大合唱。私の住居を含めたここいら一帯は、二〇一一年の春から「ホットスポット」なる名称で呼ばれている。

ぽくぽくと歩いた一時間半が過ぎた頃、おもむろに鉄道架線の終端と、小さな町工場の如き灰色の建物が左手に見えて来た。屋根の中には起重機なども見える。車庫兼車輛工場らしい。更に歩くとタクシーの車庫があり、その奥に三角屋根の古風な白い駅舎が見える。庇の上には「流山駅」、その三文字の下に「NAGAREYAMA STATION」の表記がある看板が掛かっている。

暫くじっと駅舎を眺める。周辺に人影は無い。駅前にタクシーが三台、置物の様に置かれている。すぐに流鉄に乗る気になれないので駅の周囲を散歩する。近くの旧街道には白地に赤字で大きく「日本」とだけ書かれた看板を掲げている建物がある。何なのかよく解らない。

改めて駅の中に入る。一気に周囲が薄暗くなる。空気がひんやりと冷たく感じる。

古風な駅舎の中に自動券売機がある。無駄かつ余計な口を利かない一世代前の無口かつ無愛想な形式のもので、何となく旧知に出会った様な気分になる。私はその券売機で切符を買って歩廊に出た。自動改札機はなく、鉄の柵と使用済み切符の集札箱があるばかりである。

歩廊にも誰もいない。両面式の歩廊の右側は行き止まりの頭端式で、黄色い二輛編成の電車が停まっている。扉が閉まったままなので留置されているだけなのだろう。歩廊の左側の線路は先程見た車庫兼車輛工場に続いており、緑色の二輛編成がその中に憩っている。歩廊から見下ろす線路は妙に近く感じる。枕木は木製で、側線にある転轍機から潤滑油の匂いが伝わってくる。

それから歩廊の端にある便所に向かった。そこは「厠」という表現がぴったりの古風な便所だったが、水を打たれていてとても清潔だった。水道の勢いも申し分ない。

歩廊に戻ってぼんやりしている内に、かんかんかんという踏切の警報音が聞こえ始めた。三十年前に祖父母の家で聞いた音と瓜二つである。その祖父母も既に世を去って久しい。橙色の電車の顔が小さく現れた。遠くからでもゆさゆさと車体が左右に揺れているのが解る。小さかった電車はゆさゆさ揺れながらゆっくりと大きくなり、やがて私の目の前で停車した。降りてきた客は十人ほど。いつの間にか改札口に現れた駅員が切符を回収している。折り返しとなる列車に乗り込んだのは私を含めて五人。私は運転席のすぐ後ろに座ろうかと思ったが、よした。どうという事もないが、その様な子供じみた行為は慎むべきだろうと考えた。車内は沈黙の世界である。僅かな数の乗客は所在無さげにぼんやりと座っている。向かいの留置電車の窓越しに、床屋のねじり棒が所在無げにくるくる廻っている。ぐるぐる廻っているねじり棒を眺めている内に、何とはなしに物憂い気分になる。

じりじりじりじりという古風な鐘の音が歩廊に響いた。それに続くのはぴいいい、という古風な駅員の笛の音だろうと思ったが、代わりに車内に聞こえたのはきんこん、きんこんという現代風な、だからして安っぽい警戒音だった。がらがら、という騒々しい音と共に扉が閉じられた。刹那、ぷあんという警笛の音がした。

流鉄の電車は無造作にごとりと走り出した。

歩廊も、屋根の柱も、向かいの電車も、ねじれ棒も、全てがゆっくりと後ろに流れ始めた。

傾き始めた太陽の光が車内に入った途端、電車はぐらりと傾いた。それからまた傾いた。

かんかんかん、という踏切の警報音が前から後ろに流れて行った。

電車はゆらゆらと揺れながら、私が見た事のない世界に向かってのろのろと走り出した。


面白い。電車がのろのろと走って行く。それだけの事が途方も無く面白い。

面白くて仕方がない。こんな面白い思いは、もう何年も味わった事がない。


のろのろと走り出した電車は早くも行き足を緩め、次の停車駅である平和台駅に停車した。流山駅から一分走っただけの平和台駅で座席の半分以上が埋まった事、そしてこの歩廊一本だけの小さな駅に自動改札機が存在せず、駅員が勤務しているのに驚いた。

ぷあんと警笛が鳴って再び発車。電車は大きくゆっくりと左に廻る。

住宅地だった車窓にいきなり田畑や森が広がり始める。

私はかつて乗った一畑電鉄を想起している。様々な、得体の知れない懐かしさだか想いだか、何か途方も無く重く感じる何かが胸に去来して来る。何故か鼻がくすぐったく感じる。

晩夏の空にふわりふわりと浮かぶ白い雲の下を、田圃と松林と低い山の中を、電車はゆらり、ゆらりと左右に揺れながら、かたん、ことんと走って行く。

車窓が再び住宅地になる。ここいらの田舎と住宅地の境界は唐突で曖昧な様である。

次の駅は鰭ヶ崎。念のために書いておくと「ひれがさき」である。この駅にも、そして流鉄のどの駅にも自動改札機は存在しない。全ての駅に駅員が勤務している。

流鉄沿線唯一の鉄橋をゆっくり越えるとがたごとと転轍機を渡って小金城趾駅に停車する。ここは流鉄唯一の交換駅で、向かいの赤い電車が既に先着している。こちらの電車の扉が開くや否や、じりり、と短い鐘が鳴り、お向いさんはさっさと私が来た方へ走り去った。

次は幸谷駅。「こうや」と読む。高層住宅の中に埋没したかの如き変わった構造をしている。常磐線新松戸駅の目の前にあるが敢えて別名を名乗っている。乗客はここでぞろぞろと降り、走り出した電車がJR武蔵野線の高架線をくぐり、雑多な建物の谷間をゆらゆら走るうちに、左手から常磐線の複々線が接近して来た。電車は減速し、馬橋駅の小さな歩廊に停まった。

常磐線の電車からこの歩廊を幾度となく眺めたが、そこに来たのは初めてである。

何だか不思議な気がするが、それが何だか解らない。解らないから不思議である。

馬橋駅までやって来たものの、私はここに何の用もない。ここまで走る流鉄の電車に乗るだけが用だった。後は電車に乗って帰るだけである。流山行きの電車は再びゆらゆらと揺れた。私は再び十五分間の旅を終え、それから再び一時間半の道のりをぽくぽく歩いて、帰って来た。

二　近所気動車と高速電車
〜JR東日本　常磐線
関東鉄道　竜ケ崎線
つくばエクスプレス（首都圏新都市鉄道）

私は昨今の「電車」と云う言葉の用法に違和感を覚える種類の人間である。何故なら私は「電車」の他に「ディーゼルカー」、私の呼称では「気動車」により愛着を覚える種類の人間だからである。どうでもいい事だが、この物語自体がどうでもいい話なので暫しお付き合い頂きたい。

「電車」と「気動車」の違いは何か。

それはもう全然違う。男と女ほどに違う。どちらが男でどちらが女かと云う話ではない。原子力であろうが風力であろうが、電車を走らせるためには発電所が必要であり、また電流が流れる架線を線路の上に張らなければならない。だからして敷設に膨大な費用が必要となる。山陰の片田舎を走る一畑電鉄が豪勢にも電化されているのは、戦後に価格が高騰した石炭を購入するよりも電化を断行した方が廉価だったという事情があった為らしい。地方鉄道は次々に廃止と云う名目で粛清され虐殺され続けているが、それは今回の話ではない。

電車は大人しく停車し続けた後に大人しく走り出す。それがどうにも面白くない。更に面白くないのが線路の上の架線であり、線路脇に乱立する電柱の列である。主要駅で蜘蛛の巣の如く張り巡らされている架線群を見ると、むしゃくしゃして一気にびりびりと引きちぎりたくなる。走る列車の脇をびゅんびゅんと通り過ぎる無数の電柱は車窓の敵である。

一方の気動車は液体燃料で走る。燃料さえあれば機関は廻り、機関が廻れば気動車はどこにでも走って行ける。発電所が不要なので電化路線よりも建設費は遥かに安く済む。その代わり気動車は排気ガスを盛大に撒き散らす。環境への影響は決して無視できるものではない。電車よりも速度はかなり遅い。床下の機関から伝わる振動の所為で乗り心地は悪い。

だが少年の私は、そんな気動車に憧れた。中年の私もまた然りである。

私は千葉県で育ち、今もそこに住んでいるが、小学校二年生から高校を出るまでは父親の仕事の関係で大阪府北部にて過ごした。私の小学校の五年生と六年生の同じ組に何男《なにお》君がいた。彼は鉄道に関する知識で私の数段上を行っていた上、十歳かそこらで既に結構な遠方まで一人で汽車旅に出掛けていた。私は深く感銘を受け、私達は子供の気軽さで友人になった。

そして私達は一緒に汽車旅に出掛ける様になった。その最初の路線が兵庫県を走る国鉄加古川線だった。国鉄、と書いてもお解りにならない読者もいるかも知れないが、現在のＪＲ各社は一九八七年三月三十一日まで日本国有鉄道という国営鉄道だったのである。

その国鉄の、即ち現在のＪＲ西日本の加古川線は地方線で非電化路線だった。よってそこを走るのは当然気動車だった。その時写した写真は今も私の手元にある。車体の紅鮭色も鮮やかな淑女なる気動車達が、つぶらな瞳なる尾灯をこちらに向けて静かに佇んでいる。

だが実際のそれらは淑女どころか騒々しいじゃじゃ馬だった。彼女らは発車前からからからからからと機嫌の悪そうな機関の暖機運転の音を立てていた。やがて発車時刻になると、ぐおおおだのずどどどだのといった苦しげな唸り声を上げ、毒々しい紫のけむりを濛々と排気管から吐き出した。その割にはのろのろと渋々と、まるで動く事に気乗り薄であるかの様に動き出した。一しきりうんうんと唸ったかと思うと、早くも走るのに飽きたかの様に機関の出力を下げる。轍の音がかたん、ことんと聞こえ始めると、気動車はその音が耳障りであるが如く再び吼え出す。

冷房などはない。一杯に開け放たれた窓からは、排気煙の臭いと周囲の草いきれ、そして熱玉とでも呼ぶべき熱気が一緒くたに入り込む。騒々しくもけなげに走って行く気動車の様に、私は加古川駅を発車した直後から魅了され続けた。彼女達の走り方、騒音と振動は、汽車が走るという現象は決して並大抵の事ではない事を教えてくれた。乗っている側にはただ勝手気侭に走っているとしか思えないが、その機関音は彼女らなりの真剣さを必死に訴えている様であった。

それからも何男君と二人で、或いは一人で、方々の気動車に乗りに出掛けた。今や電化されたという事が信じられない小浜線。民営になる直前だった越美南線。それと繋がる筈だった越美北線。曇天下の飛騨川が美しかった高山本線。三段式スイッチバックで有名な木次線。それ程有名ではない芸備線。廃止前だった松前線。これから廃止になる江差線。山陰本線を走る気動車特急『まつかぜ』に乗った時の感動は今も新鮮である。横長の大きな窓。後ろに倒れる柔らかく大きい座席。窓の外を過ぎ行く小駅ども。薄暗い山陰の冬の海。旧餘部鉄橋。食堂車のカツカレー。乗り心地が『まつかぜ』以上だった韓国の気動車特急『セマウル』。流線型ながらも無骨な気動車が黒海沿いを走るルーマニアのコンスタンツァ発マンガリア行き。僅か二輛編成の気動車国際列車だったハンガリーのセゲド発セルビアのノヴィ・サド行き。丘の上に聳える美しき荒城に向かって走るスロヴァキアのシュピシュケ・ヴラチィ発シュピシュケ・パドフラディエ行き。

これらの路線には移動手段として乗ったが、矢張り気動車の乗り心地はいいものであった。

そして、私は数年来気動車に乗っていない。だからして気動車に乗りに出掛けようと思う。

私の最寄り駅であるJR常磐線及び東武野田線の柏駅から最も近い非電化路線、即ち気動車走行路線は、茨城県を走る関東鉄道常総線である。だがこの路線は全長五十一・一キロ、片道十五分の流鉄に乗って来たばかりの私が乗るには長過ぎる。最初から長過ぎるのはいけない。

関東鉄道は流鉄とは異なり他にも路線がある。それが常磐線の佐貫駅から分岐する竜ヶ崎線である。終点竜ヶ崎駅まで流鉄より更に短い全長四・五キロ、途中駅一、走行時間七分。全てにおいて今の私に相応しい路線である。ここを走る気動車に乗ろうと思う。

但し今回はただの往復ではなく、往路と復路を異にしようと思う。調べてみると、関東鉄道のバスが佐貫駅から常磐線で三つ目の荒川沖駅からつくば駅行きのバスが出ている。そのつくば駅はつくばエクスプレス、略称「TX」の始発駅兼終着駅である。帰りはこれに乗ろうと思う。

残暑はまだ厳しい。夏が間延びしている気がする。地球が耄碌し始めている気もする。柏駅はいつも無駄に人が多い。愉快でないのでさっさと歩廊に降りる。

待つ事暫し、下り特別快速列車が進入してきた。常磐線に特別快速なるものが出来たのは、私がウクライナのオデッサでウォッカを浴び続けていた頃の様である。気動車に乗りに行くのに電車に乗るのはどうかと思うが、柏駅から茨城県境までは長過ぎるので止むを得ない。

目の前に停まったのは座席が向かい合わせの四人掛けである。私は進行方向窓側の四人掛け座席を独占することが出来た。汽笛一声新橋を発車した当時の客車は、最下等の三等車がこれと同じ箱掛けで、それよりも高級な一等車並びに二等車は現代の通勤電車と同様の窓沿いの長い横掛け、通称「横掛け」だった。いにしえの高貴な汽車旅を再現したい向きは敢えて何の変哲もない横掛けの車輌に座ればいいと思うのだが、そうする人は僅少である様である。

昼下がりの柏駅を出た特別快速は、しずしずと、だが目の醒める様な加速力で駆け出した。私はおやと思った。特別快速の静かな駿馬振りが気に入ったのである。そのような感情は気動車への裏切りであると思うのだが、心地よいと感じる自分の気持ちに嘘を吐く事は出来ない。

かたんことん。かたんことん。電車はリンゴ・スターの、或いはチャーリー・ワッツのドラムの如き実直な轍の音と共に駆け続ける。やがて速度を緩めないまま我孫子駅に接近する。転轍機の上を通過する際、轍の音はかたかたかたかたんというキース・ムーンやジンジャー・ベイカーのドラムの如き派手な音に変化する。我孫子駅通過。歩廊が何本もある大駅を通過するその爽快さ。

まさに早送りの妙である。歩廊が消える。かたかたかたん。かたんことん。我孫子から分離する成田線の線路が右上方に旋回して消えていく。広大な留置線が右側に見える。あっという間に消える。すっ飛ばす。天王台駅も通過。当然だという気分になる。かたんことん。かたんことん。

利根川を緑色の鉄橋でごうごうと渡る。私は十七年ぶりに茨城県に歩を記した。

取手駅到着。左側に関東鉄道常総線の歩廊が見える。いずれ乗らねばと考える。

発車。特別快速は優しく激しく加速する。築堤を駆け上がる。刈り入れ前の一面みずみずしい田圃が住宅地の中にちらほら見える。藤代駅到着。藤代駅発車。気付いたら見苦しい筈の無数の電柱が車窓を横切っている。だから何だと思う。そんな物を邪魔者扱いする奴の料簡など知った事ではないと思う。走れ。走れ。私は愛馬をけしかける騎手の如く特別快速をけしかける。

佐貫駅に到着。遺憾だが特別快速を降りる。何をしにここ迄来たのか一瞬解らなくなる。目の前の柱に「さぬき」と大書きした青い板が留められている。うどんを想像する。そして自らの想像力の陳腐なるを知り憤然とする。そんな事は想像しなかった事にする。


私は歩廊を歩き、階段を昇り、改札口を出て、階段を降り、関東鉄道の佐貫駅に向かう。左手に関東鉄道の建物がある。その一階に埋没しているかの様に竜ヶ崎線の歩廊がある。薄暗い改札口の向こうに、白装束の鉄道車輛が見える。電車にしか見えないが、気動車なのだろう、とまで思う前に、その電車の如き白い気動車は突如唸りを上げて動き出す。そして、紫の排気煙を猛然と噴き上げながらゆっくりと左に廻り、私の視界から消える。

駅に沈黙が訪れる。こちらにちらと視線を向けた駅員が、そさくさと駅員事務所に入る。

どういう事なのか解らない。何故あの気動車が私を置いて出て行ったのか、訳が解らない。私がのろのろ歩いたからかという考えがふと頭をよぎったが、そんな筈はない。私の所為である筈が無い。何がどうであっても兎に角私に非は無い筈である。非が無いにも拘らず乗り遅れた理由は思い浮かばない。思い浮かばないから乗り遅れた理由は解らない。解らないから面白くない。

面白くない心持ちで傍らの壁時刻表を見る。次の竜ヶ崎行きは三十分後である。あと三十分もこの薄暗い改札口で便々と待つのは御免である。駅前に人影はない。何故誰も居ない場所に駅を作るのかと思う。何故バス停が駅の出口から離れた位置にあるのか不愉快に思う。バス停の柱の群れには未知の地名ばかり並んでいる。そんな未知の場所の事など知った事かと思う。駅に戻る途中にあった立ち食い蕎麦屋の献立に「佐貫うどん」がある。香川県民並びに讃岐うどん崇拝者はこの献立名を大いに糾弾すべきであると考える。歩廊の手前にある壁面に銀板で「関東鉄道　佐貫駅」とあり、その下に白地に黒文字の看板で「関東鉄道　佐貫駅」とある。過剰表示であると考える。改札口に磁気券検知器がある。茨城のくせに生意気であると考える。その向こうの歩廊は流鉄の駅よりも更に小さく感じる。右側は白い安全柵、左側に一本きりの線路がある。それが目の前の踏切を越えて住宅地の脇を掠めるように左に向かって延びている。それだけである。転轍機がない。側線も常磐線との連絡線もない。連絡線がないと云う事は車輛や大型資材の搬入はトラックに頼っているという事になる。鉄道会社たるものそんな事でどうすると憤然とする。

むくれている内に踏切が鳴り、一輛きりの白い気動車がそろそろと入線して来た。これが先程私を置いてけぼりにした気動車であるかと考えると愈々むしゃくしゃする。近くで見ると白地に上から赤灰赤青赤の帯が巻かれている。どれか一色及び一本に纏めろと思う。

がらんとした車内の座席は汽笛一声新橋を出た時及び通勤電車と同様の横掛けである。詰まらないと思う。床下からからからからからと機嫌の悪そうな機関の暖機運転の音と振動が伝わる。私の機嫌も悪くなる。うるさいと思う。止めろと思う。燃料の浪費で環境破壊である。

もうくたくたである。何でわざわざこんな代物に乗りに来たのかと思う。隣の常磐線を、特急『ひたち』が白蛇の如きしなやかさで通過して行く。このまま帰ろうか、と真剣に考える。だがここから帰るのも億劫である。

安っぽい旋律の安っぽい警報音が歩廊に流れ、扉が閉まった。ぷあん、と警笛が鳴る。だから何だと思う。好きにしろと思う。その刹那、気動車は獲物を威嚇する猛獣の如き咆哮を始めた。床下からの轟音がびりびりと窓を震わせるかの様に感じられる。ずずずずという音の高まりと共に、気動車は前進を開始した。私の意識は、四半世紀前の夏の兵庫県加古川駅に飛翔している。これだ。この騒音。この振動。私はこれを味わいに来たのだ。

踏切を越え、気動車はゆっくりと左に舵を切り、更に咆哮しながらゆっくりと速度を上げる。住宅地が次々に後ろへ流されて行く様を見るのは汽車旅の醍醐味の一つである。

機関音はいやが上にもがらがらと高まる。振動が床下からぶるぶると伝わる。私はふと拳を固めている。興奮の所為でどこを見ればいいのか解らない。どうにか正面の大型窓に視線を落ち着かせる。立ち上がって正面窓に張り付こうかと思ったが、その代わりに背筋をぴんと伸ばし、腰を浮かし気味に座り直す。前に延びる線路の間に雑草が生えている。久々に見る光景である。

突如として住宅地が切れ、両側の景色が広がる。田畑の向こうには鬱蒼とした森が無言のまま茂っている。大きな一本樹が窓の外を通り過ぎる。傍らの道路を走る軽自動車を追い抜く。「正しき日本の地方線の風景」という言葉が頭に浮かぶ。機関の音が少し下がる。

唯一の途中駅である入地《いりち》駅に到着する。短い無人の歩廊。キャラメル箱の如き待合室。錆だらけの駅名標。「正しき日本の地方線の駅」という言葉が頭に浮かぶ。

発車。かつて私が乗った日本の国鉄地方線用気動車より遙かに加速性能が上である様に思われる。機関の性能が向上したのであろう。そして落ち着いて聞いてみると、機関音は私が欧州で乗った気動車のそれに似ている気がする。そんな気がした途端、かつて訪れた国々が思い起こされた。ルーマニア。ハンガリー。セルビア。スロヴァキア。よくぞそんな遙か彼方にある国々に平然と行っていたものだと、茨城県の下館駅すら遠いと感じる今の私は感嘆する。そんな国々に再び行く事はあるのだろうか。秋晴れの午後の関東平野を眺めながら私はぼんやり考える。

気動車はゆっくりと減速し、ゆっくりといくつかの転轍機を乗り切り、ゆっくりと右手の車輌基地を通過し、ゆっくりと終点竜ヶ崎駅の歩廊に停止した。

駅名は竜ヶ崎だが、ここは龍ヶ崎市である。太宰治の『津軽』では「本州の極地」「本州の袋小路」「鶏小舎に似た不思議な世界」「国防上、ずいぶん重要な土地」だった青森県の竜飛は、現在の『JTB時刻表』巻頭の索引地図では龍飛となっている。字が変更された理由は知らない。

改札口を通り、駅舎を出てから振り返る。何の感慨も沸かない。

実は、十七年前に私はここに来た事があるにも拘らず、である。

今こそ汽車好きを再自認しているものの、青年時代の私は実は飛行機好きだった。そして、かつて電車より気動車に憧れた様に、ジェット機よりプロペラ機に憧れた。

その日付は不確かだが、一九九五年五月の連休中だったのは確かである。青年だった私は、利根川沿いの茨城県龍ヶ崎飛行場にて、アメリカから来日した二機のプロペラ戦闘機が展示飛行を行う姿を眺めていた。一機は三菱零式艦上戦闘機、かの「零戦」であり、もう一機はノースアメリカンP51ムスタング、「史上最高の戦闘機」として知られる傑作機だった。

私はぷるぷるぷるという儚げなエンジン音でふわりふわりと空を舞う零戦を優美だと感じながらも、直線的なムスタングの姿により魅了された。曇天の下をすうと動く小さな黒点が見る間にムスタングの姿になり、周囲の全てを吹き飛ばすが如き最高出力千六百馬力のロールスロイス・

マーリン発動機の轟音と共に目の前を飛び去る。時速三百八十マイル＝約七百キロ。離陸時のジェット旅客機の二倍以上もの速度である。そうしてムスタングは私の目の前で急上昇し、空を切り裂きながら再び曇天の中の黒点と化していく。まるで天翔ける荒馬《ムスタング》の様に。

殆ど同じ情景を、私は数年後にフィリピンはマニラの映画館の中で観た。瀕死の重傷を負ったミラー大尉に迫り来るドイツ軍の戦車が突如爆発。爆煙の中から現れたムスタングが天空の彼方目指して飛び去る。だが私はこの『プライベート・ライアン』の場面よりも、同じスチーヴン・スピルバーグ監督が十数年前に撮った『太陽の帝国』のムスタングの方が今も好きである。日本軍の飛行基地を空襲に来たムスタングとその飛行士が、飛行機好きのイギリス人少年ジムにゆっくりと翼と手を振って挨拶する場面は幻想的に美しかった。これを観た世界中の飛行機好きもジム少年と同じ狂喜の叫びを上げたに違いない。「P51だッ！　空のキャデラック《キャデラック・オブ・ザ・スカイ》だッ！」。

話も私も空に舞い上がってしまった。早く地べたに降りようと思う。

兎に角、青年時代に私は飛行機が飛ぶのを見る為、龍ヶ崎飛行場に向かう臨時バスに乗り換える為、この竜ヶ崎駅に降り立ったのである。それを思い出したのは今回竜ヶ崎線に乗ろうと思い立った時で、そう云えば竜ヶ崎なる地名に何か心当たりがある気がした。記憶の糸をゆるゆるとたぐり寄せている内に漸くふわりと思い出した。零戦とムスタングが空を舞う様は今も鮮明に思い出せるものの、それを見に行くまでの道程については完全に記憶から欠落していたのである。

そして私は地べたに戻って来た。私は走る気動車に乗るだけの為に、ここまでやって来た。

次の佐賀行きまで三十分ある。とりあえず街を一廻りしてみようと思う。

駅の周りにも古い街道沿いにも人影は無い。ここは「市」でなく「町」であるべきではないのかと訝る。自動車だけが頻繁に行き交っている。閉店した店舗が目に付く。神社の境内で女の子がボールで遊んでいる。その黒く小さい影が傾き始めている日に照らされてゆらゆら動く。

街道を右折して暫く行くと広いバス駐車場がある。それを通り越すと先程車窓から見えた竜ヶ崎駅の車輌基地が突如として開け、私の目の前には白い気動車が無造作に停まっている。歩廊の高みから汽車を見るのとは全く異なる眺めである。気動車は先程までの私と同高度の視線ではなく、悠然と、だが厳然と私を見下ろしている。こんなに近くで鉄道車輌を見上げるのは、ウクライナ南西端の国境駅チョプの地平歩廊でハンガリー行きの客車と機関車がそれぞれ一輌きりの国際列車を見た時以来である。だが昔話は止めておこう。話が長くなるのはいけない。

その白い気動車の隣には真っ黒の三角屋根の細長い車庫が建っている。終戦直後に方々から木材をかき集めて建てられたかの如き年季の入った建物である。その脇にある引込み線の車止めの前には二本の杭が立ち、その間には長い鎖が死んだ蛇の様にだらりと地面に転がっている。どうやら本来はこの鎖が敷地内や倉庫への立ち入り禁止を示すべくぴんと張られるらしいのだが、そうであっても周囲は隙だらけなので、馬鹿が出来心を起こしても不思議ではないだろう。

そう思っている内に、傾いている様に見える倉庫の、明らかに曲がっている戸ががらがらと開いた。現れた作業服の男は、ぼんやりと突っ立っている私を一瞥すると、外れていた鎖を手際よく杭に括り付けた。私がどんな人物に見られているかに気付いた私はそさくさとそこを立ち去りながら、地べたから気動車の姿をもう一度ちらりと見上げた。

格好の良い竜ヶ崎駅に戻り、気動車の乗り心地を再び堪能した後、私は佐貫駅に戻って来た。もはやこの地に何の用も苛々もない。さっさと常磐線の下り普通列車に乗る。左側の道路は渋滞している。動かない自動車の列の脇をすうと通過するのは汽車旅の醍醐味の一つである。

荒川沖駅にて関東鉄道バスに乗り換える。バスなるものに乗るのも久々だが、発車してみるとこれが奇妙に遅く、また奇妙に揺れる。六車線の広い道の両側には並木が、その奥には単調な造りの高層住宅が並ぶ。旧ソ連諸国の都市部郊外と瓜二つの眺めである。社会主義世界の象徴たる没個性の景色が、自由主義世界の筈の日本の田舎に延々と広がっている。

遠い遠いお星様の世界に行って帰って来た人工衛星のお蔭か、見物からの帰りらしい乗客がどっと増えたJAXAの前を過ぎてから、鈍足バスは突如として大高層建築物群の中に迷い込んだ。茨城の田舎から突如都心に出た様な錯覚を起こす。尤もそこは矢張り土地の余っている茨城のことで、奇妙に水平に広い建築物ばかり目立つ。そしてそれらの間隔も奇妙に広い。土地不足のためにひょろ高い建物が見苦しくひしめく都心部とは明らかに異なる。

ぐるりと回頭したバスは、まるで国際空港の出口の様な広大なバスターミナルに停車した。くたびれた車体のバスとはあまりに不調和だが、不調和こそ日本の田舎の風景なのかも知れない。

バスを降り、やや離れのTXの駅入口に向かおうとしたところ、鳥の囀る様な音がした。何だろうかと耳を澄ましている内に、夕空に無数の小さな黒点が舞い上がった。先程の音は本当に鳥の囀る声だったのである。こんな都市の景観の中で鳥の囀りを聞くとは思わなかった。鳥は小型で、雀の様に思えたが、私にとって鳥の識別は飛行機のそれよりも遙かに困難である。

私は自宅近所のＴＸの敷設工事をつらつら眺めた記憶がある。見慣れた景色の調和を掻き乱す高架橋が次々に建ち並んで行くのは不思議な眺めだと思った。開業したのがいつか確かな事は知らないが、矢張り私がウクライナのオデッサでウォッカを浴び続けていた頃の様である。

ＴＸの東半分、流山おおたかの森駅から終点秋葉原駅までは幾度か乗った事がある。見晴らしのいい高架線をひゅうんと走り、おもむろに地面に潜行し、それから浮上し、最後は南千住の向こうで地べたに沈没してお仕舞いである。退屈とは思わなかったが面白いとも思わなかった。秋葉原の駅はまるでウクライナのキエフ地下鉄の様に地中深く埋没しており、エスカレーターを使っても地べたに這い上がるのに難儀する。面倒なのでＪＲを使った方が早い。だがつくば駅から乗った事は無い。つくば駅のある茨城県まで来たのだから、それに乗って帰ろうと思う。

最近の都市鉄道は地面に潜るか空に押し上げられる不愉快な傾向にあるが、つくばなる田舎の駅でその傾向を目の当たりにするとは思わなかった。確かに周囲の風景は都市部のそれに似ているが、似ているから擬似都市とも呼べる代物である。尤もＴＸの副題は「首都圏新都市鉄道」だそうなので、その名に恥じぬ様に地下に潜りたかったのかも知れない。

馬鹿の様に口をあんぐりと開けている入口から地下に潜る。私は常に地下道に入ると自分がどこにいるのかよく解らない様な不愉快な感覚に襲われる。他の人々はどうなのだろうか。

改札口を抜けて降り立った歩廊にも、乗り込んだ普通列車にも人影は疎らである。TXでは全駅に安全柵が設けられているので、歩廊側の窓の外は殆ど見えない。

筑波山歩きからの帰りらしい老夫婦が、よいしょ、と云いながら楽しそうに座り込む。その表情を窺うにいい一日だった様である。いい表情をしている人を見るのはいい気持ちである。

ゴルフバッグを抱えた中年男の一団が騒々しく乗り込んで来る。たちまち不愉快になる。

発車。すうう、という感じで電車は加速する。何の感じも受けないままぼんやりしていると地上に出た。既に暗く、景色を堪能する事は出来ない。だが竜ヶ崎線を一本乗り過ごしたので仕方がない。仕方ないなりに暗闇に眼をこらす。黒一色のあちこちに電燈が点っている。その白い灯りで田畑や森や住宅地や道路の景色が見える。そう考える事にする。

ひゅううん、と線路脇の安全壁に走行音を反響させながら走った後、電車は次の研究都市なる空想科学物語的な名の駅に停まった。妙に白く明るい駅である。眩い照明に照らされている駅の周囲は高層住宅に大駐車場である。すうと動き出す。ひゅううんと駆ける。万博記念公園駅。ここも白くて明るく、外に高層住宅と大駐車場がある。私は大阪の万博公園なら少年時代に馴染みがある。有名な太陽の塔を見ても意味が解らなかった事を思い出す。そんな事を思い出した今もあの塔の意味が解らない。みどりの駅。白くて明るくて高層住宅で大住宅地である。

ひゅううん。ひゅううん。ＴＸは関東平野の闇を切り裂くような速度で突っ走る。

だが私はさっぱり面白くない。その理由を考えてみるに、轍の音が全くしないからだ、という見解に至った。常磐線の特別快速にはそれがあった。かたんことんと走り、かたかたかたんと転轍機を越えた。一畑電鉄と流鉄はかたん、ことん。一輛だけの竜ヶ崎線はかたん、かたん、だった。それらは速度だの強弱だのに拘らず心にも体にも心地よいドラムのビートだった。

だがこのＴＸにはそれがない。新幹線同様に非常に長い線路を使っているだろうし、しかもその継ぎ目が車輪との接触の衝撃を抑える仕様になっているだろうから、結局はひゅううんという電子オルガンの鍵盤を押し続けているが如き単音しか聞こえなくなるらしい。新幹線なら車窓に高速早送りの妙があるが、ＴＸはそれ程でもない。だからして面白くない。この走りはまさに機械である。愛馬をけしかけたくなる気分も出ない。次々に停まる駅も没個性の連続である。安全柵のお蔭で歩廊の下半分は見えないが、それが全く気にならない事だけが救いである。

時折ばたんという衝撃が車体に走る。対向列車とのすれ違いである。どきんとする。特別快速や気動車の感慨も薄れた。佐貫駅で消えた苛々が復活したのかも知れない。だが、もうどうでもいい。どのみち今日の小さな汽車旅もそろそろお仕舞いである。

ひゅううん。ひゅううん。暗い大地を見下ろしながら、列車は無機的に駆けて行く。

三　下町電車と高速電車

～京成電鉄　金町線　押上線
東武鉄道　亀戸線　伊勢崎線　大師線
東京地下鉄（東京メトロ）千代田線
つくばエクスプレス（首都圏新都市鉄道）

昔話から始めようと思う。私が小学校三年だか四年だったかの時の国語教科書に、『さばく』という物語が掲載されていた。以下はそのうろ覚えの内容である。登場人物三人の名前も記憶にないので、ここでは仮にトンさん、チンさん、カンさんという事にしておく。

三人は砂漠の中にある「さばく」という小さな駅の駅員さん達です。通る列車は一日一本。毎日暇で仕方がありません。そんな彼らの楽しみは、間もなくやって来る休みの日でした。まずトンさんの休みの日です。トンさんは列車で東の街に行き楽しい一日を過ごしました。次はチンさんの休みの日です。チンさんは列車で西の山に行き楽しい一日を過ごしました。カンさんの休みの日がやって来ました。無論、トンさんは街を、チンさんは山を薦めます。二人の話を聞いたカンさんは、静かにこう云いました。僕は北へ行ってみようと思う、と。トンさんチンさん驚きました。何を云うんだい、列車は東か西にしか行かないじゃないか。

色々ごちゃごちゃ云って来る二人に、カンさんは微笑んで答えます。歩くのさ、この足で。

さて休みの日の朝。まだ心配そうな二人の見送りを受けて、カンさんは北へ歩き出します。

昼がすぎて夜が近付いた頃、カンさんは帰って来ました。お土産の果物をたくさん持って。

カンさんは、誰も行った事のない砂漠の彼方に、素晴らしいオアシスを見付けたのでした。

だからどうしたと云われても困る。そもそも私の作った話ではない。カンさんが砂漠に出掛けてオアシスを見付けて帰って来た。それだけの話である。それだけの話に少年時代の私は多大な影響を受けた。誰も行った事のない場所に歩いて行ったカンさんは偉大であると思った。自分もかくありたいと思った。だがここは砂漠ならぬ日本で、誰も行った事のない場所なぞなく、仮にあったら恐ろしくて仕方がないだろうから、私の行った事のない場所に汽車で乗りに出かけるという代償行為で済ます事にした。結局この世にオアシスなんぞ存在しないのさとうそぶき始めた頃、私は中国のタクラマカン砂漠を走る鈍行列車に乗った。車窓の風景はまさに『さばく』の世界だった。但し、その砂漠にはオアシスのみならず原爆実験場もあった。


そして現在。私は一九九一年九月発行という東京区分地図をじっと眺めている。北品川にユーゴスラヴィア大使館、広尾にチェコスロヴァキア大使館、麻布台にソ連大使館がある。この地図が発行された頃、右の三つの国家はそれぞれ内戦勃発直後、分離直前、崩壊直前だった。

余談であり、かつ時制がふらついて恐縮だが、ウクライナのオデッサに住んでいた頃、よく日曜日の蚤の市をひやかした。そこで買った古地図の一枚がオーストリアを併合《アンシュルス》した直後らしいドイツの地図である。東隣のチェコスロヴァキアもまた後にドイツに併合されるが、翼をもがれた同国空軍の飛行士達が国外に亡命し、やがてイギリス空軍《ロイヤル・エア・フォース》の名戦闘機スーパーマリン・スピットファイアを操ってドイツ空軍《ルフトヴァッフェ》に戦いを挑む、というのがチェコ映画『ダーク・ブルー・ワールド』のあらましであるが、余談が空に舞い上がるのは好ましくないと考える。

他にはユーゴスラヴィア社会主義連邦共和国の全国地図、チェコと同一国家だった頃のスロヴァキアの首都ブラチスラヴァの都市図、それにソヴィエト社会主義共和国連那全国鉄道地図などが今も私の手元にある。そう云えば私はウクライナ国鉄路線図やブルガリア国鉄時刻表なども入手しているので、汽車好きでない時代にもかつての残滓は残っていたようである。

余談が汽車に舞い降りて来たので自分でも驚いている。さて私が二十年以上昔の東京地図でじっと眺めているのは、東北新幹線が上野で止まっていたり、ＴＸだの東京メトロ南北線だのゆりかもめなどが影も形もなかった時代を懐かしむ為ではない。今まで私がその存在すら気にした事の無かった下町の鉄道路線を眺める為である。本線から絶縁されたかの様に短い距離をとぼとぼと往復しているであろう無名の路線たち。地元の人々にしか知られていない電車たち。

このような都心部の路線は鉄道関連書籍からも無視されている事が多い。車窓風景の美しい路線だの、乗って楽しい列車だの、地元の人びととの素朴なふれあいだのについて語る本にはまず絶対に出て来ない。トンさんやチンさんの語った街や山の素晴らしさと同様に、そんな事もまた私にとっては語られた事である。誰も行った事のない砂漠に出掛けたカンさんに憧れた少年の成れの果てである中年の私は、殆ど語られる事の無い路線により惹かれる。

だからして私は、これらの『さばく』に、知られざる下町電車に乗りに出掛けようと思う。

秋晴れの昼下がりの空気がひんやりして心地よい。漸く気温が暦相応になり始めた気がする。柏駅は今日も無駄に人が多い。乗り込んだ常磐線の上り各駅停車は馬橋駅で流鉄の歩廊を右に見て、松戸駅を出てから江戸川を渡り、金町駅に着く。私はまずここで降りる。

金町駅の隣の亀有駅には馴染みがある。竜ヶ崎だか龍ヶ崎だかまで飛行機を見に行った頃の私は、映像芸術学なるものを専攻していた大学生だった。大学二年生の時には夏休みに二ヶ月東京圏に居なかったにも拘らず年間百二十本、全て映画館に通って観た。映画館に百二十回通った訳ではない。同一料金で複数の作品が観られる東京各地の名画座に通い詰めたのである。池袋の文芸座。銀座の並木座。大井町の大井武蔵野館。浅草の浅草新劇場。そして亀有にあった亀有名画座では確か学割料金八百円で四本の日活ロマンポルノを観る事が出来た。『セックス・ライダー　濡れたハイウェイ』と主演女優の田中真理が素晴らしかったのは今も記憶に鮮明である。映画に熱中していた頃の私には、専攻を将来に役立てる云々という発想はおろか、将来についての発想そのものがなかった。だがそんな漠然とした考えで通った大学の恩師の引き立てによって、私の著作が本になる事になった。人生とはげに解らぬものである。

ではこれからの将来はと云うと、これは更に解らない。解らないから放っておこうと思う。

金町駅前に降り立ってみれば人影は疎らである。ここから私は今日の一番手である京成電鉄金町線に乗る。京成金町駅は建物の中に埋没しているが如き構造で流鉄流山駅より遙かに小さい。改札口の目の前に一本きりの歩廊があり、四輌編成の電車が停まっている。

ふらりと発車。住宅地の中をごとごと走って金町線唯一の途中駅の柴又駅に着く。私は『寅さん』は第一作しか観ていないので、柴又という地に何の思い入れもない。更に進むうちに高架線を上がり始め、終点の京成高砂駅に着いた。二・五キロ、五分間の旅だった。

京成高砂駅は金町線のみ高架で、次に乗る京成本線の歩廊は地上にある。連絡通路を歩いて行くと自動改札機の列があり、その向こうにも別の自動改札機の列がある。よく解らないままに切符を入れたら再び出てきた。よく解らないままに歩廊に通じると思われた階段を降りたら、そこは駅の出口だった。よく解らないままに再び階段を昇り、奥の方の自動改札機に切符を入れてみると再び出て来た。そちらが京成本線への改札口だったらしい。どうやら切符を失わずに済んだが、同じ京成の駅構内で二度も改札を抜けなければならない理由はよく解らない。

待つほども無くやって来た列車は成田空港駅発羽田空港駅行きだった。次の青砥駅で本線と別れ、空港間連絡列車は押上線に入る。押上線なる路線があるとは知らなかった。その未知の押上線は今や都心部では珍しい事に地上を走る。小さな踏切をすいすいと通過する様は見ていて爽快であるものの、何となく尻がむずむずする気もする。だが線路脇で高架工事が行われている。

荒川を越えて走るにつれて、何やら醜悪な形状をした針の如き塔、或いは塔の如き針がどんどん大きく見えてくる。その高さは尋常ではない。私はなるべく目を逸らそうとするものの、電車はそちらに走って行くのだから仕方がない。その内に電車は地下に潜り、押上駅に着いた。

やたらと長い地下通路を出ると、そこには先程の巨大な針が聳え立っている。

私は、鳥でも旧日本陸軍一式戦闘機でも往年の東京駅発西鹿児島駅行き寝台特急列車でも現在の東北新幹線の最速列車でもない名前の人工衛星が遠い遠いお星様の世界に行って帰って来ようが、それがどうしたと考えてしまう種類の人間である。それが生命だか宇宙だかの起源を解き明かすのかしないのか知らないが、それがどうしたと考えてしまう種類の人間である。そんなものを解き明かす前に今の地球をどうにかするべきだと考えてしまう種類の人間である。

そう考える私は今、押上駅の出口の脇に聳え立っている巨大な針を見上げている。見上げても面白くも何ともない。むしろ醜悪であるとさえ思う。もしこの針が天空に向かって打ち上がるというのであれば、それはそれで結構な見ものかも知れないが、この針は突っ立っている以外に能がない様である。それだけの物体が大きな顔をしているのを見るのは不愉快である。

それにしても、この針と周囲の景観の不調和は凄まじい。大小も形状も色彩も様々の、何の統一性もなく並んでいる不揃いな箱の如き建物の群れの中に、醜悪な針が何の必然性も感じさせずに突っ立っている。それで自分の偉大さを印象付けたいのかも知れないが、私にはその麓の「馬場の漢方薬」「今も昔も仁成堂　馬場のくすりや」という広告文字の方が遙かに面白い。

この針が高い事に誇りを感じる人。嬉しそうに見上げる人。喜んで昇る人。世界を見下ろして優越感を覚える人。私はこれらの人々と何ら共通項がないが、これらの人々を批判したり嗤ったりするつもりはない。私に面白くない事を他人が面白がる事に何の差し支えもない。一方で、面白がって金町線だの押上線だのに乗りに行く人はさして多くはないだろうが、そうしない人から批判されたり嗤われたりするつもりもない。私は私、彼らは彼らで、永遠に交わる事なく棲み分けていればよい。無理矢理異者を同化させようとすれば、いらざる摩擦を生み、憎悪を生み、悲劇を生む。無理は所詮無理であって、時に無理は無駄の同意語にもなる。

ぶつぶつ考え続けていると、第二次世界大戦中に愛機と共に地中海に沈み、この世界から星の世界に飛び去った飛行士の言葉を思い出した。「ぼくらはすべて、いまだに新しい玩具《おもちゃ》がおもしろくってたまらない野蛮人の子どもたちなのだ。ぼくらの飛行機競争もこれ以外の意味をもちはしない。あの一機はより高く上昇し、この一機はより速く飛ぶ。なぜそれを飛ばすかということを、ぼくらは忘れている」(アントワーヌ・ド・サン＝テグジュペリ『人間の土地』堀口大學訳)。

私が見ているのは、他の高い建物と競争するというだけの目的で高く建てられた、周囲から完全に孤立している哀れな針である。「競争のほうが、さしあたり、競争の目的より重要視されている。これはいつの場合にも同じ事だ」(前同)。だがそれも仕方がない。何しろ「野蛮人の子どもなのだから仕方がない。野蛮人の子どもが成長したところで、所詮それは野蛮人である。そんな連中が、星の王子様に出会えた偉大なる男の言葉を理解出来る筈がない。

「過去の本然は家を建てるにあった。が、現在のそれは建てたその家に住むにある」(前同)。

ぶつぶつ考え続けていても仕方がない。さっさと退散しようと思う。

次に乗るのは亀戸駅と曳舟駅を結ぶ東武亀戸線である。ここから一キロほど南に下ればＪＲの錦糸町駅、そこで東に折れて八百メートルほど行けば亀戸駅である。私は未知の砂漠に歩き出したカンさんに感動した人間である。だからして歩いて行こうと思う。

歩道の上を自転車が次々と疾駆していく。自転車同士の衝突なら私の知った事ではないが、私と衝突すれば私がかなりの怪我を負うであろう速度である。そうなるのを防ぐために一生懸命彼らの走行を妨害しようとするのだが、自転車の人々はちりんちりんと鐘を鳴らしたり、ちっと舌打ちをした。途中の交番では二人の警官が談笑しているのみで、往来の自転車に構うつもりはなさそうである。下町なるここいらでは自転車の歩道暴走が認められているらしい。

つくばなる田舎の都会ぶりも奇妙だったが、都会は都会で奇妙である。建物は何の思想も統一性もなくただ勃々と建っているだけである。都会は箱であると考える。角だらけだから見ていて痛々しい。こんな痛そうな無数の箱を高いだけの針の上から見下ろして喜ぶ人は一体どんな人かと思う。だが他人の趣味をとやかく云うものではないとも思う。

左側に最新巨大高層建築と呼ぶべき箱が現れた。道路を挟んだ向かいはちっぽけな箱の行列である。きらびやかな見上げるばかりの巨大な箱の前を、どてら姿の老人が自転車で走り去って行く。田舎も不調和。都会も不調和。日本は不調和の国であると考える。

錦糸町駅の手前で左に針路を転じる。歩いていくと蒲鉾の上面の様に湾曲している橋があり、自動車も自転車も歩行者もふわりと浮かび上がってから沈む様に見える。その様が面白いと思ったが、走る自動車を見るのも、自転車が歩道を走るのも面白くない事を思い出した。

下校中の小学生達がよそ見をしながらばたばたと走って来る。回避義務が無いのでそのままずんずん直進していると、彼らは私と衝突する寸前に漸く驚いて立ち止まる。私は彼らの脇をすたすた通り過ぎる。自転車も子供も面白くないので面白くないとも思った。

周囲が駅前の雰囲気になり、小さな公園が現れる。中央に羽の生えた三匹の亀の像が立っている。どうせなら戸を背負わせればいいと思ったが、後に東武鉄道のＨＰを閲覧したところ、亀戸は「かっては江戸湾に浮ぶ、亀に似た島は『亀島』と呼ばれ、陸続きになって『亀村』に。さらに、そこには亀ヶ井という井戸があったことから、『亀戸』といわれるようにな」ったのだそうである。戸は扉でなく井戸だった訳らしい。ならば羽付き亀よりは井戸から首を出す亀にした方が筋は通るとは思うが、何事も筋を通さなければならないというものでもない。

右手に亀戸駅が現れた。入口には「ＪＲ亀戸駅」とある。だから東武線はここではないのだろうと思ってそのまま真直ぐ歩き続けると駅を通り過ぎた。高架線をＪＲ総武線の電車が走って行く。柏駅で見慣れている東武鉄道の二輛編成の電車が現れ、ＪＲ亀戸駅の方へ走って行く。じっと立ち止まって考えてから足早に引き返し、「ＪＲ亀戸駅」とのみ書いてある入口に入ってぎょろぎょろ周囲を見回せば、左手奥に改札口と先程見た東武電車の顔がこちらを向いている。ならば入口に「ＪＲ亀戸駅」のみならず「東武亀戸駅」も併記して筋を通せと思う。

無駄足を踏まされた為に少しく苛立ちながら自動改札機を通る。先程見た通り電車は僅か二輛編成で、しかも車掌のいない一人運転であった。都心部を走る列車としては意外である。

乗車率六割ほどで発車。やや左に廻ったと思いきや、すぐに次の亀戸水神駅に停まった。亀戸駅から歩いても十分もかからない場所である。乗車客が多かったが、降車客も存外に多かった。朝夕以外は二十分に一本しか走らないらしい亀戸線の乗り方としては贅沢である。

醜悪な針がだんだん大きくなる。なるべく見ない様に努める。

亀戸水神駅、次の東あずま駅、更に次の小村井駅も歩廊の長さは二輛分のみで、そのすぐ両脇を踏切や建物がびっしりと取り巻いている。先程乗った京成押上線の下をくぐった電車はゆっくりと上昇を始め、高架線となって終点の曳舟駅東端の専用歩廊に停車した。

伊勢崎線の歩廊に向かおうとしたら、地下通路に蕎麦屋があった。小腹が空いていた時なのでかき揚げ蕎麦を頼んだら、注文を受けてからタネを揚げ始めた。そのタネを乗せた蕎麦は美味しかった。ほかほかした気分で階段を上がると、歩廊備え付けの時刻表の下にこう記してある。

伊勢崎線、浅草・押上 ←→ 東武動物公園間は路線愛称名
「東武スカイツリーライン」になりました

誰がそんなふざけた路線呼称を使うものかと思った。そして、曳舟駅と浅草駅の間の「業平《なりひら》橋《ばし》」という小粋だった駅名が醜悪な針のものに無理矢理改名させられた事に憤りを感じた。

私が断じて伊勢崎線としか呼ばない路線の下り準急列車は、高架の曳舟駅から地上に降下してことこと走る。本線格なので途中駅の歩廊が長い。亀戸線に乗った後だから余計に長く感じる。

京成電鉄京成関屋《けいせいせきや》駅の目の前に位置するにも拘らず牛田《うしだ》と別名を貫く駅を過ぎ、列車は右へ大きく舵を切り、日本でも有数の規模を誇る分岐駅《ジャンクション》である北千住駅に到着する。ここは浅草行きと東京地下鉄半蔵門線直通の列車がそれぞれ発着する東武線伊勢崎線、JR常磐線、東京地下鉄日比谷線に同千代田線、更には数年前からTXなるつくばエクスプレスも通るようになった。乗りなれた常磐線から見ると気付かないが、乗りなれない伊勢崎線から改めて見るとその大きさに改めて気付かされる。柏駅と松戸駅が束になって漸く対抗出来ると考える。

その大分岐駅を過ぎ、列車は荒川の大鉄橋を渡り出す。右手に更に三本の鉄橋が見える。手前からそれぞれTX、常磐線、千代田線のもので、それぞれ複線だから六本の線路が走っている。その事に思い至った時、何となく記憶の琴線がぴくぴくと動き出す。

千葉県にいた幼い頃、関西には阪急電鉄なる大手私鉄があり、その起点の梅田なる駅が日本最大級の乗客数を誇る駅である事を知った。だが私は大阪がどこにあるかは知っていたものの、梅田なる場所がどこかは知らなかった。そんな場所に何故巨大な駅があるのか、子供だった私は真剣に悩んだ。他の悩み事は覚えていないので、他に悩み事はなかったと見える。

やがて大阪に引っ越す事になった。新幹線で新大阪駅に、それから東海道本線で大阪駅に着いた。昇降しないエスカレーターの如き自動通路を奇妙に思いながら向かった先は阪急電鉄梅田駅だった。何の事はない、梅田とは大阪の中心部の地名だったのである。

私の新たな最寄り駅は阪急電鉄宝塚本線の石橋駅だった。宝塚本線は梅田駅と宝塚駅を結ぶ路線で、宝塚駅の近くにはかの歌劇団の劇場がある。私は黒木瞳が月組の娘役トップだった頃に出演した舞台を見ている。貧相な少年だった私は当然の帰結として貧相な中年になったが、美女だった黒木瞳は今も美女のままである。美女とはげに恐ろしき哉と思う。

引っ越してから高校を出て千葉に戻るまでの十一年間、私は何度となく宝塚本線に乗った。梅田駅を出た宝塚本線は、右の京都本線及び左の神戸本線と共に大きく左に廻り、国鉄の広大な梅田操車場の上を跨ぐ。ここまでは三線同様だが、ここで宝塚本線と神戸本線には次の中津駅が存在する為に通過列車でも減速を強いられるにも拘らず、中津駅の存在しない京都本線はすうと右に少しだけ離れ、普通列車でも知らぬげに加速しながら駆け抜け始める。これだけでも不愉快だが、更に不愉快なのがその次に渡る新淀川越えで、京都本線は宝塚神戸両本線より数メートル高い位置にある橋梁を、こちらを見下しながら走って行くのである。

京都本線は阪急で二人掛け座席の特急列車が走る唯一の路線だった。だからこんなに偉そうなのかと思ったものの、かつては京都本線が宝塚本線の路線を間借りして走っていたが、専用線路橋架設の際に自分だけかさ上げしたという事実を知った時には怒髪天を衝く思いを感じた。余りに不愉快だったので、京都本線から左の二線を見下ろして優越感に浸ろうとしてみた。だが結局は川向こうの十三《じゅうそう》駅ですごすごと乗り換えなければならない惨めさを味わっただけだった。

そんな事を思い出した自分が荒川を渡る電車に乗っている理由を思い返すと、何となく馬鹿馬鹿しくなるが、それも仕方のない事だと思う事にする。京都本線に乗ったり、映画を観たり、下町電車に乗っていたり、どれもこれもカンさんがふらふらと砂漠に歩き出したお蔭で子供だった私の以後の人生が変えられたのだから仕方がない、という事にする。

荒川を渡り切る。おくのほそ道への旅に出たばかりの芭蕉が「前途三千里の思ひ胸にふさがりて、幻《まぼろし》のちまたに離別の泪《なみだ》をそそ」ぎ、「行く春や鳥啼《とりな》き魚《うを》の目は泪《なみだ》」と詠んだ場所だが、私がこれから向かうのは三千里どころか二里もない西新井駅である。

北千住駅から高架線の上をすっ飛ばした準急列車は瞬く間に西新井駅に着いた。ここで次の目当ての大師線に乗り換える。階段を昇り、右手の大師線歩廊に向かおうとしたら、そこには自動改札機の列が立ち塞がっている。ここも京成高砂駅の如しか、と思いきや頭上に案内があった。

大師前駅には改札がございません
きっぷはここで回収となります

暫し頭を捻ってから、大師前駅には改札がないから切符はここで回収となるのだ、と漸く解った。だが何故そうするのかよく解らないままに切符を手放した。そうして切符を持たないままに大師線の電車に乗り込んだ。亀戸線と同じ二輛編成の一人運転列車である。

西新井駅を出た電車は、左に回ってからごとごとと高架線を走り、終点の大師前駅に着いた。沿線についてはこれ以上書き様のない大師線だが、大師前駅は高架駅で壁面は硝子張り、歩廊上の屋根はまるで欧州の主要駅の如くすっぽりと丸屋根で覆われている立派な構造である。

その歩廊に降り立った僅かな数の乗客は、すたすたと階段を降りて無人の改札口を過ぎ去っていく。改札口脇の自動券売機があったと思われる壁面は閉鎖されている。

成程、と思った。ここは無人駅なのだ。だから切符は西新井駅で回収される。ここでは何もしない。切符も売らない。ただ乗りたければ乗ればいい。改札は西新井駅でやる。そう云う事なのだろう。そうすると大師線を往復するだけなら無賃乗車が可能になる訳だが、そうする輩は少年時代の私のような馬鹿な餓鬼くらいであるから構わないのだろう。

大師前駅から一駅戻り、西新井駅の階段を昇った正面に自動券売機がある。ここで次の目的地である小菅駅までの切符を買う。西新井駅構内であるにも拘らず券面には「大師前↓１６０円」とある。その切符を持って先程通った自動改札機を再び通る。右手には西新井駅の出口用改札がある。大師前駅から乗って西新井駅で降りる客は、西新井駅で買った切符をすぐに手放す事になる訳である。何という事もないが、何という事もなく面白いと思った。

既に夕闇も最終段階になりつつある空の下、西新井駅から三駅戻った普通列車は私を小菅《こすげ》駅で降ろした。これから本日最後のお目当て路線である千代田線の綾瀬《あやせ》駅と北綾瀬駅、ここでは便宜上「北綾瀬線」と呼ぶ末端部分に乗りに行くが、地図によれば綾瀬駅と小菅駅は一キロ弱しか離れていない。荒川を何度も渡るのは億劫であるし、私は散歩が好きである。

小菅駅は高架下の吹き抜けの駅で、何となく倉庫の中のような感じの駅である。無人の駅前を流れる堀を進む。既に街灯が点っている。右手に金網が現れ、その向こうに運動場と、更にその向こうに建つ大病院の如き建物が見え出す。かの有名な東京拘置所である。私はその建物が一望出来た事に驚く。拘置所だか刑務所だかは分厚く高い塀に囲まれているものだと思っていたからである。金網だけで大丈夫なのかと考えながら歩いている内に立て看板があった。

フェンスにふれないで下さい
通行中、当所職員からお願いすることがありますが、その際はご協力願います

どうやら「当所職員から」の「お願い」は、お断り出来る類のものではない様である。

拘置所に背を向け、綾瀬川を渡る。かつては日本一汚い事で有名だった川だが、今はどうなのか知らない。暗くて水面が見えない。その上を首都高速道路が走っている。ごとん、ごとんという自動車の走行音が高架線からひっきりなしに降って来る。身が硬くなる。息苦しくなる。

幸い何も落ちて来なかった。暗い家並みを抜けたら高架駅の綾瀬駅があった。因みに駅の北側には東京武道館なる施設があるそうだ。随分辺鄙な場所にあるものである。

駅の歩廊の東端に上がり、長い長い歩廊を西の端に向かって歩き出す。北綾瀬線は千代田線との直通運転をしておらす、短い列車が綾瀬駅西端の狭い歩廊から発着する。私は常磐線の車窓から北に分離する線路を幾度も眺めた事があるが、流鉄同様にそれに乗りに行くという発想が無かった。そんな発想が起きたお蔭で綾瀬駅の長い長い歩廊を端から端まで歩く羽目になった。全くもって馬鹿馬鹿しいが、これもカンさんの所為にしておこうと思う。

漸く北綾瀬線の幅の狭い歩廊に辿り着くと、おりしも北綾瀬駅からの下り列車が着いたところであった。と、開いた扉から乗客が切りもなく続々と降り続け、そして次々と急ぎ足で停車中の北千住方面行きの電車に向かって走り出す。流れに逆らうつもりのない私は壁際に退避する。何

であれ雑踏を見物するのは嫌いではない。その中に自分が居なければ文句はない。

それにしても、車輛基地までの回送線の途中に作っただけの路線が上下とも混雑しているのだから、東京地下鉄だか東京メトロだかは笑いが止まらないであろう。因みに私は未だに「帝都高速度交通営団」の旧称に愛着がある。こういう事を云い出すから歳が知れる。


こちらも混雑して発車した北綾瀬線の上り電車は、既に夜の装いの住宅地を高架線でゆっくりと通り過ぎ、ちっぽけな北綾瀬駅に到着した。もう乗るべき路線はないが、私は一九九一年版東京地図を眺めているうちに、北綾瀬駅の北西一キロ半あたりに六町という地名を見付けた。現在TXには六町と云う駅がある。TXなら切符一枚の乗り継ぎなしで帰ることが出来る。

暫く北に歩くと右手に北綾瀬線及び千代田線の車輛基地が広がり始めた。そろそろ西への変針地点かも知れないと思い、確認のために鞄から件の古東京地図を取り出そうとする。

鞄の中に件の古東京地図はない。どれだけ探しても、ない。

頭の中が急速回転を開始する。何処だ。地図は何処にある。

答えは直ぐに出た。家だ。机に置いたままで出掛けたのだ。

だが地図の所在が判明しても状況は何一つ好転しはしない。

私は落ち着く為に一つ息をついた。そうしてじっと考えた。

じっと考えなくても西へ真直ぐ進めば六町に着く筈である。

なあんだと思って私は左へ回頭し、それから直進を始めた。

私は時計を持ち歩かない主義なのでそれからどれ位の時間が過ぎたか解らない。途方もなく長い時間の様に思い出されてならないが途方もなく疲れ果てたのは確かである。兎に角私は道に迷った。真直ぐ東へ進めば先程下をくぐった首都高速に出るのが明らかであるにも拘らず中々そこに達しない事に苛立って勝手に曲がったりした。周囲は同じような住宅だらけで自分が一体何処に向かっているのかさっぱり解らなくなった。気付いたら常に持ち歩いている筈の旧ソ連製小型羅針儀まで鞄に入っていなかった。馬鹿者と自分を罵った。よくもこれだけ外出時の必需品を平気で忘れられるものだと思った。そもそも前世紀の東京地図を参照するのはおかしいと思った。それと千葉県北東部地図の二点以外日本に関する地図を一切持っていないくせにドイツ帝国地図だのブラチスラヴァ市街図だのユーゴスラヴィア連邦図だのソ連及びウクライナ鉄道図だのは持っている自分がひどく奇妙に思えた。いそいそと汽車に乗りに出掛けた挙句に迷子になる自分が非常に悲しく思われた。そんな事を考えていると傍らの家の犬が吼え始めた。石を投げてやろうかと思った。やっと首都高速に突き当たったがその下を流れる綾瀬川を渡る橋が全くなかった。六町はその向こうにある筈だった。その向こうにある筈だが本当にそうかは解らなかった。誰かに道を尋ねるのは乗り気ではないがここでは聞く必要がなかった。何故なら誰も往来に居ないからだった。首都高速の下の道路をびゅんびゅん走る自動車を停めて聞く訳にはいかないと思った。私は何となく南に向かって歩き出した。だが橋は一向になかった。この川の両岸では隣の半島の南と北の様に断絶関係にあるのだろうかと不思議に思った。私は歩いた。他にする事がないから歩いた。そんな自分をサハラ砂漠を彷徨するサン＝テグジュペリに重ね合わせようとしている自分の料簡を愚劣だと思った。許しがたいとすら思った。その一方で「――おおい、人間ども！」（前同）と叫びたくなる自分がいるのもまた確かである。今「当署職員からお願い」されたらどうしようかと思った。そんな事をされたら泣き出すかも知れないと考えた。そんな事を考えていると前方に信号機があった。近付いて見るとそこはロバート・ジョンスンの歌で云うところのクロスロード即ち十字路であるから東西南北へ向かう道路が分かれている。私の目指す東には綾瀬川を越える橋が掛かっている。私は自動車以外無人の十字路を敢然と右に曲がる。綾瀬川を渡る。かつては日本一汚い事で有名だった川だが今どうなのかは知らない。暗くて水面が見えない。その上を首都高速道路が走っている。ごとんごとんという自動車の走行音が高架線からひっきりなしに降って来る。恐ろしいと思う。何か大きな破片が落ちて来そうな気がする。身が硬くなる。息苦しくなる。幸い何も落ちて来なかった。だが私が迷子である不幸に何の変化もない。どうしよう。早速Y字路だ。どっちに行けばいいかなど私にはさっぱり解らない。内訌が続いて気分が悪くなって来た。寒い。腹も減った。おや電柱に掲示がある。何か大文字で書いてある。

六町駅→

ひゅううと風が吹く音がした様な気がした。この電柱に六町駅の文字がある。
暫し頭を捻ってから漸く、六町駅はここで右に行けばよいのだ、と解った。
だがこの様な掲示が住宅地の真ん中にある理由がさっぱり解らなかった。
解らないままに私は右旋回した。そうして真直ぐ突き進んだ。すると、
新たに六町駅の方向を示す掲示が貼られていた。私はそれに従った。
掲示は次々に現れた。私はその全てに従いながら何となく思った。
この掲示が人の役に立ったのは今まで一度も無かったであろう。
それでも掲示を剝がそうとしなかった周辺住民の素晴らしさ。
私は感動した。単に面倒だから剝がさなかっただけだろう、
その様な無礼かつ不遜な考えは毛頭思い浮かばなかった。
段々と明るくなってきた。駅が近づいてきたのだろう。
もうすぐだ。もうすぐだ。もうすぐ「さばく」駅だ。
私はカンさんだ。もう休日も終わろうとしている。
明日からまたトンさんチンさんとの閑な日々だ。
否、私は今オアシスに向かっているのだろう。
これらの掲示はオアシスを指しているのだ。
ああ、大きな道が見え始めた。では駅は。

そこにあった。六町駅の巨大な入口が、
優しげに口をあんぐりと開けている。
私はオアシスなる歩廊に降下する。
今までの夜道が嘘の様に眩しい。
電車がやって来て私を乗せた。
電車は滑らかに走り出した。
やがて地下から浮上した。
街の灯が美しく見えた。
電車はひゅううんと、
小気味良く駆ける。
江戸川を越える。
ひゅううん。
もう千葉だ。
ひゅうん。
いいぞ。
走れ。
轟。

四　空中電車と路面電車
東京都交通局　日暮里・舎人ライナー　荒川線
東京地下鉄（東京メトロ）東西線

別名を用いた私の本を出す出版社との打ち合わせが都内で行われる事になった。打ち合わせは夕方からである。それまでは何をしようが何処に行こうが私の勝手である。折角都内まで出るのだから、乗った事のない路線に乗ってみようと思う。

北千住駅を出た常磐線の上り快速列車はすぐに河を渡る。それが隅田川である事を私が知ったのはごく最近である。私は日本地図を見せられれば全ての都道府県名とその県庁所在地を、欧州地図を見せられれば全ての国名とその首都を即答出来るが、足立区だの荒川区だのアメリカ合衆国の州の位置だのはさっぱり知らない。私は興味のある事は結構知っているが、興味のない事は微塵も知らない。尤も隅田川が春のうららの風情なぞ微塵もない両岸コンクリートの都会の川でしかないのも悪い。だが今は秋なので春の風情がないのは隅田川の所為ではない。

同じ上野駅を事実上の起点とする東北本線及び高崎線に比べ、常磐線は常に冷遇され続けて来た路線である。前二路線で昔から行われていた普通列車へのグリーン車連結もかなり出遅れた。恐らく沿線住民、即ち常磐線民は貧乏たれかけちだとJR某日本に思われていたのだろう。

あちらの二線で当然の如く行われている池袋方面への直通運転を行おうという動きもないらしい。だが常磐線三河島駅で分離する貨物専用線は東北本線の田端駅に向かう。田端駅からは池袋方面に向かう山手線が分離しており、その脇には大宮方面からの列車が通る東北本線からの貨物線が並走している。ならばJR某日本は田端駅の配線をどうにかして常磐貨物線と山手貨物線を直結させるべきである。技術的困難だの費用対効果だのを云々してはいけない。TXが常磐線民を攫いつつある現在、それしか常磐線の生きる道はないと私は確信している。

それからもう一つ。JR某日本は東北本線並びに高崎線の日暮里駅を新設する義務があるとも思われる。大阪時代に京都本線との格差を甘受させられ続けた元宝塚本線民である私が、上京してからも日暮里駅を通過する東北高崎線を見せ付けられるのは我慢がならない。この駅が魯迅の『藤野先生』に出て来る事など何の慰めにもならない。だからして日暮里駅で降りる私は傍らを疾走していく東北高崎線が許せない。常磐線民一致団結して線路を塞いだり投石すればいいと真剣に思うのだが、日暮里革命は未だに成るどころか始まらぬ様である。

尤も私が日暮里駅で降りたのは現状を憤慨する為では無論ない。「日暮里・舎人ライナー」、これから私が勝手に「舎人線」と呼ぶ、乗った事のない路線に乗ってみる為である。

舎人線の改札口は三階にあった。列車と歩廊はガラス壁の扉で仕切られている。箱の様な小さな列車に乗り込もうとしたら、「二番線から」という自動放送の声が流れた途端、「列車が発車します」などと続く前に扉が閉まった。危うく挟まれるところだった。後で知ったが舎人線の列車は無人運転なのだった。そんな列車がある事を私は完全に失念していた。

少しくどきどきしながら窓の外を眺めてみると、舎人線の歩廊がＪＲ及び京成線の日暮里駅に背を向けているのが解った。ごとごとと動き出した列車はまず北東に進み、それから急角度で北西に転じてからＪＲ及び京成線の頭上高くを通過した後、真北に針路を定める。これから九・七キロ先の見沼代親水公園《みぬまだいしんすいこうえん》なる長い名の終着駅までひたすら一直線に北に突き進む。

運よく空いていた四人掛け座席を独占してから下を眺めてみるとこれは高い。高所恐怖症のためにこの路線を利用出来ない沿線住民もいるだろう、と思う程での高さである。

その高みから下界を眺めている内に、私の記憶の琴線がしつこくぴくぴくと動き出す。

私は二十歳台半ばの二年半ほどをフィリピンのマニラで過ごした。その頃からマニラの大動脈であるエピファニオ・デ・ロス・サントス大通り《アヴェニュー》、通称エドゥサは、折から開始された都市高架鉄道建設の影響で常に渋滞していた。南国の太陽に飽きた私はフィリピンを出て行きたくなったが、他に行く当てもやりたい事も無かった私は、適当に入った会社に惰性で通い続けるしかなかった。最終的に私は自主退職だったか馘首だったかになったので、特に未練も無くフィリピンを去る事になった。その頃に高架鉄道が開通したので、私は何となく乗ってみる事にした。

昇降機などないので高架駅の階段を延々とのぼり、この国では珍しくもない散弾銃を構えた警備員の荷物検査並びに身体検査を受け、長蛇の列に並んでから係員に運賃を払って磁気式の乗車券を貰い、それを回転式の柵のある改札機に差してから歩廊に入った。

待つ事暫し、白地に青帯の電車がやって来た。新車なのが遠くからでも見て解るように車体の肌に艶がある。冷房の効いている車内には新車特有の垢抜けない匂いが立ち込めている。

発車。電車はたちまち陽光の下に進み出た。私は突如として見た事もない景色を眺める事になった。私は今まで掘割の中の如きエドゥサの壁の如き眺めばかり見ていたが、電車はいきなり宙を舞うかのように走り始め、マニラの街を一望に俯瞰する眺望を私に与えたのである。

マニラには日本のような集合高層住宅が少なかったので、住居は殆どが一軒家だった。その作りが一軒一軒で面白いくらいにばらばらな事、家と家の間に緑が多い事など、私は今まで全く気付かなかった。窓の外は妙に白く感じた。西のマニラ湾まで見えた様な気がするが、それは私の記憶違いだろう。エドゥサから海岸線までは五キロは離れていたのだから。

それから十数年が過ぎ、私は今東京の片隅を走る舎人線の車内にぽつねんと座っている。眺めはさして面白いものではない。マニラと異なりどこもかしこも箱のような住居だらけである。大きい箱。小さい箱。正方形の箱。細長い箱。兎に角箱だらけである。人は箱の中に生まれ、箱の中で生き、また箱の中で死ぬ、と思う。どこかで聞いた言葉だとも思い、それが「人間は管につながれて生まれ、管につながれて死ぬ」という山田風太郎の言葉だった事を思い出す。

そんな事を云っているが、矢張り初めての路線に乗るのは面白い。ふと考えてみるに、映画も汽車もさして変わらない様な気がしなくもない。共に座席に腰掛けている内に物語だの景色だのが勝手に進み、そして勝手に目的地に着くか物語が終わる。

云い忘れていたが、舎人線には線路がない。道路の様な白い道の上をゴム車輪の車輌が走って行く「新交通システム」である。尤もこの言葉は三十年前から走り続けている神戸のポートライナー線や大阪の南港ポートタウン線にも用いられているので新しくはない。その新交通云々の乗り心地はというと、さして良くは無い。車体が小さい為かどうかは知らないがやたらと床下から振動が伝わる。但し振動もまた良しと考える私にはさして影響は無い。

熊野前駅で路面を走る都営の荒川線と連絡する。実はこの舎人線が荒川線同様に東京都が運営する鉄道路線であり、正式名称を「東京都交通局　日暮里・舎人ライナー」と云う事を、私は数日前まで知らなかった。私はてっきり「日暮里・舎人ライナー」なる鉄道会社とばかり思っていたのである。だからと云う訳でもないが、今回私は二つの都営路線に乗ろうと思っている。舎人線で空から堪能する眺めを荒川線で地べたから眺める。景色の天下りで纏まりがよい。

ごとごとと、そしてのろのろと走る電車が荒川を渡る。艀を曳航する運搬船がゆっくりと進んでいる。そんな物を見るのが久々なので物珍しく思う。箱だった建物の群れに普通の形の家が混じり始める。「西新井大師西」という駅がある。他に名の付けようはなかったのかと訝る。

列車は上昇と降下を繰り返す。やがて広大な公園が広がる。その名は次の駅名でもある舎人公園。自動放送によれば、「全国の農業生産者のみなさんが丹精込めて」作った作物を扱う足立北市場はこの駅の近くだそうである。秋の日差しの下で人々がのんびり散歩している。

　終点の見沼代親水公園駅に到着。歩廊の硝子壁に白い幕が貼られているため外が殆ど見えない。何故こんな目隠しをするのか訝りながら階下に降りると、自動改札機脇の駅員事務室が閉鎖されており、緑色の上っ張りを着た駅員らしき初老の男性が手持ち無沙汰に出口の脇で立っている。お役所の鉄道のやる事はよく解らない。尤も私は都民ではないので口を挟む立場にない。

　駅は尾久橋通りなる大通りの上に建っている。無人のエスカレーターを使って地上に降りてから見上げてみれば、それは何の変哲もないただの近代的な高架駅なのだが、じっと見ていると何となく空想科学の世界の建築物に見え出した。余り気持ちのいいものではない。

　北側の高架はすっぱりと巨大な斧で断ち切ったかの様に切れている。すぐ先は埼玉県なので、東京都交通局の舎人線がこれ以上北に延伸されることはなさそうである。


　する事もないので、私は初老の駅員がじっと立ち尽くしている改札を通り、周囲が何も見えない歩廊から上り電車に乗り込んだ。その車輛は先頭車であり、車輛中央にある前向きの三つの座席は既に埋まっていた。横掛けの座席に座る気にはなれなかったので、私は残された場所、即ち通常の車輛であれば運転台がある最前部の正面展望座席に仕方なく座った。こんな場所に座って汽車好きの中年に思われては堪らないが、止むを得ないと云う事にした。

　座ってみると、正面が丸ごと硝子窓なので眺望の良さは例えようもない。真直ぐに延びているのが黒い二本の線路でなくただの白い道路であるのが残念ではあるが、それでも百八十度の眺望が得られているので構わない。「ワイドスクリーン」という言葉が脈絡なく頭に浮かぶ。

ふと隣を見ると、うら若き女性が喜色満面で正面を眺めている。同族かと思う。

一番前に座っていると世界が列車に呑み込まれ出すように見える。彼方の小さな列車がぐんぐん迫ってきて擦れ違う。線路は結構左右に小刻みに震えている。箱の様な電車は右往左往しながら進む。荒川越えでは大きく左に旋回上昇した。そんな様を隣の女性は丹念に撮影している。

遙か向うに見覚えのある醜悪な針が突っ立っているが、そんな物を気にする気にならない。


本来はこのまま日暮里駅まで戻り、常磐線で南千住駅まで移動、徒歩で都営荒川線の起点である三ノ輪駅に出てから所謂チンチン電車、即ち荒川線に乗る心づもりであった。

しかし、舎人線の無人電車に次々に呑み込まれる世界を眺めながらも私は本分を忘れてはいない。今日出掛けて来たのは出版社の担当編集者との打ち合わせの為であり、私は南千住駅と三ノ輪駅の間で六町同様に迷子になる可能性が非常に高い。チンチン電車の駅が見付からなかった為に遅刻するが如き事態は万難を排しても避けなければならぬ。だからして私は途中の熊野前駅で荒川線に乗り換えて三ノ輪橋に行き、それから折り返して早稲田駅まで乗ろうと思う。

当然の判断であるが、正面の景色を楽しんでいる私にとっては苦渋の決断であった。熊野前駅の手前で私は渋る足をどうにか伸ばして立ち上がった。振り返ってぎょっとした。いつの間にか車内は満員となっており、私の後ろに立っていた十数人の客が、揃いも揃って食い入るように前方の景色を見詰めていたのである。私は驚いてから嬉しくなった。舎人線民とは気が合いそうだと思った。そう思いながら、「舎人」の上に「田」を付けたら彼らは怒るだろうかとも思った。

こちらも駅員事務室が閉鎖されて駅員が脇に直立している改札口を抜け、こちらも地上から見上げれば空想科学世界の如き都営舎人線熊野前駅を降り、道路を渡った目の前に都営荒川線熊野前駅のちんまりとした歩廊がある。こちらはどう見ても現実世界の駅である。

だが私がかつて乗った欧州各地の路面電車は歩廊など無く、乗客は皆道路脇の停留所から電車の踏み台をよじ登ったものだった。そんな事を思い出すうちに更に思い出した。欧州の路面電車のほぼ全ての終着駅は線路が半円を描いて電車を方向転換させる仕組みになっていた。だから電車の運転台は前方にあるのみで、乗降扉も片側にしか備えられていなかった。

思い出し始めれば切りがない。私が住んでいたウクライナのオデッサのアパートは路面電車の停留所のすぐ近くにあったが、普通の家と家の間を青い路面電車がごとごと進んでくる様は愉快だった。電車が停留所に停まれば、大型の業務用冷蔵庫の如き体格の老女達がもさもさと体を揺らしながら乗り降りしたものだった。更に余談ながら、旧ソ連の路面電車の殆どは旧チェコスロヴァキア製で、私はチェコのプラハに行った時、こここそ世界で最も路面電車の似合う都市だと感じ入った。それよりも感動したのは、運転手の気分で運行時刻が決められるオデッサとは異なり、プラハでは路面電車が分刻みの時刻表通りに運行されている事だった。

かつてアメリカのＰＰＭが「500 mile」を歌い、日本のＨＩＳがそれを「５００マイルも離れて」としてカヴァーした。五千マイル、即ち八千キロも離れた欧州の路面電車を思い出していても仕方がない。私は粛々とジパングの都トーキョーのトラムに乗ろうと思う。

一輛きりの路面電車がやって来て、自動車と仲良く信号待ちをしてから駅に入線して来た。白地に緑の帯を巻いているが、私が子供の頃に見た写真では橙色に赤帯だったと思う。

平日の昼下がりだから車内は空いていた。景色を折り返しまで見ない為に持参の文庫本を広げた。頁をぼんやりと眺めている内に電車は三ノ輪橋駅に到着した。複線の線路は歩廊のすぐ先で単線になっている。乗客を降ろした電車はゆっくりと転轍機を渡り、先にある別の歩廊に再び停車した。どうやら今私が降りたのは降車専用の三ノ輪橋駅で、先にあるのが乗車専用の三ノ輪橋駅らしい。配線図で云えば「人」の字の形である。実際には左辺と右辺は平行だが、兎に角左辺の早稲田方面からやって来た電車は合流点の手前で停まり、頂点で乗客を乗せ、右辺の早稲田方面に向かって走り出すのである。西新井駅の大師線改札口同様に私は何となく感心した。

乗車専用歩廊の木の壁に、昭和時代のキンチョールだのボンカレーだのの看板が掛けられている。少年時代の私にも時代遅れと思われた類のものである。壁の時刻表を眺めると、「道路混雑時には大塚・王子・車庫行きが運転を取りやめる可能性があります」との但し書きがある。「運転を取りやめ」られた乗客は粛々と下車するのか、運転手に向かって激昂するのかと想像する。

扉を閉めた路面電車の車内に、カンカンという小鐘の音が響いた。私にはそれはチンチンとは聞こえなかった。おやと思った。チンチン電車という表現があるならカンカン電車もあっていいのかと考えたが、そう考える私に構う事なく路面電車はゆっくりと走り始めた。

舎人線とは異なり今度は最後尾の後ろ向き座席である。尤も真正面に運転席の衝立があるので視界は普通の座席と変わらない。それが後ろ向きに流れて行く。その視点が低いところは矢張り路面電車である。欧州の様々な思い出が再び蘇りかけるが、今は東京の眺めに集中しよう。

相変らず大きさも形状も様々な箱が建ち並んでいるだけである。眺めていれば考えを述べたくなるのは仕方がないが、世界を車窓から眺めるだけのテレビ番組もある。

初めのうちは小さいながらも駅の形状をしている停留所に改札口がない事に違和感を抱いていたが、よく考えたら停留所に改札口がないのは当り前だった。全ての運賃清算は運転士が行っているのである。そして停留所は周辺住民の通路でもあるらしい。何となく面白いと思う。


荒川一中前、荒川区役所前、荒川二丁目、荒川七丁目と荒川線らしい名の停留所が続く。この路線名は荒川線なのだから特に違和感はない。梶原駅の小さな歩廊に小さな本屋がある。本棚の上に新刊書らしき本が何冊も紐で閉じられたまま積み上げられている。発車したと思ったら再び停車した。明治通りを跨ぐ交差点の信号機が赤らしい。線路の上を走る鉄道が自動車如きの所為で停められるのは面白くない。漸く発車。広い通りを斜めに横切る。

ごとごと走るうちに進行方向左手から東北本線の高架線、更に途方もなく高い東北新幹線の高架線が寄り添ってくる。路面電車から新幹線を見たところで仕方がないと云う気がする。

その高架線の真下にぽつねんとある王子駅前駅を出ると、電車は先ほど渡った明治通りに再合流し、今度はその上を走り始めて実際の「路面電車」となると同時にぐるりと左に向きを変えて高架線をくぐり、飛鳥山を左に見ながらゆっくりと上昇する。私の乗る電車に、言い換えれば私の電車に、或いは私に、何台もの自動車が坂を上りながら大人しく従っている。

やがて電車も車も赤信号で停まった。私の直ぐ脇で停まっている自動車の運転手は、幾度も前方の信号機を確認しながら必死の形相で何やら携帯電話に文字入力している。忙しい人だと気の毒に思うが、私とてこれから出版社で打ち合わせという用事ある身である。もし彼がこちらを向いたら欠伸で挨拶しようかと思ったが、そうならなかったのは遺憾であった。

信号が青に変わって発車。電車は明治通りから右に逸れ、再び普通の線路の上を走り出す。すぐに飛鳥山駅に停まるが、ここにはクリーニング屋がある。梶原駅の本屋とこのクリーニング屋の売り上げの一部は駅を管理する東京都に巻き上げられるのだろうかとふと思う。

走っていくと新庚申塚駅があり、その隣には庚申塚駅がある。何となく妙な感じがしたが、新大阪駅の隣に大阪駅がある事を何となく思い出して何となく納得する。山手線の高架下の大塚駅を出て暫く行けば雑司ヶ谷駅に鬼子母神前駅である。そう云えば京極夏彦『姑獲鳥《うぶめ》の夏』の舞台はここいらであるにも拘らず都電が登場しない事を思い出した。因みに私は以前『薄目の夏子さん』という作品の題名を考えた事があるが、題名以外は何も考え付かなかった。

茶色い石垣の高架橋で明治通りの下をくぐり、古い切通しの間を進めば学習院下駅。それから映画『神田川淫乱戦争』（一九八三年、黒澤清監督）の舞台となった神田川を越える。

電車はぐるりと左に廻る。最後の回頭である。面影橋駅に着く。「面影橋」の歌は、よしだたくろうがライヴ盤『ともだち』でカヴァーしたもので初めて聴いた。オリジナルの小室等と六文銭のヴァージョンを聞いたのは少し後のことだった。だが私は「面影橋」よりも「雨が空から降れば」の方が遙かに気に入った。今も雨が降ると「しょうがない　雨の日はしょうがない　公園のベンチでひとり　おさかなをつれば　おさかなもまた雨の中」と一人口ずさむ事がある。

色んな事を思い出したり考えたりしたので草臥れたが、もう電車は新目白通りの中州にある終点の早稲田駅に進入し始めている。三ノ輪駅の様に二つの独立歩廊があるのではなく、駅の手前で上下線が合流して単線となり、左側が降車用、右側が乗車用となっている。作家の内田百閒は一時期この近くの砂利場裏に逼塞していたそうだが、砂利場などどこにも見当たらない。

これから出版社のある飯田橋に行くには、東京メトロなる元帝都高速度交通営団の東西線早稲田駅に行かなければならない。地図によればこの都営の荒川線早稲田駅から早稲田大学の敷地を越えて行かなければならないそうである。私は迷子にならぬ様にそろそろと用心深く歩き、大隈講堂の前にいた警備員にへこへこと腰を低くかがめながら道を尋ねた。

無事に別の早稲田駅に辿り着き、東西線で二駅目の飯田橋駅から出版社に向かった。それからは今まで空中電車だの路面電車だのに乗ったなどと云う表情をおくびにも出さず、担当編集者の云う事にただただ頷き続けていたが、何を云われていたのかはよく憶えていない。

五　空港電車と空港駅

～東武鉄道　野田線
北総鉄道　北総線
京成電鉄　成田スカイアクセス線　本線　東成田線
芝山鉄道　芝山鉄道線

第二章で少しく触れたが、私は一時期飛行機好きであった。今も好きである。汽車ぽっぽの物語で飛行機への愛着を語るのは妥当ではない気もするが、この物語そのものが妥当なのかもよく解らない。よく解らないままに飛行機への愛着を語ろうと思う。

尚、排他的鉄道至上主義者の方は、二頁《ページ》先まで直ちに飛ばれる事をお勧めする。

大阪時代に住んだ家の二階からは伊丹空港から離陸する飛行機が見えた。私はひっきりなしに舞い上がる様々な飛行機を飽かずに眺め続けた。空の巨鯨B747。奇怪な三発機トライスターにDC10。小さく寸詰まりのB737。細長く流麗なB727。更に細長く流麗なDC9。途方もなく流麗なDC8。だが私が最も愛したのはこれら高速のジェット機ではなく、のろのろと這う様に空に浮かび上がる国産のプロペラ旅客機、YS11であった。

若い飛行機好きの方々を羨ましがらせようという陋劣なる心事など持ち合わせてはいないが、私の家及び私が通った小中学校は伊丹空港へのプロペラ機用の着陸径路の真下にあった。だからして私は毎日最低三十回はＹＳ11の両翼に搭載されているロールスロイス・ダート発動機の、私の耳から一生消える事のない美しい音色に聞き入る事が出来た。

通常の場合、ＹＳ11はゆっくりと上空を南東に向かって航過、視界外で右旋回してから伊丹空港に着陸する。だが南風が強いと着陸方向は逆向きとなり、飛行高度は一段と低くなった。灰色がかった曇天を背景に見え始めた彼方の小さい黒点が、ぐんぐん大きくなると共に優美なＹＳ11の姿になる。白地に青帯、尾翼にレオナルド・ダ・ヴィンチの設計した飛行機械をあしらっていれば全日空機、白地に赤と緑の帯を尾翼まで伸ばしていれば東亜国内航空機だった。

ざあああと校庭の木々が風に揺れる音が発動機の唸りに掻き消され、文字通り耳を聾するダート発動機の彷徨と共に、黒い十字架の如きＹＳは一瞬で私の上を飛び去る。発動機の響きがドップラー現象で変わる。同時に車輪が機首と両発動機下から降り始め、更に同時にＹＳはゆっくりと左への最終旋回を開始する。小さな私の小さな心はぐいぐいと締められている。

高校二年生の冬休み、私は東亜国内航空の後身である日本エアシステムの旅客機への貨物搭載を請け負う会社でアルバイトをした。伊丹空港を発着する同社の便の半分はＹＳ11だった。私は上空を飛んで行くのを見送るだけだったＹＳの機内に毎日入り込んだ。

だが乗客として搭乗したのは人生で二度だけだった。一度は高校を出る直前に伊丹空港から出雲空港まで乗った時で、離陸直後から着陸五分前まで延々雲中飛行だった。二度目はフィリピンで、東部のカタンドゥアネスなる島のヴィラクなる街から首都のマニラまで飛んだ時だった。中古機として海を渡り、「Asian Spirit」なる会社の馴染みのない装いを身に纏っていたが、轟々と空を行くＹＳから南国の雲や緑の大地を見下ろしている時間が夢の様に思われた。

時は変改す。二頁前に列挙した飛行機の多くと同様に、ＹＳ11もまた大空から姿を消した。今はただ解体されずに済んだ幸運な十数機が全国各地で保存されているのみである。そして、そのうちの一機が、成田国際空港脇の航空科学博物館にて屋外展示されているという。

私はそれを見に行こうと思う。愛しのＹＳなる美女に会いに出掛けようと思う。

右の空行まで飛んで来られた排他的鉄道至上主義者の方の為に説明申し上げると、私は成田空港の脇に展示されている飛行機を見に、汽車に乗って出掛けようと思っているのである。飛行機の話が長くなり過ぎた様なので、早速出掛ける事にする。

私は海外生活が長かったので何度も成田空港を利用した。柏駅から我孫子駅へ出て、そこから成田駅に向かうＪＲ成田線を利用するのが一番安かったが、東武野田線で船橋駅へ出て、そこからＪＲ総武線なり京成電鉄本線なりに乗り換える方が遙かに運行本数が多かった。

だからして野田線には何度も乗った事がある。久々に乗っても何の張り合いもない。新柏なる駅は私が大阪にいた間に勝手に生まれた駅であって、昔は柏駅の次は増尾駅だった。発車早々に昔話を始めてしまって申し訳ないが、本章そのものが昔話から始まっているので仕方がない。

何と云う事もない住宅地をのそのそと走ってから、電車は掘割の中にある様な新鎌ヶ谷駅に着いた。以前なら野田線に乗ったまま船橋駅へ出ているところだが、時は変改して古き飛行機を淘汰すると同時に、新しき鉄道路線を生み出してもいた。この新鎌ヶ谷駅から印旛日本医大駅まで走る北総鉄道に直接連絡し、そこから成田空港までを結ぶ成田スカイアクセスである。いつでもどこでも汽車の初乗りは面白いので、今回はこれらの路線に乗ろうと思う。

北総鉄道の新鎌ヶ谷駅は東武鉄道の少し離れにある、どこにでもある様な高架駅だった。量産駅、と云う言葉を頭に浮かべながら歩廊に突っ立っていると電車がやって来た。高架線なので非常に見晴らしがいい。こんもりとした森と畑が広がるのを眺めながら、この自然世界に鉄道を敷く事は結局環境破壊でしかないと考えるのは心地良くない。だからして考えるのを止す。

ふと空を見上げると、一つの黒い点が移動している。瞬時に航空自衛隊のＣ１３０輸送機だと識別し、あの機は海上自衛隊下総《しもうさ》基地から離陸した、或いは着陸する所だと判断する。何故そんな事が判るかと云うに、私の家の上空には下総基地から離着陸する海自のＰ３Ｃ哨戒機が頻繁に飛来するので、その付近を海空問わず自衛隊機が飛んでいれば下総関連であるとすぐに解る。

因みに私は自衛隊員であった経験がないにも拘らずＣ１３０に乗った事がある。神奈川県の海自厚木基地から一路南に飛んだ先は東京都硫黄島、そこで私は米海軍の空母艦載機が定期的に行う夜間着陸訓練《NLP》の期間中に使用される施設並びに航空機格納庫の清掃の仕事をしたのである。

そして私は格納庫内に駐機されていたＦ14トムキャット戦闘機、かの映画『トップガン』の主役の操縦席の中を、無造作に掛けてある梯子を昇って幾度も覗き込んだものだった。そのF14もYS11同様に既に米海軍から退役している。全くもって時は変改する。

今回は話がふらふら空に舞い上がり気味であるが、電車の方は高架線から地べたに降りた。線路の両側には小高い土手が延々と続いている。川の上を走っているかの様な錯覚を覚えるが、土手のお蔭でその向うが何も見えなくなり、空がより広く大きく見える様になった。

C130が見えなくなった空を、十羽ほどの大型鳥がV字形の編隊を組みながらはたはたと飛んでいる。雁かと思ったがよく判らない。私にとって鳥の識別は飛行機のそれよりも遥かに困難であるが、鳥が空を悠々と飛ぶ様が優雅だと感じるだけで充分だという気もする。

終点の印旛日本医大駅に着く頃には一車輛に数人しか乗っていなかった。地方出身の受験者が周辺の風景に恐れをなして引き返しはしないかと心配したくなる程に閑散とした駅である。

ここは北総鉄道の終点であるが、線路はまだ続いている。ここから先が新路線の成田スカイアクセスである。新路線、と書いたが、実はこの表現が正しいかどうか私はよく知らない。

第一章でも述べた通り、本書の鉄道会社及び路線名の表記は原則として『JTB時刻表』に依拠している。私の様に若干古い、或いは結構古い世代には『交通公社の時刻表』の呼称の方に馴染みがあるが、それは今は関係ない。兎に角この時刻表によれば、末尾に掲載されている私鉄各社の名は全て大太字で書かれており、各会社間は太線で仕切られている。北総鉄道然り、後出の京成電鉄及び芝山鉄道然りである。然るに成田スカイアクセスは鉄道会社内の路線を表す小細字で、表記もただの「成田スカイアクセス線」である。その一方で枠は鉄道会社の太線仕切りである。一体これが路線なのか鉄道なのか、今に至るも私には判然としない。

どちらでもいいからさっさと電車が来てくれればいいのだが、どうやらこの路線だか鉄道だかは平日午後には四十分に一本しか運行しないらしい。だからして三十人分の座席の並ぶガラス張りの待合室に一人ぽつねんと腰掛けて、大人しく電車が来るのを待つ事にする。

電車が来た。車内は混んでいる。その事よりも、その客層が私を驚かせた。皆、大きさも色も様々の旅行用具を携えているのである。私はこの時になって漸く、この路線だか鉄道だかが成田空港から海外に向かう人々のために敷設されたものであるとの理解に至った。だがそれは私の理解に拘らず当たり前の事であった。私はこの電車も今まで乗ったものと同じと考えていたが、私以外の乗客はこれから三十分後には国際空港の通路を闊歩し、それから数時間後には空に飛び立ち、更に数時間後か十数時間後にはどこか異国の地に居るのである。

そう考えると何となく気が遠くなった。自分も頻繁に海外を行き来していた過去の事を考えると、何となく他人事の様に思えた。そして、飛行機に乗りに行く乗客の群れの中で、飛行機を見る為だけにこの空港連絡列車に乗る自分が何となく滑稽にも哀れにも感じた。

私の感慨なぞ一顧だにしないままに電車はゆっくりと動き出し、地平から再び高架線に上昇した。そして一定の速度に達した頃、床下から重々しい振動音の様な音が聞こえ出した。私はおやと思った。その音がまるでプロペラ機の発動機の様に聞こえたからである。

その音に聞き入りながら車輛の左側に座っている私の前に、綺麗に区分けされた田圃の列と奥に広がる湖だか沼だかが見え始めた。私はふと出雲平野を連想した。祖父母の家の近くに小高い丘があり、そこに登れば眼下には田圃が広がり、奥には宍道湖が見えた。

プロペラ機の如き音を発する電車は、それに似た景色の中をすいすいと宙を滑る様に高架線を駆けていく。私は頗る気分が良くなった。そして、車内で一様にむっつりと目を閉じている異国への渡航者達は、この素敵な眺めを堪能出来ない哀れな人々だと思った。

プロペラ機の音のする電車はやがてJR成田線の線路と並んで共に空港へ向かう。見覚えのある景色が広がっている。昔はこれから異国へ向かうという高揚感を感じたものだが、今私が向かっているのは異国へ向かう飛行機の出る国際空港の脇である。何ら高揚する必要はない。

速度を緩めて隧道に入った電車は、右からやって来た京成電鉄本線の線路と合流する転轍機を渡り、成田スカイアクセスと京成が縦に共用している空港第2ビル駅の、異常に長い歩廊に入線した。ゆっくりと京成使用分の歩廊が後ろに過ぎ去っていく。歩廊に入りながらも中々停車しないというのは稀有な体験だが、その事に感心出来る渡航者は皆無だろう。

歩廊の階段を昇って連絡改札を抜ければ、そこは既に京成電鉄の空港第2ビル駅である。ここから東に逆進、次の京成成田駅で京成東成田線、並びにその先の芝山鉄道への直通電車に乗り換え、その終点の芝山千代田駅からバスに乗り換えれば、漸くにして今日の目的地である航空科学博物館に辿り着く事になる。全くもって御目出度く御苦労な事であるとしみじみ思う。

待つほどもなく京成の上り電車がやって来た。そうして発車してすぐに成田スカイアクセス線を右に分離して地上に出ると、今度はすぐに左からの東成田線を吸収して速度をぐんぐん上げ始めた。こんなにすぐ東成田線と合流するとは知らなかった。そして、この時になってから漸く思い出したのだが、成田空港第2ビル駅と京成成田駅、及びJR成田駅はかなり離れていた。後に時刻表の距離表で確認したら、両駅間は七・一キロもの距離があったのである。

西進→東進→再西進となると、どうも太平洋戦争末期のレイテ沖海戦における栗田艦隊の動きを想起する。あれは米軍機の空襲を避けるための苦肉の行動だったが、私は好き好んでうろうろしている訳で、全くもって馬鹿馬鹿しいと思う。だが馬鹿馬鹿しい面白さというものもある。

空港の赤い鉄塔と駐機中の全日空機が見え、大きなホテルが車窓を掠めると、灌木の茂る低い丘陵と小さな田畑が延々と続く。初めてこの風景を目にする外国人は、果たしてこれは本当にトーキョー行きの電車なのかと訝るであろう。そうして十分近くも全速で突っ走った電車は、唐突に広がり始めた市街地の上にある高架駅の京成成田駅に到着した。駅前に高層建築が数棟建っており、その隙間から彼方の森や田畑が見える。不調和の典型の如き景色である。

歩廊の向かいに芝山千代田駅行きの電車が停まっている。二つの鉄道会社を行き来する列車なのだから珍しいと一瞬思いかけたが、よく考えたら先程の成田スカイアクセス線は北総鉄道からの直通列車だったし、JRや私鉄が地下鉄線と相互乗り入れするのは珍しい事ではない。

発車。列車は私が来たばかりの線路を猛然と戻り始める。灌木の茂る低い丘陵と小さな田畑が延々と見え、大きなホテルが車窓を掠めると、駐機中の全日空機と空港の赤い鉄塔とが見える。全速で突っ走った電車は、空港第2ビル駅のすぐ手前で本線と分離し、漸く単独路線となった東成田線の上を進み始める。一九九一年の新線開通まではこちらが京成本線であり、東成田駅が成田空港駅を名乗っていたそうである。全くもって時は変改するものである。

ゆるゆると速度を緩めた電車は、空港第2ビル駅と同様に地下の、或いは地中の東成田駅に停車した。妙に薄暗さを感じる駅である。右手には長期間放置されている事が一目瞭然の無人の歩廊が陰気に横たわっている。駅の屍体、という言葉が自然に頭に浮かぶ。

ここで京成電鉄は終わりで、ここからが芝山鉄道である。これも舎人線や成田スカイアクセスと同様、私が日本にいない間に勝手に出来た鉄道路線である。何故《なにゆえ》に全長僅か二・二キロの路線が独立した鉄道会社にならなければならなかったのか、そんな訳は私には解らない。

別の鉄道会社に入った電車は、先程までと変わらずに走り出す。だが京成本線とは異なり急ぐつもりはない様で、地下線の中を右往左往しながらのろのろと進む。ばたん、ばたんと反響する轍の音だけが妙に派手である。漸く地上に出た。右側は広大な空港の敷地で、エアバスA330が目の前に鎮座している。私が初めて見る白地に派手な鷲を描いたアラブ首長国連邦のエティハド航空機である。最近は聞き慣れず見慣れない航空会社が増えたものだと感じ入る。

高架線をゆるゆる進んだ電車は空港脇に佇立する芝山千代田駅に到着した。歩廊も線路も一本だけの単純な終着駅である。その歩廊の屋根から「ほかちゃあ、ほう、ほかちゃあ」という人工の鳥の鳴き声がする。多少耳障りである。階段を下りたら「トイレはこちらです」だの「券売機はこちらです」だのと人工音声が繰り返している。だが駅員事務室には数人の駅員がいる。彼らは目の不自由な乗客が来ても何もしないのだろうかと訝る。尤も駅員にしても人工音声を否応なく勤務時間中延々聞かされる訳で、それはそれで堪らないだろうと思う。

見渡す限り無人の駅前である。傍らには「はにまる弁当」なる看板を掲げた小屋があり、バス停の向こうに埴輪を模した置物がある。税金で作られたであろうその置物を眺めているのは私だけで、弁当屋は閉まっている。近くに掲げられている標語が現実となる事はあるまいと思う。

芝山鉄道　みんなの願いは早期延伸
芝山町中心部へ　そして九十九里へ

やって来たバスは私の貸切状態だった。自動車だらけの幅広い道路を十五分ほど走った後、バスは私を航空科学博物館前で降ろした。そこは滑走路の末端に向かう誘導路のすぐ脇であり、「ジャンボ」ことボーイングＢ７４７が四基の発動機の出力《パワー》を上げながら、その巨体をゆっくりと廻している所だった。機体の最後尾に聳える高い垂直尾翼《フィン》が見えなくなったと思った途端、成田の林野をびりびりびりと震わす離陸寸前の最大出力《マックス・パワー》の咆哮と振動が沸きあがり、それから少し静かになったと思った数秒後、小さくなった背中を見せた巨鯨がふわりと空に浮き上がった。

じっとそれを見ているうちに、後方から飛翔音が急速に接近して来た。同じ四発機でもＢ７４７

より格段に美しいエアバスＡ３４０が、初秋の午後の日差しを浴びた機体を輝かせながら降下して来る。末端をきりりと立てている細長い両翼の下から主車輪《メインギア》と下げ翼《フラップ》が一杯に下ろされている。操縦士が足元の踏み板《フット・バー》を少し踏み込んだのだろう、方向舵《ラダー》が機体の向きを微調整したのが解る。目が潤むほどに美しい機体は、石を投げれば届きそうな目の前を空気を切り裂く音と共に通過し、そして姿を消した。四基の発動機全てを逆噴射《リヴァース》させた轟音が、先程のＢ７４７の様に成田の林野を震わす。今頃あの華奢な両翼の上部には減速板《スポイラー》がついと突き出されている事だろう。

　やがて静かになった。何故か解らないが、私は何となくしょんぼりした気分になった。

　それからも様々な機体が飛んで行って降りて来たが、面倒なのでそれらの描写は省く。


航空科学博物館の手前にＢ７４７の機種部分が展示されている。かつては成田空港の駐機場にずらりと並んでいた空の巨鯨もそろそろ寿命らしい。海の巨鯨より先に絶滅するかも知れない。

　その向こうの広場に、ＹＳ11は無造作に立っていた。私はどきんとした。近所の下総基地には時折ＹＳ11が飛来するが、地上に憩う姿を見るのはフィリピンから一時帰国する際、マニラのニノイ・アキノ国際空港でちらりと眺めて以来である。だからして十数年振りの再会である。因みにこの国際空港は太平洋戦争の勃発直後に台湾から出撃した日本海軍航空隊の爆撃を受けたアメリカ軍のニコルス基地《フィールド》だったのだが、今はそんな物騒な話はどうでも良い。

　心を少しく落ち着け、じっと佇む彼女を斜め前方四十五度からじっと眺める。飛行機はこの角度から眺めるのが一番美しいというかねてからの持論を再確認する。因みに列車なら三十度からが一番素敵だと思うが、今は地べたを這いずり廻るだけの箱どもに用はない。

機体は白地で、窓部分に青帯が巻かれている。両主翼並びに胴体下に支柱が挿されているが、その程度で彼女の美しさは損なわれはしない。上部には「YS―11　PROP―JET」と黒文字で描かれている。YSがプロペラ機でありながら「PROP―JET」と表記されているのは、搭載する発動機がレシプロ式ではなくターボプロップ式であり、そしてそれは実質的にはジェットの一種である事に因んだ表記だが、それが一体どう違うのかに関する説明は省く。省くなと云われても発動機の仕組みの違いなど私にはさっぱり解らない。

因みにYS11のダート発動機はイギリスのロールスロイス社製であり、同社は高級車のみならず世界でも有数の航空機用発動機の製造会社である。先に出たトライスター、更に先に出たP51と云う、共に著名な米国製航空機もロールスロイスの発動機を搭載していた。だからしてYS11が純国産機であると云う事に問題はないので、そんな事を云い出したら零戦のプロペラは米国製のライセンス生産もの、二十ミリ機関砲はスイス製のライセンス生産ものであった。

さて、二つのロールスロイス製の心臓を持つ美女をじっくりと眺めた後、ゆっくりと銀色の主翼の下を通り、今度は斜め後方四十五度からじっと眺める。この角度から見ても美しい。否、むしろ尻の眺めの方が遙かに美しいと感じる。美女はどこからどう見ても美しい事を再確認する。

最初はまず博物館を見学し、それから周囲に展示してある別の飛行機たちを一瞥、然るべき後にYSをじっくり堪能しようというつもりであったが、もうそんな心積もりはない。博物館だの他の飛行機などどうでもいい。私はいやらしい目つきでYS11ににじり寄る。

ＹＳ11の現役時代、飛行中は左側前部扉の真下に収容される自動折り畳み式舷梯が乗客の乗降に用いられた。私は伊丹空港でその舷梯が伸びたり縮んだりするのを何度も興味深く眺めた。だがこの機体に据え付けられているのは機内搭載のものではないただの階段である。

前後どちらの扉から機内に入るか。それは前部に決まっている。かつて二度乗客としてそうした通りに、私はゆっくりと前の階段を昇り始める。右手には逞しい四枚のプロペラが十字に固定されている。その回転圏内には絶対に立ち入らない様に、と伊丹空港での仕事の初日に口酸っぱく云われたのを思い出す。この機のプロペラが回転する事は永遠にない。

もう最上段部である。出迎えてくれた客室乗務員はいない。当たり前である。だがそれが如何に永遠に飛ばない物体であれ、飛行機に、ＹＳに乗るという興奮を覚えない訳には行かない。

さあ乗った。ここはＹＳの中である。私は機内を一瞥する。

私は心臓以外の一切が緊急停止したかの如き感覚を覚える。

何だ、これは。何なのだ、これは。これは一体、何なのだ。

向かって通路右側の座席は全て撤去されている。左側の中央部には何やら正体不明の物体が置かれている。その向こうには何やら計測機器の計器盤がガラス板の中に収納されている。これに関する説明は一切ない。その後ろには向かい合わせに置かれている四人掛けの座席がある。本物は全て前向き座席だった。何故こんな嘘の座席が置かれている。後方にはこれも正体不明の円形の物体が二つ前後に並べられている。その頭頂部からはこれも意味不明の煙突の如き塩ピ管が突き出ている。機体後部には何もない。ただの空間である。簡易調理器も便所も撤去されている。若き日の私が荷物や貨物を一生懸命且つ慎重に積み降ろしした荷物置場の痕跡は何処にもない。

これはYS11ではない。ただの、屍体だ。

私は屍体を見にここまで来たのではない。

私は即座に地上に降りて屍体を振り返る事無くすたすたと博物館とB747の脇を擦り抜けて外に出た。外に出てからYSの操縦席を見なかった事を思い出した。だが見ない方が良かっただろうとも思った。停留所で待つのが大儀だったので私はバスで十五分かかった道のりをずんずんと歩いた。どれ位歩いたか記憶にない。兎に角今日はさっさと帰ろうと思った。そう思って辿り着いた芝山千代田駅では自動音声が券売機とトイレの所在を延々と告げ続けていた。歩廊では鳥がほかちゃかほうほかちゃあと囀り続けた。やかましいと思った。途方もなく不愉快になった。

一人で苛々する事に疲れた私は、ふと隣の東成田駅で降りてみようかという気分になった。YS11の屍体など見たくはなかったが、駅の屍体は見てみたくなくもない、と思ったのである。兎に角今の惨めな気分のまま家に帰るのは惨めだと考えた。幸い時間はまだ遅くはない。

エティハド航空のA330を左に見てから地下に突っ込み、地下線の中をうろうろと左右に蛇行しながらのろのろと進んだ電車は東成田駅に停車した。降車客は私一人である。

電車が走り去った後、途方もない静寂が薄暗い歩廊に訪れた。歩廊の向こうでは、かつては京成の看板列車『スカイライナー』が毎日発着したであろう歩廊が、今や来た時に見た通りに駅の躯となって静かに横たわっている。何となく沈んでいる心で階段を昇ると駅は普請中である。改札口の周辺で立ち働いている何人もの作業員が不審げな表情で私を見る。どうやらこの駅は「さばく」駅並みに利用者が少ないらしい。駅員事務室には駅員が三人、「さばく」駅のトンさんチンさんカンさん同様に手持ち無沙汰げに詰めている。客よりも駅員の方が多い。

先程見た閉鎖歩廊への通路は当然ながら閉鎖されている。その脇の壁面には日本げな雰囲気の壁画が掲げられている。新ターミナルが完成してからの十数年間、絵は観られるという役目を放棄させられたまま放置され続けた様である。以後移設される事はないだろうと思う。丸い円柱の周囲には、もう誰も座る事はないであろう椅子がぐるりと並んでいる。

地上への出口は正面側と右側の二箇所ある。右側が表玄関らしく、幅広の大階段の両脇にはエスカレーターがある。それも永遠に停止している模様である。何となく『さよなら銀河鉄道99９』の、廃墟と化したメガロポリス駅を連想する。細い正面側の階段を昇ると、出口には検問所があり、詰所で談話していた制服姿の警官二人が、さっと表情を改めて私を直視した。私は咄嗟に、あ、間違えた、と云う表情で踵を返し、昇ったばかりの階段を降り始めた。この時になって漸く、ここが日本一警備の厳しい空港のすぐ脇にある事を思い出した。

あの細い階段の上の小さな出口にすら警官がいるのなら、表玄関には更に大勢いるのは明らかである。少なくとも持ち場を離れて私を職務質問する位はいるだろう。無論私に疚しい所は全くない。だがみだりに姿を晒す事により警官の熱い眼差しを浴びる事を私は好まない。
だからして私は大階段の右脇にある地下通路に入り込んだ。その入口にはこうあった。

空港第2ビル駅への連絡口
空港第2ビル駅まで500m

何の事はない、京成成田駅までの長い道のりを電車で往復せずとも、二つの駅は繋がっていたのである。尤もそのお蔭で、現地に着いてから気付く発見の面白味は奪われずに済んだ。だがこの時の私は発見の面白味どころではない。私は自らをただの訪問者と看做しているが、私を見た警官が私をそう看做しているという保証はない。ただの訪問者であっても訪問の目的が判然としない限り、それは不審者と同義であると看做しているかも知れないし、そう看做すのが官憲の横暴であると看做されなくても不思議はない場所を私は訪問している訳である。
私としてもそんな場所を長く訪問するのは本意ではないので、急いで地下通路に入り込んだ。だがこの通路は誠に不思議な地下道であった。不気味な、でもあった。

地下道の構造そのものは普通の長方形型立方体であった。普通でなかったのは、この無人の地下通路が新設され、そして存続している理由がさっぱり解らぬ程に長い上に、こうこうと白く照らされる空間に人の気配が全く存在しなかったという事である。白く照らされている四角い空間はまるで精神病院を想起させる。その白く四角い空間が見渡す限りに延びている。一度左に直角に曲がった後は通路の終わりが一向に見えない。それ程に通路は一直線で長い。

小学校への通学時に毎日通った阪急電鉄箕面《みのお》線の地下通路。初めての海外旅行で行った韓国南部の忠武《チュンム》にあった海底隧道。更に後に通ったロンドンのテムズ河を潜る地下通路。これらは皆通行人が少なくても照明に適度の暗さがあるという共通点があった。だがこの隧道を白々と照らしている光は人を不安にさせる効果を生むものらしい。足を動かしても果たして自分が前に進んでいるのかすらさっぱり解らない。到達すべき対象が見えないので自分はただ足踏みをしているだけなのかも知れないという気がしてならない。私は真剣に忠告する。長所恐怖症、並びに白色恐怖症の方がいらしたら、その様な症状が実在したらの話だが、その方は絶対にここに来てはならない。冗談ではなく命に係わる事になる。命に係わる事を冗談で云う事を私は好まない。

幸い私はその両方でもなかったが、所々の防犯カメラが私に覆い被さってくる様な錯覚を起こした。無人の地下通路を通っている私なる不審者の姿は、空港内のしかるべき部署のしかるべき人員が見詰めている筈である。もしその人員が東成田駅、或いは空港第2ビル駅の警官に連絡をしたらどうなるか。はい。はい。連絡通路を通行中の貧相な中年男。職務質問。身柄確保。了解しました。「通行中、当署職員からお願いすることがありますが、その際はご協力願います」。私は人一倍肝が小さいので、この白く四角く長い無人の空間の向こうから鉄入りの編み上げ靴を履いた警官がゆっくりと近付いて来たら、もうそれだけで腰を抜かすだろう。身分証を拝見。ここに来た理由は。詳しくはあちらでお話を。白熱灯が顔に浴びせられる。過激派だな。

気分転換にビートルズの『ホワイト・アルバム』のジャケットを思い浮かべ、クリームの「ホワイト・ルーム」を頭の中で大音量で再生させ、かつてテレビで見たホワイティなる芸人の事を思い出しながら、私は足を引き摺る様に歩き続けた。呼吸は乱れ、視線は足元に落ち、肩は不自然に重く感じた。この先にオアシスなる出口があると信じて、カンさんなる私は歩き続けた。歩きながら、こんな所より夜の綾瀬川の脇で道に迷っている方がずっとましだと考えた。何故飛行機を見に来た私は今無人の地下通路を歩いているのだろうとも考えた。よく解らなかった。解ったところでどうにもならないとも考えた。どうでもいいと結論付けた。

上り坂の最終部分を抜けるとそこは空港第2ビル駅だった。無人の空間が突如として国際空港の通路になり、荷物を抱えた人々が詰らなさそうに行き来しているのを見て、私は何となくたたらを踏む様な感じになった。右手には荷物検査場があり、係官が空港利用客に冷ややかな視線を浴びせているのが見える。私は自分でも挙動不審に思われると自覚しながらその場で小さく二度旋回した。そうやって気分を落ち着けてから、目の前にある駅の改札口に入った。

それは成田スカイアクセス線の改札だった。私は何となく軽くなった様に感じる体を、ゆっくりと歩廊に入ってきた電車の座席に下ろした。車内は普通の明るさで、普通に乗客がいた。

何となく草臥れたが、草臥れても何となく面白い一日だった様な気がした。

電車はすぐに地上に出た。プロペラ機の音のする電車は、暗闇の中でみるみる速度を上げた。

六　東京外環電車
～JR東日本　武蔵野線　中央本線　横浜線　東海道本線
鶴見線　南武線　京葉線

汽車に長く乗るほど運賃は高くなる。これは自然の摂理だが、乗車距離と運賃が比例しない場合が、より具体的に云えば地域が日本に四箇所存在する。東京、新潟、大阪、福岡である。同好の士なら既に御存知の事と思う。即ち「近郊区間内の運賃計算の特例」の事である。

これは、右の四地域の特定区間内において乗車経路が重複せず、かつ途中下車しない限りは、乗車距離がどれだけ長くとも発駅と着駅の最短距離間の運賃のみ徴収するという特例である。つまり山手線で東京駅→新宿駅→神田駅を乗車しても、途中下車しなければ実際の乗車距離三十三・二キロ相当の運賃五百四十円ではなく、最短距離である内回りの東京駅→神田駅一・三キロ＝百三十円だけ払えばよいと云う規則である。こんな太っ腹な鉄道会社は一般乗客からどれだけ搾取しているのか、という当然の疑問を抱くのが私だけなのかどうか、それは知らない。

大阪にいた小学生の秋の日、私以上の汽車好きだった何男君にこの特例を教えられ、一緒に大阪一周の鉄道旅行に出掛けた事がある。大阪駅で子供の最低運賃の切符を買い、大阪環状線で次の福島駅で降り、再び最低運賃の切符を買った。そこは東海道本線と環状線の分離地点のすぐ脇の駅で、東海道本線の列車が斜めに走って行くのが面白かったのを憶えている。それから天王寺駅に出て関西本線↓和歌山線↓桜井線↓奈良線と乗り継ぎ、京都駅から東海道本線の新快速に乗って大阪駅に帰ってきた。薄曇りの日で、大和路がうすら寒く見えたのも憶えている。

そして今。私は少年時代に秋の大阪でしたのと同じ事を、秋の東京でしようと思う。


私は大阪の近郊区間は憶えているが、東京の近郊区間は知らなかった。総武線の蘇我駅、常磐線の取手駅、東北本線の大宮駅、中央本線の八王子駅、東海道本線の大船駅の範囲内くらいだろうと漠然と考えていた。最初の予定経路は、久々に流鉄に乗って馬橋駅の一つ手前の幸谷駅で降り、すぐ隣のJR新松戸駅から章名の右に記した各線を乗り継いで東京圏を一周、新松戸駅の一つ手前である新八柱駅で降りてお仕舞、というものだった。乗車距離百九十一・三キロ＝三千二百六十円の区間が百五十円で廻れるのだから大したものだと思った。

しかし、である。念のため時刻表で確認してみると、東京の近郊区間はべらぼうに広かった。東京都全土は云うに及ばず千葉県全土、水郡線以外の茨城県全土、東北本線黒磯駅以北以外の栃木県全土、上越線水上駅以北及び吾妻線以外の群馬県全土、中央本線韮崎駅以西及び身延線以外の山梨県全土、そして御殿場線以外の神奈川県全土の各JR路線に及んでいたのである。

私の驚きは東京のみに留まらなかった。今や大阪の近郊区間も滋賀県の湖西線や和歌山県の和歌山線、それに私が気動車に初めて乗った兵庫県の加古川線をすら含んでいるのである。二十五年前はこれより遙かに範囲は狭かったと私は断言する。大阪市内から東海道本線、加古川線、福知山線経由の子供運賃千四百五十円也の切符が今も私の手元に残っている。もし当時も加古川線が近郊区間に含まれていたなら、私はわざわざこの切符を買わなかった筈である。

話を関東に戻すと、東京圏どころか関東圏すら一周出来る事になる。柏駅から常磐線で友部駅へ、そこから水戸線→両毛線→八高線→横浜線→相模線→東海道本線→根岸線→東海道本線→鶴見線→南武線→東海道本線→京葉線→総武本線→内房線→外房線→東金線→総武本線→成田線の東我孫子駅で下車、という途方もない外周乗車が可能なのだ。右の区間は八百十二・七キロ＝一万八百二十円である。これはただの外周経路であり、一筆書き経路ならば更に距離を延ばせられるであろう。そんな事を平然と許している鉄道会社の料簡など私にはさっぱり解らない。

だが私は、それでも最初の予定通りに小廻りの東京圏一周を決行しようと思う。まだ武蔵野線にも乗った事のない私が先に更に遠くの路線に乗りに行くのは筋が通らない。一九〇三年十二月十七日午前十時三十分、アメリカ合衆国ノースカロライナ州キティ・ホークの砂州にて飛行機械〈フライヤー〉が宙に舞い上がった時、ウィルバーとオーヴィルのライト兄弟はそれだけで狂喜した筈である。同じ頃、コンスタンチン・ツィオルコフスキーなるロシア人科学者が宇宙ロケットの原理を編み出していたと聞かされたとしても、彼らは「はあ」としか反応しなかったに違いない。宇宙云々は先の話であり、先の話は先に考える様に越した事はないのである。

話が遂に宇宙空間にまで飛び出してしまったが、この様な事をぶつぶつ考えながら乗っていたので、久々に乗った流鉄の景色が上の空だったのは甚だ遺憾である。

気付けばもう幸谷駅である。一ケ月前と変わらず、と云うのは当たり前の事だが、高層住宅の中に埋没したかの如き変わった構造をしている。常磐線新松戸駅の目の前にあるが敢えて別名を名乗っている。第三章の京成関屋駅と牛田駅同様、いくら近くにあっても別名を名乗る事は妥当であり健全である。営団及び都営地下鉄、並びに東武鉄道から六百メートル以上も離れた場所にあるTX浅草駅は「西浅草」とでも改称すべきであると私は考える。

そんな事を考えながら流鉄の踏切を渡り、新松戸駅の自動券売機で百五十円区間の切符を買った。頭上の運賃表によると、これから私が乗る周回経路の反対側にあたる横浜線の矢部駅及び淵野辺駅までの片道運賃は千三百八十円だそうである。何となく面白くなる。

面白い気分に浸りながら武蔵野線の歩廊に立っていると、銀地に赤帯を巻いた電車がやって来た。私はいつの間にやら歩廊の先端に来ていたので先頭車に乗る事になった。車内は大勢の立ち客がいるが運転台の直後の空間が空いていたので、私は止む無くそこに立った。

無造作に動き出した列車は、無造作に眼下の流鉄線を跨いで速度を上げる。電車が世界を飲み込み始める。のっぺりとした専用道路を走る舎人線と異なり、線路を走っているかたんことんという確たる轍の音と振動が心地よい。小さく見えた対向列車の顔がぐんぐん大きくなり、蛇の様な横腹を見せながら後方に消え去っていく。阪急電鉄の蛇は栗茶色だったが、昔話はよそう。

轍の音も轟々と、電車は江戸川を越えて埼玉県に入る。新三郷駅を出ると右側に貨物操車場が広がり始める。長大なコンテナ貨車の編成が幾本も留置線に並んでおり、その先頭には青色や水色の大型機関車が立っている。傍らを入替用の小型機関車がゆっくり移動している。

南越谷駅で東武伊勢崎線と連絡する。だが伊勢崎線の駅名は新越谷駅である。武蔵野線にはこの様な接続例が奇妙なまでに多い。新松戸駅は流鉄幸谷駅、北朝霞駅は東武東上線朝霞台駅、新秋津駅は西武鉄道池袋線秋津駅、新八柱駅は新京成電鉄八柱駅である。東川口駅で接続する埼玉高速鉄道の駅名は同じだが、そちらは地下駅なので正体が見えない。

せせこましい街中に入り込んだと思ったら南浦和駅である。浦和は東西南北の上に中だの武蔵だのを冠する多数の駅を擁する大層な街であるが、所詮はさいたま市の区の一つに過ぎない。駅名に浦和が矢鱈と多いのは他に地名が存在しないからだろうと私は考えている。

それは兎に角、武蔵野線南浦和駅は東北本線と接続している。だが乗り換えられるのはのろのろ走る京浜東北線のみで、東北本線並びに高崎線の列車は全て通過する。これも武蔵野線の接続駅の特徴で、総武本線快速は西船橋駅を、常磐線快速は新松戸駅を、中央本線特別快速は西国分寺駅をそれぞれ無視する。これ程他の路線に冷遇されている路線も珍しい。

だからと云って同情する訳ではないが、武蔵野線は乗っていて退屈しなかった。武蔵浦和駅と西浦和駅の間で分離して東北本線に向かう貨物線を見るのは面白かったし、東所沢駅の手前には小渓谷と呼ぶべき景観があった。そして江戸川や荒川といった広い河のみならず、幾度も越えた多数の水路だかが周囲に広がる田畑の作物を実らせる事を認識するのは悪くない気分だった。

そう思っていたら、新秋津駅を出た列車がいきなり隧道に入りこんだ。何故関東平野の真ん中で地中に潜らなければならないのか判然としない。列車は耳を打つ反響音と共にただ暗闇の中を突き進む。私は長い隧道が好きではない。息苦しくなる。頭がふらふらになる。暗闇の中で列車は歩みを緩め、漸くにして外界に出て新小平駅で停まった。ほっとしたのも束の間、列車は再び暗闇に突入した。私は思わず瞑目した。身を硬くしているうちに外がまた明るくなった。

秋晴れの下の西国分寺駅で下車。中央線乗換駅なので下車客が大量に幅の狭い階段を埋め尽くす。たちまち不愉快になる。北綾瀬駅では雑踏を眺めて密かに楽しんだが、雑踏の中に入れられるのは不愉快でしかない。苛々しながら中央本線下りの歩廊に降りると、そこには理髪店だの居酒屋だのがある。珍しいものを見たので少しく面白い気分になる。

私には新宿から向こうの世界に殆ど馴染みがない。だから多摩川を渡った先はまるで東京の果ての様な気分になったが、一九九一年版の東京地図によれば先には八王子市があり、更に先には奥多摩町が控えている。その奥多摩の山並みが間近に広がっている。千葉県北東部に住む私にとって山とはそう簡単にお目に掛かれない存在だが、大阪時代には北側に摂津の山並みが一望出来たので、戻った時は退屈な場所だと思ったものだった。今もそう思っている。

電車は私が存在も知らなかった浅川なる川を渡り、見た事もない八高《はちこう》線と合流して、来た事もない八王子駅に着いた。途方もなく遠い場所に来たと感じる。今までの私の乗車路線は全て新宿以東であり、東京の東の千葉県に在住する私には遠出という感覚がなかった。だが私は今、南へ僅か三駅で神奈川県に入る横浜線なる路線に乗ろうとしているのである。神奈川県には硫黄島行きのＣ１３０輸送機が離陸する厚木基地を訪れて以来ご無沙汰である。因みに帰りのＣ１輸送機が着陸したのは埼玉県入間基地だった。飛行機話はこれ位にしておこう。

横浜線の歩廊は屋根で日蔭になっている。停まっている電車が陰気に見える。山手線と同じ黄緑系の塗装なのが僭越に思われる。車内には酒と体臭と吐瀉物の混じった様な匂いがして、長椅子の上に初老の男が横になっている。横浜線との初対面はかなり面白くないものだった。

発車。電車はまず右に大きく旋回し、小高い山の脇を進みながら左に針路を転じる。短い隧道を抜けた相原駅の向こうで神奈川県に入るが、すぐに何かが変わる訳でもないだろう。

そう思っていたら、都境だか県境だかを越えた途端に右手にあった山がすうと遠のいた。神奈川県最初の駅である橋本駅で空いていた車内が急に混み始めた。そして新松戸駅からの最遠地点である古淵駅で満員になり、立ち客で反対側の車窓が塞がれた。これから四十分以上もかけて横浜くんだりまで出掛けるのかと考えると、私もこの乗客達もご苦労な事だと思う。

そう思っていたら、再び東京都に戻った町田駅で乗客は続々と降りた。おやおやと思っている内に車内は新たな乗客で埋められ、更に再び神奈川県に入った長津田駅で再び空いて混んだ。町田駅は小田急電鉄小田原線との、長津田駅は東京急行電鉄田園都市線及びこどもの国線との乗換駅なので当然なのかも知れないが、横浜線に馴染みのない私にはよく解らない。

それにしてもこの周辺の私鉄の駅名は不思議である。東急田園都市線には「たまプラーザ」

「あざみ野」「つくし野」「すずかけ台」「つきみ野」。南の相模鉄道本線には「さがみ野」「かしわ台」。同「いずみ野線」には「いずみ野」「いずみ中央」「ゆめが丘」。どうやら両鉄道の社員や沿線住民は漢字に弱いらしいと思われる。ここいら一帯は「こどもの国」の近所なのだから当然かも知れないと思っていたら、私が乗った事のあるTXにも多くの平仮名駅名があった事を思い出した。「流山おおたかの森」「柏たなか」「みらい平」「みどりの」「つくば」。何となく不愉快になると同時に、いっその事全駅を平仮名にしてしまえば見た目はよくなると思った。

　そんな事を思いながら乗っていたら横浜線はもう終わろうとしている。高架線を右に回頭、合流した東海道本線と京浜急行線を見下ろしながら降下すれば東神奈川駅である。電車はまだ先に進むが私は京浜東北線の上り電車に乗り換える。二駅目が鶴見駅である。再び乗り換える。

　これから私が乗る鶴見線は、恐らく本書に登場する中でも高い知名度を誇る路線であろう。工場地帯を行きながらも地方線の趣があり、しかも二つある支線格のうちの一つ、私が便宜上「芝浦線」と呼ぶ路線の終点海芝浦駅からは海が見えるという。但し今の私はあくまで一筆書きの外周経路を辿っている最中なので、行き止まりの芝浦線には次回乗ろうと思う。

　それは兎に角、今の私には鶴見線から次の南武線へ乗り換える浜川崎駅について気が重くなる懸念がある。今から三十四年前の秋、当時の国鉄最長片道切符を買って一万三千キロの汽車旅を敢行した鉄道紀行作家の宮脇俊三は、私とは逆の経路を辿った。「〔南武線浜川崎駅から〕鶴見線に乗り換えるには、いったん南武線の改札口を出て一般道路を渡る。だから改札口を出る客にいちいち途中下車印は捺さない。しかし私は捺してくれと言った。駅員は私の切符をちょっと眺めてから、つまらなそうに印を捺した。ここは二つに分れた変った駅なので、鉄道マニアがよく来るのだろう。また変なのが来た、といった程度の扱いである」（『最長片道切符の旅』）。

こんな駅員との遭遇は私の望むところではない。私は「鉄道マニア」などと誤認されたくない種類の人間である。然るに私の切符は「新松戸→150円」である。これを見た駅員は私を「また変なのが来た、といった程度」に扱うに違いない。そんな事態も駅員も許容しがたい。はてさてどうしたものかと思い悩みながら鶴見駅の階段を昇ると、鶴見線の歩廊の手前に自動改札機の列が並んでいる。おや。これは一体何事か。京成高砂駅か東武西新井駅か。

この時の私は『最長片道切符の旅』の記述ばかり印象に残っていたので、宮脇の第一作にして出世作『時刻表2万キロ』の一節を忘れていたのである。「終着鶴見のホームは高架で、地平にある京浜東北線様のホームへ行くには、いったん改札口を出る仕掛けになっていた」。

この文章を読み直したのは後の私であって、何も知らない今の私は自動改札機の前でおろおろしているだけである。私の新松戸駅発の切符は即座かつ確実に改札機に撥ねられる。構内に鳴り響く警報音。駆け付ける駅員。彼は私の切符を見て「また変なのが来た」と思うであろう。否、不正乗車の嫌疑で私を別室に拘留するかも知れない。何やら延々述べたてられて何やらの罰金を請求されたら、動顛しているであろう私は払ってしまうかも知れない。私はかつてウクライナで立小便に対する罰金を警官にまけさせた経験があるが、その経験は今は役立ちそうにない。

どうしようかと悩んだ挙句、私は避けたかった、しかし当然だった手段を講じた。向かって右側にある出口の改札口に行き、窓口に立っている駅員に切符を見せ、口を開いた。

「あのですね、この切符で大廻り乗車してるんだけど、この自動改札は通れますか」

眼鏡をかけた中年の駅員は、無表情のまま切符をじっと見ている。

「その、途中下車するんじゃなくて、鶴見線に乗り換えたい、ってだけなんですが」

「そこを通って」

「え」

「そこを、通って」

無表情のまま左手で私に切符を戻した駅員は、右手で私に向かって左側を指差している。彼の指の向こうにある壁面には窪みがある。傍目には駅員事務室への通用門としか見えない。

説明を終えたらしい無表情の駅員に、はあ、と了解だか感謝だか疑念だかよく解らない声を掛けてから、私はその窪みに近付いた。右側は通路で、その先に別の駅員窓口があり、通路はそこで左に直角に曲がっている。その先に進めば鶴見線の歩廊だった。つまり形でいえば「丁凵」となり、上二文字の左側が京浜東北線、右側が鶴見線、空白が通路である。お蔭で自動改札機を通らずに済んだが、何故にここまで通路を複雑にする必要があるのかは解らない。

それにしても、私は浜川崎駅ではなく鶴見駅で「鉄道マニア」の如く「また変なのが来た、といった程度」に扱われた事になる。その感想は、『最長片道切符の旅』の浜川崎駅における先の引用の続きと同じだった。「面白がられるのは迷惑だけれど、全然反応のないのも物足りない」。

気を取り直して停車中の鶴見線の電車に乗り、窓から駅構内を見回す。丸い屋根で覆われているが、開口部もある為に暗くはない。広くはない空間に少なくない数の鳩がはたはたと飛び回っている。向かいの歩廊には長く使い込まれたらしい茶色の長椅子が置かれており、壁面の巨大な丸時計が五時を指している。外の紅色の空もそう長くは持つまいという気配である。

　電車はのろのろと動き出し、左に大きく転舵し、京浜東北線、東海道本線、貨物線、京急本線がひしめく何本もの線路、ついでに国道十五号線をのろのろと跨ぎ、見るからに古びた次の国道駅にのろのろと停車した。すぐ向こうに停泊中の船舶が見える鶴見川をのろのろと渡り、朽ち掛けた木の壁が痛々しい鶴見小野駅にのろのろと停まる。のろのろしているのは駅間距離が非常に短いからで、鶴見駅から扇町駅まで僅か七キロの間に八つもの途中駅がある。

　工場群の中をのろのろと進んでいた電車は、何の前触れもなく本線をがたがたと離れて右への急回頭を開始した。何事かと思ったら、電車は芝浦線との分岐駅《ジャンクション》である浅野駅に停車する所だった。電車は本線を離れて芝浦線の歩廊に転線していたのである。鶴見駅発の列車には芝浦支線への直通列車もある事、私が乗り込んだ電車がまさにそれだった事など当時の私、即ち今の私は知らなかった。そんな私に出来る事は急いで電車から降りる事だけだった。

　電車はのろのろと、だがそそくさと走り去った。東の空では紅色が急速に剝落し始めている。

　扇町駅行きの本線の線路は直線だが、芝浦線は大きく右に湾曲している。複線である双方がY字状に分離しているという形状の駅は、私の大阪時代の最寄り駅であり、かつ阪急電鉄宝塚本線とその支線の箕面線との分岐駅《ジャンクション》である石橋駅と同じだった。但し、四六時中大勢の乗客で溢れていた長い歩廊の石橋駅と異なり、ちっぽけな浅野駅は無人駅で駅員も乗客も居なかった。

私は切符の自動販売機と集札箱、それから柵のない磁気券感知器だけがある駅舎を通り、線路を渡って鶴見線の歩廊に向かった。西向きの歩廊の向こうでは、真紅な卵の黄身の如き巨大な太陽が今にも地上に落下しようとしていた。正面に延びる鶴見線の線路が白金色に燃えている。

地平線に沈む夕陽を見るのは本当に久しぶりだった。最後に見たのがいつ、どこでだったかも思い出せなかった。だがそんな事はどうでも良いとも思った。今ゆっくりと沈んで行く太陽は素敵に見える。それで充分だろうと思った。どう思おうが、太陽はゆっくりと沈んで行く。

それを見ながら、太陽が沈む、と云う表現はおかしくはないか、太陽が沈む、ではなく、地球が浮かぶ、が正しい表現ではないかと考えた。更に、ビートルズの「Tomorrow Never Knows」と云う曲名は文法的におかしいと云う話があるが、明日が何も知らないと断定する人間の方がおかしいのではないかと考えた。人間が知らない事を明日が知っている事に何の不思議もないと考えた。明日が何も知らないと考えるなどは何も知らない人間の傲慢であると考えた。明日はおろか太陽も月もYS11も鶴見線も何でも知っているだろうと考えた。

太陽はゆっくりと消えた。その直後、二つ目の前照灯を光らせた電車が現れた。それが私を乗せてのろのろと走る間に、空の紅は藍に塗り替えられた。夜が夕を急速に駆逐していた。

浜川崎駅では駅の照明が灯っていた。道路を越え、南武線の浜川崎駅に辿り着いてみると、そこは浅野駅同様に無人駅だった。駅員事務所はもう何年も閉鎖されている様に見えた。

貨物線と並行する南武線の電車は妙に遅かった。何年か振りに乗る東海道本線に何の感慨も湧かなかった。地上にある普通の東京駅と地下の京葉線の東京駅があまりに離れている事に激怒した。いっそ後者を「南東京」とでも改称すべきであると考えた。地下区間一つ目の八丁堀駅の薄暗さと二つ目の越中島駅の明るさが奇妙に思えた。地上に出てからの高層住宅群の眺めは夜の方が美しいかも知れないと思った。千葉県にあるくせに東京の名を冠した大遊戯場があった。舞浜駅の歩廊にいる無数の乗客が皆一様に携帯電話の画面に見入っているのが不気味に見えた。新浦安駅で一気に車内が空いた。南船橋駅で乗り換えた武蔵野線直通電車が中々京葉線から分離しないのでやきもきした。それから上昇しながら首都高速道路上空を右旋回する様が面白かった。

暗闇の中を走り続けた武蔵野線の電車は新松戸駅の一つ手前の新八柱駅に到着した。新八柱駅は地下駅だった。私は思いのほか多数だった他の降車客と一緒に、歩廊の北端にある唯一の階段を昇った。私はここに来る為に電車で東京圏を一周したと考えようかと思ったが、新松戸駅の隣である以外にここに来る理由は無かった。そもそも私はここに何の用も無かった。

家路につく人々に紛れながら、私は半日間たっぷり使った「新松戸→150円」の切符を自動改札機に挿入した。切符は何事もなく機械に呑み込まれ、遮断柵が何事もなくぱたりと開いた。

七　蒸気機関車と通過列車

〜関東鉄道　常総線
真岡鐵道

「私は頻りに齒ぎしりをした。どうも上顎の奥だか横だか、そこいらが變な氣持がするけれど、そこをなほ齒を食ひしばつて、ぐいぐいやると、妙に割り切れた様な、いい氣持がした。暫く續けてゐたら、しまひに、顔ぢゆうが動き出す様な気がし出したので、隣の上り場に立ててある鏡臺の鏡に顔を寫してみると、兩方の耳が、ひくひくと動いてゐたのである」(『立腹帖』)。

この一節を読んだ瞬間、私は内田百閒という稀代の文士との運命的なつながりを感じた。何故なら私も耳を動かす事が出来るからである。因みに私の場合は「上顎の奥」ではなく、耳の付け根周辺を「ぐいぐい」やって動かすのだが、そんな些細な相違はどうでもいい。

そしてこれは有名な話であるが、かの百閒大人も私同様に汽車が好きだった。

「だれだつてさうに違ひないが、子供の時から汽車が好きで好きで、それから長じて、次に年を取つたが、汽車を崇拝する氣持は子供の時から少しも變わらない。外の事では隋分分別がつき、利口になつてゐる様であるが、汽車と云ふものを對象に置く限り、私は餘り育つてゐない。いい歳をして、どうかと思はれるか知れないけれど、ただその好きな汽車の話がしたい」(『れるへ』)。

還暦を過ぎてからこの様な文章を書く男が、偉大でない筈がない。

内田百閒。一八八九年＝明治二十二年備前岡山生まれ。東京帝大在学中に夏目漱石の門下生となり、そして芥川龍之介の親友となる。後に開校した法政大学で獨逸《ドイツ》語の講師と航空研究会会長を務め、学内紛争で解任された四十代半ばから本格的に著述活動を開始する。

但し、その頃の百閒はそれほど自らの汽車好きを喧伝していた訳ではなかった。むしろ以前の法政講師時代に乗り廻した飛行機の話や、太平洋戦争前に日本郵船嘱託員となってから乗り廻した船の話の方が多かった。ついでに云うと、百閒は『ノラや』『クルやお前か』といった作品のお蔭で猫好きと考えられているが、それは還暦以降の話である。幼少時代には「猫の目玉を指先でぐりぐり撫でて見たり」（『郷夢散録・桐の花』）していたし、中年時代になると「物干竿を昇ぎ出して、その尖に出刃庖丁を縄で括りつけ」（『鶫』）、自ら飼っていたひよどりを食い殺した猫を殺そうとした過去がある。小説『居候匆々』でも、哀しげに鳴く小猫を平然と川に捨てている。

時が過ぎ、太平洋戦争が始まった翌一九四二年。日本郵船ビルの内田嘱託員の事務室を一人の青年が訪れ、気難しい事で有名な百閒に恐る恐る原稿を依頼した。百閒作品の愛読者でもあると云う青年が鉄道省、即ち戦後に国鉄となる組織の職員であり、同省の機関誌『大和《たいわ》』の編集を勤めている事を知った百閒は、当の青年にも意外な程に快諾した。そして作品が生まれた。

「郷里の備前岡山に岡山驛がある。山陽線の上リは次が西大寺驛である。私の生家から岡山驛には一里、西大寺驛は二里位であつた。西大寺驛は田圃の中にある」。「自轉車に乘つて二里の野道を走らせながら胸に描く樂しみは西大寺驛に停まらずに通過する大きな汽車が地響きを驛の建物に反響させて驀然と目の前を過ぎる光景である」。「その時分ただ一本の急行列車が構内一帯に鳴り響く鐘の音につれて堂堂と歩廊に迫つて來る光景は、田舍の驛を風のかたまりの如く走り抜ける大きな汽車と共に私の英雄崇拜の對象であつた」。

作品の名は『通過列車』。これからも百閒は『大和』に数本の鉄道関連の作品を寄稿するが、戦争の激化によって同誌は休刊、青年も徴兵され中国大陸に送られた。百閒は一九四五年五月に家をB29に焼き払われ、掘っ立て小屋での苦しい生活を余儀なくされる。

そして終戦。青年は無事生還して鉄道省に復職すると共に、公私にわたって実質上の百閒の秘書となる。戦後の苦しい生活も一段落した一九五〇年秋、還暦を過ぎていた百閒は右の青年、間もなく「ヒマラヤ山系」として世に知られる事になる平山三郎と共に、特別急行『はと』で大阪往復の旅に出た。その顚末を描いた『特別阿房列車』で、百閒は列車が通過する様をこう描いている。「地響きが近づいたと思ふと、大きなかたまりが、空氣に穴をあけて、すぽつと通り過ぎてしまふ。肩のしこり、胸のつかへ、頭痛動悸、そんな物が一ぺんになほつてしまふ」。

若き日に抱いた通過列車への憧憬は、老境に入ってからも変わる事はなかった様である。

私が生まれて初めて読んだ本は『汽車のえほん』であり、それは色とりどりの蒸気機関車が客車や貨車を従えて走っていく絵本であった。今改めて見直してみると、挿絵の多くに疾走する機関車を見送る子供達の描写がある。機関車らも彼らに気付いていた様である。小さな赤い機関車スカーローイは中型の青い機関車エドワードに語る。「お客は、じぶんたちに　手をふってくれているんだとおもって、いつも　手をふって　こたえていたけれども、もちろん　ぼくたち機関車は、だれにふっているのか　わかっていたのさ」（第十巻『四だいの小さな機関車』）。

子供達だけではない。第一巻『三だいの機関車』で貨物列車の先頭に立つ青い大型機関車ゴードンを、第十二巻『八だいの機関車』で本線を走る茶色い路面機関車トービーを、第十四巻『四だいの小さな機関車』で客車のガートルードとミリセントを牽いて走る赤い小型機関車サー・ハンドルを眺めているのは、揃いも揃っていい年をした中年男たちである。イギリスは鉄道発祥の国であり、だからしてイギリス人が汽車ぽっぽを愛《め》でるのは当然らしい。

イギリスでは汽車ぽっぽが好きなのは人間だけではない。第十六巻『機関車トーマスのしっぽい』では巨大な牡牛が線路に立ち塞がって気動車デイジーをじっと眺めるし、第九巻『青い機関車エドワード』に至っては、感極まった牝牛の群がエドワードの貨物列車に突進している。

少年時代の私は、『汽車のえほん』と共に松本零士の『銀河鉄道９９９』に魅了された。ＴＶアニメの放映は毎週木曜日の夜七時だったと記憶している。大きな前照灯がぎらりと光りながら汽笛が咆哮し、巨大な車輪を空転させせながら大型旅客機関車Ｃ62が悠然と前進を開始する。がたんがたんと転轍機を渡る。太く低い声でささきいさおが主題歌を歌い始める。黒い大きなＣ62が茶色の旧型客車を従えて暗黒の星の海を驀進する様は、「私の英雄崇拝の對象であった」。

恐らく私が生まれて初めて観た映画も『９９９』の映画版だったと思う。ＴＶ版ではＣ62は50

号機で赤地に黄色の「９９９」の愛称板、最後尾は普通車だった。映画では48号機で愛称板は黒地に白字、それが往年の一等車である展望車の尾部に掛けられていた。ＴＶ版のささきいさおが父親の歌声だったとすれば、映画版の主題歌を歌うゴダイゴのタケカワユキヒデのそれは兄だった。私が生まれて初めて憶えた英単語は、「The Galaxy Express」だった。

一方で、私は蒸気機関車の晩年に若干遅れて来た世代である。小学六年生の夏休み、出雲から大阪に帰省する際に寄り道をして、山口県を走る『ＳＬやまぐち号』に乗った事があるが、「貴婦人」という愛称のＣ57は見慣れない黒い塊としか思えなかった。それよりも、その前に山陰本線を走る気動車特急列車『おき』に乗った時の興奮、その特急用車輌独特の長窓から眺めた日本海の蒼さ、赤瓦が続く家並みの美しさの方が遥かに記憶に鮮明である。

百閒は汽車が通過する様は素晴らしいと云う。『汽車のえほん』の挿絵も、『９９９』が宇宙を行く様も素晴らしかった。私も蒸気機関車が通過して行く様を眺めに行こうと思う。

茨城県の下館駅と栃木県の茂木駅を結ぶ真岡鐵道は、かつての国鉄真岡線から転じた鉄道会社で、私の家から一番近くの蒸気機関車牽引列車を走らせる鉄道会社でもある。何故会社名に旧字体、或いは舊字體を使っているのか、いつから蒸気機関車を走らせ出したかは知らない。だが同線を走る蒸気機関車が旧国鉄のタンク式機関車Ｃ11並びにＣ12である事は知っている。

タンク式とは燃料と水を機体内に収めた形式であり、Ｃ57や「デゴイチ」ことＤ51、並びに『９９９』のＣ62の様に、機体の後ろに別に炭水車《テンダー》を繋いだ大型かつ長距離走行用のものはテンダー式と呼ばれる。だからして私が真岡鐵道で眺めるのは小型機関車である。だからと云って物足りなく思う事は無い。機関車の大小に貴賤も優劣もない。

尚、お気付きの方もおられると思うが、私はこれまで一度も「ＳＬ」或いは「えすえる」なる言葉を使わなかった。理由は簡単明瞭である。この言葉は「Steam Locomotive」の略称であり、Locomotive はアメリカ英語での「機関車」である。そしてそのＳＬなるアメリカの蒸気機関車どもは許せないほどに不愉快かつ傲慢な連中である。イギリスの誇り高き老機関車デュークは以下の様に証言している。「一号機関車は、アメリカからの機関車で、ひどく なまいきなやつだったよ。はしりかたは らんぼうで、よく だっせんしたもんさ。きをつけるよう ちゅういしたんだが、『アメリカじゃ、二どや三ど だっせんしたって、どうってことは ないんですよ』といって、わらっただけなんだ」（『汽車のえほん』第二十五巻『きえた機関車』）。

私は斯様に不愉快かつ傲慢な奴が属する国の鉄道用語など使うつもりはない。私が憧れたのはイギリスの『汽車のえほん』であり、イギリス英語で機関車は Engine である。だからして私にとって蒸気機関車は Steam Engine である。「エンジン」という日本語表記は私にとっては「機関車」を意味するのであり、それ以外ではあり得ない。今まで幾度か使用した通り、鉄道車輛に積まれているのは「機関」であり、飛行機のそれは「発動機」なのである。

能書きが六頁《ページ》にも及んで申し訳ない。そろそろ出掛けようと思う。ただ、延々と「蒸気機関車」の五文字を並べ続けるのも面倒なので、以後は「蒸機」という表現に改めようと思う。

今までの旅は全て好天に恵まれたが、今朝から厚い雲が垂れ込めている。そして肌寒い。だが暦は既に十一月中旬であって、むしろ今までが暖か過ぎたのだと思う。

柏駅を出た電車は我孫子駅にも天王台駅にも停まる。かつて通過した駅に一々停車するのが気に入らない。何となく面白くない。天気とは関係なく心が晴れない。朝が早すぎて寝不足である所為であろう。今までの出発時間は殆ど昼以降だが、今は朝の八時過ぎである。

この様な早朝出撃の仕儀となったのは、今日の旅程が僅か一本の列車の運行時刻に拘束されているからである。その列車とは無論真岡鐵道の蒸機牽引列車『もおか』号で、下りが十時三十六分下館駅発の十二時〇六分茂木駅着、上りが十四時二十七分発十五時五十八分着となっている。

私の立てた心積もりとしては、どこかの途中駅で下り蒸機列車の到着と発車を眺め、別の途中駅で上り蒸機列車が通過する様を堪能する、というものだった。蒸機の通過する様もいいが、その到着も発車も眺めてみようと欲張ったのである。そうする為には下館駅発十時十八分の普通列車に乗らなければならず、そうする為には下館駅着九時五十九分着の関東鉄道常総線の列車に乗らなければならず、更にそうする為には家を七時過ぎに出なければならないのだった。

余談だが、関東鉄道は私営鉄道、真岡鐵道は所謂第三セクター鉄道であり、両者の相違は時刻表において顕著である。前者が他の私鉄及びバス路線同様に巻末の「地方別会社線」に小さく押し込められ、途中駅も一部しか掲載されていないのに対し、後者はＪＲ線扱いで全駅及び全列車の発着時刻が本文中に掲載されている。この待遇の格差の理由はよく解らない。

同じ関東鉄道でも、常総線取手駅は竜ヶ崎線佐貫駅とは比較にならない程に都会の駅だった。歩廊には電光式の行先表示板があり、座席が横一列に伸びている白地の車輛が停まっている。傍目には通勤電車にしか見えないが、竜ヶ崎線のそれと同様に気動車である。

気動車は思いの外静かな発車の後、ゆっくりと左に回頭しながらY字状に常磐線と分離、ゆっくりと降下し始めると、すぐに隣の西取手駅に着いた。下り坂なのと駅間距離が短いのとで機関出力を上げる必要がないのであろう、何となくのろのろとした走りである。

ぼんやりと座っている内に、列車は「ゆめみ野」なる平仮名駅に停まった。私はたちまち不愉快になった。ぜんしょうとおなじように、そんなにかんじがきらいなら、いっそのことぜんえきをひらがなにすればみためがよくなるとおもった。駅周辺の、広大だった森を伐採して住宅地としている一面の工事現場も気に入らなかった。人口減少が続く筈なのに無闇に家を建て続け、そうして建築会社を潤わせ続けて一体どうするつもりなのだ、と誰に対してでもなく考えた。一方で、鉄道敷設もまた自然破壊でしかない。鉄道が人間の役に立とうが立つまいが、人間の事は地球には何の関係もない。人間が歩く方が遙かに地球に優しい。否、人間が地球に居なくなる方が遙かに地球に優しい。だが今の私にはまだ居なくなるつもりはない。

高架のTX線を上に見る守谷駅を過ぎてから、漸く気動車は速度を上げ始めた。機関の咆哮する音は、私に荒木飛呂彦の漫画『バオー来訪者』の主人公の叫びを思い出させた。「バルバルバルバルバルバルバルバルバル」「ウォオオオオオオム」。因みに私は大学時代、漫画と飛行機関係以外の本を一切買わなかった。女性心理を研究すべく少女漫画も多数買い込んだが、少年漫画と少女漫画の境界線がヒロインの胸の大きさである事以外は何も解らなかった。

気動車は喚き散らしながら車輛基地の脇を駆け抜け、転轍機をごとんごとんと通過し、常総線最大の駅である水海道に到着した。日光の向こうの温泉地としか認識していなかった鬼怒川が水海道のすぐ西を流れている事など、この時の私は全く知らなかった。

接続列車に乗り換えて暫く走ると右手に筑波山が見え始める。日本映画『ハワイ・マレー沖海戦』で、筑波山上空を飛行訓練機が飛ぶ場面がある。機上で教官が訓練生に叫ぶ。「どうしたどうした、筑波山が逃げるぞお」。機の針路がずれている、という意味である。この映画が製作されたのは百閒の『通過列車』と同じ年、まだ日本の敗勢が濃くなる前の一九四二年だったが、既に作中で訓練生らが「特攻精神」云々を云っていた事を思い出した。更に云うと、『汽車のえほん』の第一巻にして総天然色の『三だいの機関車』がイギリスで出版されたのは、終戦の年の一九四五年だった。この事実を知った時、日本もドイツも戦争に負けたのは当然だと思った。

身を震わせながら関東平野を驀進した気動車は漸くにして終点の下館駅に到着した。ここは三つの路線が分岐する鉄道の要衝である。常総線は南端の歩廊であり、そこから長く古びた跨線橋を渡ればJR水戸線の長い歩廊があり、その脇に真岡鐵道の歩廊がある。

既に乗客だか見物人だかで混雑している歩廊脇の側線に茶色い客車三輛が並んでいる。50系客車。かつては目の覚めるような美しい赤葡萄酒色に塗られ、少年時代の私が山陰本線や東北本線で乗った事のある思い出の客車である。色は違えどまごう事なき旧知に会えて嬉しい。『汽車のえほん』の蒸機達が男性であったのに対し客車は女性だった。トーマスが牽いたのはアニーとクララベル、私の大好きな路面機関車トービーのお供はヘンリエッタであった。私もこの三輛に名を付けようと思ったが、ハルヒ、ミクル、ナガトにすべきか、オトハ、エイカ、カレンにすべきか決められなかった。前者の三人は私の馴染みである阪急電車に似ている電車が出てくるアニメの美少女達であり、後者の三人は矢鱈と飛行機が出てくるアニメの美少女達である。だからして観たので、私がアニメ美少女好きだと云う訳では絶対に断じてない。

三輛の客車の向こうに、頭上からか細く煙を吐いている黒い塊が蹲っている。

心が高鳴る。あれだ、と思う。今日はあれが走る姿を見に来たのだ、と思う。

最後尾の角ばった小さな石炭庫の前に運転台があり、機関士が杷柄に手を掛けながら様々な丸い計器を眺めている。機体の側面には長方形型の水槽が並び、細長い管に周囲を取り巻かれた円筒形のボイラーの上には二つの大きな瘤が載っている。これらの全ての重量を、推進軸で結ばれた三つの主輪と、その前後に一つずつ置かれた従輪が支えている。先頭に回れば「C12 66」という黒字に金文字の形式番号が丸い顔に貼り付けられている。煙突のすぐ脇に立つ細長い管からは、しゅッ、しゅッという音と共に小さな蒸気の塊が吐き出されている。周囲には、私がかつて冬の中国で嗅いだ事のある、練炭の燃える匂いが微かに立ち込めている。

機嫌が悪そうだ、というのが私の第一印象だった。それから、大きい、と思った。先にも書いたがＣ12はタンク式の小型蒸機である。同じ真岡鐵道に所属する、どうやら今日は非番らしいＣ11よりも更に小型である。機体幅に対するボイラーの太さも細く見える。だがそれでもＣ12は私がかつて写真よりも遥かに大きく見えた。そして除煙板《デフレクター》がない事を好ましく思った。日本製の多くの蒸機は、機体前部両側に屏風の如き除煙板を備えているが、私はそれが無い方が遥かにさっぱりしていると思う。そのさっぱりした蒸機が不機嫌そうに煙を吐き出している。

それから、これは六号機関車パーシー、Ｃ11は一号機関車トーマスであると考えた。共にタンク式小型機であり、トーマスはパーシーより若干大型である。だからこの対比は妥当であると考えた。ついでに、Ｃ12がパーシー同様に緑に塗られた様を連想してみようとしたが、余り上手く行かなかった。だからこれは「黒いパーシー」であると考える事にした。

黒いパーシーの丸い顔をじっと眺めている内に、私は丸い物ほど子供に人気が出ると云う現象に気付いた。『汽車のえほん』然り。ドラえもん然り。アンパンマン然り。私はアニメの『ドラえもん』と『アンパンマン』の第一回放送をそれぞれ見た事があるが、それは今の話ではない。

私は歩廊にやって来た真岡鐵道の気動車に乗り込み、蒸機列車見物に適当な途中駅で降りるべく先行した。私は気動車が満員で、しかも彼らが下館駅から二つ目の折本駅でぞろぞろと降りた事に驚いた。一体彼らは何の団体で、一体ここには何があるのかと思った。

その次の駅は平仮名の「ひぐち」駅で、ローマ字表記は「Higuti」だった。二つ先の寺内駅は「Terauti」だった。「ち」を「chi」としないのに何のこだわりがあるのかよく解らない。それに加えて、運転士が車内放送で「各駅とも停車時間僅かです。速やかにお降り下さい」と無闇に客を急かせる理由も、ひぐち駅と寺内駅の間にある久下田駅で、列車交換の為に三分ほど停車した際にも同じ台詞を繰り返した料簡も、私にはさっぱり解らなかった。

ぼんやりと関東平野を眺めているうちに眠くなった。車内は暖房が効いており、私は寝不足である。そして私は眠くなったら躊躇なく眠る種類の人間である。大学時代、映画館で映画を観ているうちに私は必ず眠気を催した。私はそれに抗ってまで映画を必死に観続けようとする種類の人間ではなかった。眠るのはせいぜい長くて五分程度だった。私はその消失した五分間を自分で勝手に想像した。そしてその方が実際の映画の五分間より面白いだろうと思った。

私は汽車にしても同じ事だろうと考えていた。映画の様に汽車は勝手に進んで行き、私は勝手に眠る。その間に夢を見る事が出来たら、それは素晴らしい夢であろう。

夢は見なかった。目覚めたら北山という小さな駅に停まる所だった。私は再稼動したばかりの頭で、ここはいい駅だ、ここで上りの通過列車を見よう、とぼんやり思った。

そして下りの蒸機列車が停車して発車する様は次の益子駅で見よう、と思った。益子という街は焼き物で有名だそうだから、駅もそこそこの大きさだろうと思った。通過列車は小さな駅で見る、発着列車は大きな駅で見る、というのが出掛ける前に漠然と考えた予定だった。

子貝なる川を渡った列車が益子駅に到着した。私以外の降車客は一人もいなかった。駅前に観光案内所があるが、周辺に私以外の人間の気配が一切なかった。うすら寒い曇天の下で見る無人の駅前は奇妙なまでに白々しい。私はふと、蒸機列車に乗ってみようか、と考えた。

今までは見る事しか考えていなかった。蒸機列車に乗るという行為は面白くない、と思っていた。汽車に乗るのが面白いと云うのは、用事のある人々が移動の為に乗っている汽車に用事もなく乗るのが面白いのであって、乗って楽しむのが用事である汽車に乗るのを楽しむのは私の趣味とは合わないし、乗客全員が楽しそうに乗っている列車に乗って楽しい筈がなかった。

しかし、である。私は何とはなしに、ぐだぐだ云わずに乗ってしまえばいいのではないか、と考え始めていた。無人の歩廊に黒いパーシーの蒸機列車がとぼとぼと到着するのを眺め、とぼとぼと発車するのを眺めるのは、それは余りに淋しいというものではあるまいか。

ほおおおお、という遠い汽笛の音が聞こえてきた。時間は迫っている。急がざるを得ず。

私は切符売り場の窓口にいる女性駅員におずおずと声を掛けた。

「あのですね、今日のSL列車の切符は余っていますか」

私はえすえる列車と云った。女性駅員はそれが当然であるかの様に答えた。

「ありますよ。下りですか」

私は、はあ、と云ってからお金を出して切符を買った。

「あの、今日のえすえる列車は混んでますか」

「いや、座れると思いますけど」

女性駅員は事もなげに云った。私はまた、はあ、と云った。

ほおおおお、という音がかなり近くで聞こえた。それから、顔の額にある前照灯を白く大きく光らせた黒いパーシーの小さく丸い顔がゆっくりと近付いて来た。体の両脇から白い蒸気がしゅうしゅうと排出されている。ゆっくりとした、だが荒い息継ぎの如き音が聞こえ始める。機体の下部で三つの動輪を繋ぐ連結棒がぐるぐると回転しているのが見える。

映画を発明したフランスのルイ及びオーギュストのリュミエール兄弟が最初に撮影した映画の一つが『列車の到着』であった。時は一八九五年、フランスのどこかの駅に蒸機牽引の列車が驀進して来る。尤も驀進と云う程ではなかったかも知れない。いずれにせよ列車は急制動をかけたかの様に足を緩め、やがてぴたりと停車する。たちまち歩廊は時代物の外套を着た乗客や駅員で溢れかえる。それだけの映画だが、それだけであるだけに印象的だった。

今私に近づいて来る列車にリュミエール映画の蒸機の迫力はない。のろのろと、おずおずと、煙突から吐き出す煙の量も控え目に歩廊に進入し、そしてゆるりと停まった。

近付いてみると、私は細長い管が巻き付くボイラーの中の熱を感じた。おずおずと停まったC12は矢張り不機嫌そうである。不機嫌そうに辺りに細く白い蒸気を吐き出している。

私はもっとしけじけと眺めたかったが、停車時間が長くない様だったのでそそくさと一輌目の50系客車に乗り込んだ。車内は混んでいた。混んでいただけでなく喧騒のさ中にあった。子供達が喚きながら通路を走り回り、両親達はお喋りに夢中で、年寄り達は酒盛りをしていた。

幸いにも四人掛け座席の一角が空いていた。窓側に座った途端、汽笛が鳴った。咄嗟に私の脳裏に思い浮かんだのは、TV版『銀河鉄道９９９』の冒頭だった。それから、ごとり、という揺れと共に、黒いパーシーはゆっくりと動き始めた。そして、直後の客車に座っている私の視界を、吐き出した大量の白煙で奪った。動いている。動いている。私はそう考えた。しゅううう、と烈しい吐息がした。ごとん、ごとん、と50系客車の轍の音が高まり始めた。世界が後に流れ始めた。また汽笛が世界に響き渡る。私の脳裏には昔何度も聞いた歌が流れ始めている。

汽車は　闇を抜けて　光の星へ
さあ行くんだ　その顔を上げて

先頭の客車に乗っていたものの、蒸気機関の激しい息遣いは聞こえては来なかった。だが噴出される白い蒸気の量が多いのには驚いた。少年の夏の日に乗った『やまぐち』では蒸気を見た記憶などなかった。そう云えば、鉄道写真では冬の方がより煙が逞しかった様である。

久々に味わう客車の乗り心地はひとしおだった。ことん、ことんという轍と振動が心にも体にも心地よい。今まで乗っていたのは搭載した機関で自走する電車であり気動車であって、今私が乗っているのは日本では絶滅寸前の、機関車に牽かれるしか能のない客車である。私が最後に乗った客車はウクライナ国鉄のオデッサ発キエフ行き急行列車だったが、それは今の話ではない。うっすらと靄が立ち込めている。線路脇の森、そしてその向こうの低い山並みでは紅葉が始まっている。白い靄を通した向こう側に見えるほの暗い紅色が美しいと思う。林はいそいそと、その向こうの山はのろのろと後ろに流れて行く。黒いパーシーはぶおおおおと嘶き、私の視界の下半分を白煙でかき消す。白煙の向こうに黒い山と白い空が広がっている。

素敵だ、と思う。面白い、と思う。乗ってよかった、と思う。

車外の汽笛と車内の喧騒を交互に聞き続けて半時間、蒸機列車は悠然と終点の茂木駅に到着した。のろのろと降車する群衆の中に混じりながら、乗ってよかったとは思うが、一度で十分だとも思った。老人達は赤ら顔で騒々しく、大人達はしらふでも騒々しく、子供達は何時であれ騒々しい。私は老若男女を問わず騒々しい人間が好きでない種類の人間である。

前方の引込み線で後ろ向きに停まっていたC12が、ゆっくりとこちらに後ろ向きで進んで来て側線に入った。その先には円形の転車台《ターンテーブル》がある。機関車はここで方向転換するらしい。タンク機は後ろ向きの後進運転を行うのも当然なのだが、流石に観光列車が尻から進んでは具合が悪いのだろう。だが転車台が回転中に延々と電子音楽が流れる理由はさっぱり解らない。

小雨が降り出したと思ったらすぐに雨脚が強くなった。いつの間にか乗客群は消失している。傘をさして駅の周りを歩いているうちに逆川《さかがわ》なる川に突き当たった。かなり大きな川で、雨音をかき消すほどのせせらぎの大きさである。白い大きな水鳥が一羽、細い二本の足を流れに浸してじっと立ち尽くしている。立ち姿が綺麗だと思ったが、鳥の本分は飛ぶ事にあるとも思った。鶏が飛び立つのをじっと待ってみたが、本分を果たす素振りは全く見せなかった。

川沿いに歩いてみる。古い倉庫がある。近くの山が霞んでいる。水の音が気持ちいい。傘を差して歩く気分は悪くない。私は「しょうがない　雨の日はしょうがない　公園のベンチでひとりおさかなをつれば　おさかなもまた雨の中」と一人小声で歌いながらふらふら歩いた。

ふらふら歩いてから駅の方に戻ると、下館方面に向き直った黒いパーシーが客車三輌を従えて側線に停まっている。蒸気は落としておらず、相変わらずしゅッ、しゅッ、しゅッと小さな塊を空に噴き上げている。よく見ると蒸気の色は白かったり黄色かったりする。時折機体下部からも蒸気をしゅうと吐き出す。地べたから見上げるので一層迫力がある。このエンジンなる黒い塊が客車を従えて駅を通過する様は、それはそれは素敵だろうと思う。早く見たいと思う。

知らない土地の二時間なぞあっという間に過ぎ去り、どこぞへ霧散していた乗客群もどこからともなく現れ始めた。一体あの人気のない街のどこに潜んでいたのかと思う。

彼らは帰りも蒸機列車に乗るらしい。お蔭で私が乗った上り普通列車は空いていた。気動車は心地よい速度で曇天下の黒紅が美しい林と山並みの脇を南下し、益子駅を過ぎて小貝川を渡り、小さな北山駅で私を降ろした。歩廊は無人で、雨は上がっている。行きにここを通った時には静かそうな駅だと思ったが、実際降りてみると近くの国道だか県道だかを走る自動車の音がひっきりなしに聞こえてくる。少しくがっかりしたが、茶色の肉体の可愛らしい三人の少女を引き連れた黒いパーシーが颯爽と駆け抜けていく轟音が、耳障りな音をかき消す事だろう。

ほおおおお、という遠い咆哮が聞こえる。
早い。通過までは今暫し時間がある筈だ。
だが、再びほおおおおという声がする。
来る。来る。まだ遠いがすぐに来る。
ぽお。ぽおお。声が大きくなった。
座るべきか。立つべきか。悩む。
国道だか県道だかには老婆が、
孫だかをおぶり立っている。
白光が見えた。前照灯だ。
黒いパーシーが現れた。
蒸気を吐いていない。
音も出していない。
ただ大きくなり、
私に一瞥もく
れないまま
通過して
行った。

客車三輛
がそれに続
き走って行く。
ことん。ことん。
轍の音が遠くなり、
そして遠くの小さな
黒い四角の点になった。
そうして全てが終わった。
老婆と孫は既に消えている。
自動車の走る音だけ聞こえる。
再び雨がぱらぱらと降り始めた。
雨脚はあっという間に強くなった。
ほおおおという気の抜けた汽笛が、
雨が降る空の遙か向こうから聞こえた。
それが終わってから聞こえるのは、ただ
国道だか県道だかを通り過ぎる自動車の音。

薄汚い白雲から雨がはらはらと降り始めている。

『銀河鉄道999』映画版ならここでタケカワユキヒデの「さあ行くんだ　その顔を上げて」と云う歌が流れ出すのだが私の脳裏は無音のままである。急に薄暗くなった気がする歩廊で私は考え続ける。三輌の客車を牽いたエンジンなる蒸気機関車なる黒いパーシーなるC12が煙も出さず汽笛も鳴らさずに黙々とさっさと私の立つ歩廊の脇を走り去った。それは面白かったか。否であるという結論に至るまで時間はかからなかった。そんな結論が出た事も勿論面白くなかった。私は百閒の文章や『汽車のえほん』の挿絵や『999』のC62のお蔭で通過列車を見る事は面白いだろうと期待した。だが面白くなかった。しかしながら勝手に期待して勝手に落胆している私の責任を転嫁してはいけないとも思った。ボブ・ディランは「Like A Rollin' Stone」で歌った。「何もなければ　失うものは何もない」。私は何も期待するべきではなかった。期待したから落胆した。私は学生時代に面白くない映画を観てもその映画を責めなかった。そんな映画を面白いだろうと考えて観た自分の愚かさを責めた。責めていたら悲しくなった。それから青池保子『Zーツェットー』に出て来る台詞を思い出した。「失恋でもした男は　酒でもかっくらって　みじめに泣いてりゃいいんだ　それが別れた女へのエチケットというもんだぞ」。だが汽車に裏切られて酒をかっくらうのは矢張りみじめに思えた。急速に暗闇が近付いていた。漸く現れた気動車の窓を雨滴がぱちぱちと叩き続けた。車内は部活帰りの高校生と彼らの喧騒で満ち溢れていた。車内放送は「すみやかにお降り下さい」と乗客を急がせ続けた。私は気動車に乗りながらただ悲しかった。何となく泣きたい気分になった。もう金輪際通過列車なぞ見に行くものかと思った。

八　郊外電車と紅葉列車

~東武鉄道　野田線　伊勢崎線　小泉線
秩父鉄道　秩父鉄道車両公園
西武鉄道　秩父線

また通過列車を見に行こうと思う。
またか、と云われるかも知れない。
云われても私の知った事ではない。

そもそも汽車は走って行けばいいのであって、人間がそれについてどうのこうの云った所で仕方のない事である。それに前回見た通過列車が面白くなかったからと云って、それで全ての通過列車を面白くないと断定するのは妥当ではない。一度の経験で全てを知ったかの如く考えるのは愚者の妄想に過ぎない。一つ一つ違うものを、一つ一つ違うと考えるのが面倒だから全て同じだと考えるような愚者の真似はするべきではない。私はフィリピンのマニラで強盗にあって以来、「フィリピン人はフレンドリイ」なる言葉を見聞する度に憤怒の念に駆られるものの、だからと云ってフィリピン人がすべからく強盗だとも思ってはいない。詰まらない映画を観て、それを観ようとしていた自分を責めて、それからどうするかと云うに、ただ別の映画を観に行くだけである。駄作を知らなければ傑作を知る事は出来ない。醜女なき世界に美女は存在出来ない。

別の通過列車は面白いかも知れない。面白いかどうかを知るには、別の通過列車を見に行かなければならない。私は汽車に対して真摯でありたいので、別の通過列車を見に行こうと思う。

ただ、もうちびのタンク式の機関車はよそうと思う。そもそも私は大型機の方が好きである。機関車の大小に貴賎も優劣もないが、嗜好というものは厳然と存在する。

全長七十一・七キロ、埼玉県の羽生《はにゅう》駅と三峰口駅を結ぶ秩父鉄道は、私の家から二番目に近い蒸機列車を走らせる鉄道会社でもある。蒸機は中型機のC58。C12やC11とは異なり炭水車《テンダー》が付いているテンダー式である。だから何だと云われるかも知れないが、この違いは決定的なのである。『汽車のえほん』の第五巻『やっかいな機関車』の中で、急行牽引用の大型機ゴードンは小型機トーマスに向かってこんこんと説いている。「トーマス、きみには　わからないだろうが、炭水車がついているか　いないかで、じつは　大ちがいなんだ。ぼくたちみたいな　炭水車つきの機関車には、ほこりというものがあるんだ。だから、ふとっちょのきょくちょうが、ぼくたちのような　えらい機関車に、貨車や客車のいれかえをさせるのは　まちがっているんだよ」。

私の記憶にある中で最初に読んだ『汽車のえほん』、即ち私が生まれて最初に読んだ本は、その中の第八巻『大きな機関車ゴードン』だった筈である。そうでなくてもゴードンは、今や『汽車のえほん』の主役の如き顔をしてのさばっているちびのトーマス如きよりも私のお気に入りである。そのゴードンが「炭水車つきの機関車には、ほこりというものがあるんだ」と説いている。ならば万難を排してでも誇りを持つテンダー式機関車が走る様を見に行かねばならぬ。

因みに、右の引用文は私が三十数年前に読んだ初版のものである。新版ではゴードンが「おれさま」だの「おまえさん」だのという下衆の如き口調で話している。他にも台詞がかなり変更されている上に、私が一番好きな路面機関車トービーが「トビー」になっている。全くもって気に入らない。私の中ではドラえもんの声は永遠に大山のぶ代であり、ムーミンの声は永遠に岸田今日子であり、クリント・イーストウッドの吹き替えは永遠に山田康雄であり続ける。

汽車ぽっぽを見に行く話である。その汽車ぽっぽであるC58は、「貴婦人」などと必要以上に持て囃されたC57の二倍以上にあたる四百二十七機も製造され、客車も貨車も引っ張る万能機として全国津々浦々を走り回った、知る人ぞ知る名機である。私は知っている。

この機関車は映画の主人公になった事すらある。一九四一年、太平洋戦争開戦直前に封切られた『指導物語』（熊谷久虎監督）はれっきとした劇映画である。冒頭に「征かぬ身は　いくぞ援護へ　まっしぐら」「陸軍省　鉄道省　検閲濟」、終幕に「ソ聯遂に大戰に突入す」「皇軍佛印進駐佛印の共同防衛成る」「三國同盟茲に一年」なる文字が並ぶ時代の作品である。

物語は、陸軍鉄道連隊の若き機関士訓練生らが老機関士の厳しい訓練を受けた末に出征してゆくというもので、その訓練の舞台となるのがC58なのである。訓練生らが操る二機のC58が複線区間で延々と競争するという、現在では撮影不可能であろう映像が素晴らしい。

そしてこの作品の出演者がまた凄い。若き訓練生に黒澤明監督初作品『姿三四郎』の主役の藤田進。彼にほのかな想いを寄せる老機関士の娘が、こちらはもう説明不要の原節子である。二人は『ハワイ・マレー沖海戦』にも出演しているが、同時に登場する場面はなかった。

一方で、飄々としながらも気高い老機関士を見事に演じた主演の丸山定夫は、戦後の日本映画界に残る事は出来なかった。あの日の朝、彼は広島にいた。そして十日後の八月十六日、原爆症により非業の死を遂げた。映画の中で彼が藤田に向かって叫ぶ声が、今も私の耳に聞こえる。

「世の中には金で解決できない事が山ほどあるんだ、この馬鹿ッ」。

汽車ぽっぽを見に行く話である。話が幾度も側線に入り込んで申し訳ない。

前回面白くなかったのは蒸機がしれっと通過したからの様である。北山駅の上り線路が下り勾配だったからかも知れない。だとすれば上り坂の区間で通過列車を見ればいい。

だからして私は、秩父鉄道でそのような区間を探す為に図書館から関東地図を借りて来た。前章の鬼怒川云々について知ったのはこの時だが、それは前の話である。

秩父鉄道は羽生駅から関東平野を西に走り続けた後、寄居駅から秩父の山並みに差し掛かる。そこから並行して流れるのが荒川である事に驚く。私は荒川にも馴染みがある人間だが、それは後で話す。それよりも秩父駅以遠の沿線に「荒川上田野」「荒川日野」「荒川白久」「荒川贄《にえ》川」、その少し北に「般若」、更に少し北に「上吉田」「下吉田」「吉田久長」「吉田阿熊」「吉田石《いさ》間」という地名がある事に興味を引かれる。それからも関東各地の面白い地名を探して地図をぱらぱらとめくり続けたのだが、それは汽車ぽっぽを見に行く話とは丸で関係がない。秩父鉄道線は秩父盆地を抜けてから終点の三峰口駅まで上昇を続けるらしい。ならば見に行くのは末端区間が適当であろう。三峰口駅の一つ手前で荒川のすぐ脇にある白久駅が妥当かと考える。C58は機関の音も轟々と、噴出す煙も濛々と、迫力満点で通過するに相違ない。

そう思うのだが、これだけでは情報が足りない。どうせ時刻表には主要駅の発着時刻程度しか載っていないだろう。だからして私が大学生の頃はインターネットだの携帯電話だのといった言葉は存在しなかったな、などと思い起こしながら秩父鉄道のHPを見てみる。

弊社では、平成24年8月6日（月）に広瀬川原熊谷工場内で発生したSL機関車の脱線、損傷に伴い、『SLパレオエクスプレス』の運転を休止しております。今後、各部の点検整備と車体の組立作業に6ヶ月程度の期間を要することから、平成24年のSL列車の運行を中止させていただきます。

ううむと思っているうちに、ホームページの別の文章が目に入った。

7500系、7000系、5000系、1000系の車両は固定時刻で運転を行っておりません。

車両運用や時刻などのお問い合わせには回答できませんのでご了承ください。

当社各駅では、硬券乗車券、補充乗車券の通信販売の取扱いは一切行っておりません。各駅に現金書留により現金を送付してもお取り扱い致しませんのでご了承ください。

ほほう、と思った。いいねえ、と思った。中々見上げた態度だ、と思った。高飛車でも卑屈でもない毅然とした態度を取る鉄道会社を好ましく思った。そして、通過列車が見られなくても秩父鉄道に乗りに行こうか、と考えた。少しく悩んでから、私は当然の事を忘れていた自分に気が付き、苦笑した。その当然の事をぼそりと七五調で呟いてから、秩父鉄道に乗りに出掛けた。

見　る　よ　り　も　乗　る　の　が　い　い　ね　汽　車　ぽ　っ　ぽ

偉大なる百閒大人曰く。「何しろ汽車に乗るのはうれしい」（『時は變改す』）。

私は目下千葉県柏市に住んでいるが、以前は大阪府箕面市に住んでいた。ついでに云うと本籍は島根県平田市だったが、そこは何年か前に隣の出雲市に併合《アンシュルス》された摸様である。

そして私の生まれは埼玉県熊谷市である。柏から熊谷に居た母方の祖父母を訪れるには、東武野田線で大宮駅に出てからＪＲ高崎線に乗り換えた。だからして第五章の柏以南の東武野田線の様に、柏以北の同線にも馴染みがある。何度乗っても張り合いのない路線である。沿線の景色は見飽きたし、車輛も相変わらずの旧型電車である。亀戸線や大師線の電車にはあった座席の仕切棒が相変わらず無い為、相変わらず七人掛けの場所に六人か五人しか座っていない。

だらだらと過ぎ行く景色をぼんやりと眺めている内に、野田線の電車は伊勢崎線の上をほぼ直角に跨ぎ、降下しながら右に急回頭して分岐駅の春日部駅に着いた。妙に幅の狭い階段を渡り、伊勢崎線の歩廊に向かう。少年時代からその歩廊を幾度も眺めた事があるが、行くのは初めてである。何となく足取りが軽くなる気がする。朝の陽光が駅の歩廊に溢れている。

　前回と異なり今日は秋晴れである。但し前回と同じく今日も朝が早い。寝不足の頭でぼんやりと長椅子に腰掛けていると、鬼怒川温泉駅行きの特急『きぬ』が目の前に停車した。私は大いに機嫌を損ねる。かつて東武鉄道の特急はすべからく春日部駅を通過した。牛乳珈琲《ミルクカフェ》色の地肌に赤帯を巻いた、猛犬の如き顔の『きぬ』か『けごん』がこの駅を颯爽と駆け抜けて行った、眩しいような記憶がある。特急がかつての通過駅にどたりと座り込むのは老醜でしかない。

　ぶつぶつ考えているうちに伊勢崎線の下り快速列車がやって来た。野田線より新型、と云うより工場を出たての如き車輌である。乗客は行儀良く適宜の間隔を空けて座っている。これは野田線では絶対に見られない光景であるが、それはあちらの旧型に仕切棒がないというだけの理由による。それがあれば野田線民だって七人乗りの場所に七人座るようになるだろう。

　まだ遅くない朝の陽の下、電車は北西に進路を取る。野田線で見飽きた関東平野も、伊勢崎線からでは新鮮な未知の土地である。そこを行くのは気分が良い。田圃が広がり始める。感じのいい古い駅舎の駅もある。久喜駅で東北新幹線を見上げる。あそこを吹っ飛んでいく列車に平気で乗る乗客は一体どんな人達なのだろうと思う。加須と書いて「かぞ」と読む駅がある。景色は大したものではない。それでも空が蒼くて広い。様々なものから遠ざかるのは気分がいい。

　秩父鉄道との乗換駅である羽生駅に到着する。だが私はまだ降りない。前回は通過列車に期待を抱いたお蔭で面白くない思いを味わう羽目になった。今日は何に対しても期待をするつもりはないが、東武鉄道の地方線に乗ってみようとも思っているのである。

業平橋《なりひらばし》と云う小粋な駅名や伊勢崎線と云う立派な路線名を醜悪な針のものにすり替えたり特急を春日部駅に停車させたりしている東武鉄道だが、その一方で関東平野の隅っこに二本の地味な地方線を地道に走らせてもいる。その片割れが佐野線、別の片割れが小泉線である。

私は亀戸線と大師線に乗った時からこれらの路線が気に掛かっていた。否、乗りたかった、の方が正しい。大した路線ではないだろう。だがそう云う為には、大した事がないかどうかを知る為に乗ってみなければならない。それが汽車に対する真摯な態度というものであろう。

だからして秩父鉄道に乗るついでにこれらの路線に乗って来ようと思っている。そうすれば、仮に秩父鉄道が面白くなくとも、乗りたかった東武の二地方線に乗って来たという事実を残す事は出来る。事実を残せば、秩父鉄道が面白くなくとも事実を残した事で納得する事が出来る。

つまり私は自分に保険を掛けた。最低でも自らを納得させると云う保険である。

それを実行に移すには綿密な計画が必要だった。佐野線や小泉線の列車本数が亀戸線や大師線より少ないのは明らかであった。その運行時刻を確認する為に私は東武鉄道のＨＰを閲覧した。亀戸という地名の由来を知ったのはこの時であるが、それは前の話である。

前口上が長くなった影響により詳細な時刻の掲載は避けるが、兎に角立てた旅程は、二区間ある小泉線のうち太田駅と東小泉駅間、通称東小泉線を諦め、佐野線及び館林駅と西小泉駅間の通称「西小泉線」のみを往復する、というものだった。東小泉線の半分を諦めたのは、どうせここいらの路線は似たりよったりだろうという、些か汽車に対する真摯さに欠けた判断による。

だが今日の私はどういう訳か必要以上に早く起き、旅程より二本早い電車で柏駅を出た。玉突き的にその後の接続も良くなり、電車が羽生駅を出てから利根川を轟々と越え、私が降りる予定だった館林駅に進入した際、私の脳裏に突如として計画変更の指示が出た。

それは、ここから計画通りに佐野線を往復するのではなく、一気にこの先の太田駅まで乗り、乗る予定のなかった東小泉線で東小泉駅へ進出、そこから西小泉駅まで電撃的に往復してから館林駅に転進、そこで改めて佐野線を往復する、というものだった。事前に調べた以外の運転時刻は知らないが、西小泉線の如き地方線の列車は終着駅で長居せずにさっさと折り返す筈である。なる筈なので西小泉駅ですぐに上り列車に乗り、館林駅で上手く乗り継げるであろう佐野線に乗り換えて終点の葛生駅まで乗り、これも数分間で折り返す筈の上り列車に乗ればよい。

私は館林駅到着前の直前にそう判断した。保険の為にここまで来た私は、賭けに出た。

だからして私は電車に乗り続け、群馬県との県境を越えて太田駅に着いた。量産型高架駅で、小泉線との乗り換え時間は僅かに一分だった。どうにか間に合った私がぜえぜえと肩で息をしたり鼻の穴を大きくひくひくさせているうちに、私を乗せた短い電車はゆっくりと地上に降り、今までと変わらない田園風景の中をゆっくりと走り、竜舞なる素敵な名の駅の次に西小泉線との分岐駅《ジャンクション》の東小泉駅に到着した。地方線の地方駅であるにも拘らず橋上駅舎である。歩廊の端を地べたに下ろして線路を渡る踏切を作れば済むところを、全乗客に階段を昇降させるという料簡が私を少しく不機嫌にする。これでは体の不自由な人は乗車が困難であろう。

そう考えているうちに西小泉行きの電車がやって来て、私が車窓の印象を抱く前に終点西小泉駅に進入した。歩廊の反対側に別の電車が停まっている。私の電車が扉を開く前に、そちらの扉が閉まった。私が歩廊に降りた時、電車の顔は遙かに小さくなっていた。

その後姿を見送りながら、私はぼんやりと、賭けが外れた、と思った。


要するに、地方線だから一本の列車がすぐに終着駅で折り返す筈であると云う私の予想を完全に裏切り、西小泉駅にはもう一本の電車が控えていた。そして私の乗った下り列車が到着した瞬間、この控え電車が上りの館林駅行きとなってさっさと出て行ったのである。

全く愚かな予想であった。だが私は佐貫駅で味わった様な不愉快さを全く覚えなかった。まあいいいか、という冷めた考えがあった。最初から西小泉線の半分を諦めていたのだから、佐野線を諦める事にさして抵抗はなかった。そもそも愚か云々を云い出すなら、わざわざ地味な地方線に乗りに来る事も、それを事実だの保険だのと考えるのも愚かであろうと考えた。

駅に掲示されていた時刻表によれば、次の上り列車は一時間後である。それに乗ってから佐野線を往復すれば、秩父鉄道の末端区間に差し掛かるのが夜になりかねない。あくまで今日の本命はあちらなのだから、次の電車で館林駅へ、それから羽生駅へ向かうだけの話である。

駅の目の前に日本語とポルトガル語が併記されている商店がある。近付くとポルトガル語らしい新聞だの雑誌だのが並んでいる。それを眺めているうちに、この西小泉を含む大泉町はブラジル移民が多い土地であるという事を思い出した。ほほう、と思い、そんな街を見物せんと歩き出したが、周辺にはブラジル人どころか日本人の姿も無い。ただ駅前道路の両側にポルトガル語と日本語の表記が目立ち、自動車が何台も行き交うだけである。ふらふらと表を歩き続けても誰にも会わない。昼前の太陽が白く街を照らしている。何となく白けた気分になる。

うろうろしているうちに散歩道の様な道に突き当たった。水が流れているべき堀に枯葉が溜まっている。私はその傍らの長椅子に腰を掛けた。誰もいない。大きな樹が並び、ざあざあと揺れる枝葉が地面の蔭をゆらゆら動かしている。私は鞄から持参のお握りを取り出した。

私は急いで食事すると云う事が出来ない。立ち食い蕎麦を食べ終えるのに二十分はかかる。そうやって愚図愚図食べている私をおいて汽車が走って行ったり、秋の陽が傾いたりする事態は面白くない。ならばどうするかと云うに話は簡単で、汽車の中で食べものを食べればいい。満員電車の中なら気は引けるが、地方線であればさしたる問題は無い。だからして最近は出掛ける前の晩に近所の商店で惣菜が値引きになる時間を待ってから買い出しに行く様になった。

お握りは今日の伊勢崎線の中でも幾つか食べたが、まさかお天道様の下で食べる事になるとは思わなかった。ごとんごとん揺れる汽車の中で食べるのも、ざあざあ揺れる枝葉の音を聞き、ゆらゆら揺れる木陰を眺めながら食べるのも、お握りが美味い事に変わりは無い。

木漏れ日が心地よい。吹き行く風が心地よい。相変らずお握りが美味い。

口をもぐもぐ動かしながら、私は枝葉の向こうに広がる空を眺めていた。

かつてここいら一帯の上空を、アメリカの超重爆撃機B29が埋め尽くした。マリアナ諸島からやって来た彼らの目標はすぐ近くにある中島飛行機製造会社、今の富士重工の前身である会社の太田工場だった。そこでは藤田進が『加藤隼戦闘隊』（一九四四年、山本嘉次郎監督）で乗る日本陸軍の一式戦闘機「隼《はやぶさ》」、それより高速かつ重武装の四式戦闘機「疾風《はやて》」、そして、「特攻出動を命じられる心配のない中島の技師が提案し、同じく特攻からは遠い立場の航空本部のスタッフが試作を命じた」（渡辺洋二著『未知の剣』）、「剣《つるぎ》」なる特攻専用機が製造されていた。私は終戦直後の太田工場に無数の「剣」の機体が並んでいる写真を見た事がある。それは、戦争の愚かさだの悲惨さだの云々なぞではなく、そんな飛行機を作り続ける人間の不気味さを感じさせる写真だった。同時に、「隼」や「疾風」が爆撃でむざむざ壊されるのは悔しいと思ったが、「特攻出動を命じられる心配のない中島の技師」と「特攻からは遠い立場の航空本部のスタッフ」どもは、そ奴らが自ら考えた「剣」なる哀れな畸形飛行機と共に死ぬべきだったと考えた。

中年の私は、口をもぐもぐ動かしながら、そんな事を考えた若き日を思い出していた。

見た目の良い駅舎の西小泉駅に戻って電車に乗り、再び関東平野をのろのろと走って館林駅に着いた。佐野線の時刻を確認する前にやって来た伊勢崎線の上り列車が利根川を渡り羽生駅に到着した。何となく草臥れた気分だが、まだ昼下がりであり、道もまだ半ばである。

秩父鉄道羽生駅の改札口を入って歩廊に降りると橙色の電車が停まっている。私には昔写真で見た馴染みのある車輌である。元国鉄101系通勤電車。塗装はかつて中央本線や大阪環状線を走っていた時のものと同じである。車体下部の車輌形式表示には「デハ1103」とある。これが「1000形電車」のうちの一輌らしい。これに乗りたくても秩父鉄道に運行時刻を教えて貰えない人々がいる一方で、車輌の選り好みの全く無い私は簡単に乗る事が出来たらしい。

私は少年時代に憶えた鉄道車輌の形式の殆どを今も諳んじているが、それから現在に至るものについては何の知識も興味もない。昔馴染みであれば嬉しいが、何でも良いので、汽車は走って行けばそれで良い。そして、電車であれ気動車であれ、都会であれ田舎であれ、横掛けであれ四人掛けであれ、そこが初めて乗る路線で、車内が空いている列車ならば、何であろうが面白いという事であった。そしてこの元101系電車は空いている。だからして面白そうである。

しかし期待という名の油断は大敵である。期待がなければ、落胆もない。

元国鉄101形電車、現秩父鉄道1000形電車は、騒々しく扉を閉めると、どどどどどんという衝撃と共に動き始めた。私が少年時代に乗った事のある寝台特急『出雲』の発車時と同じ衝撃だった。この旧型通勤電車とかつての寝台特急に何の関連があるのか、そもそも関連があるのかどうかすら私は知らないが、兎に角騒々しく珍しい発車だと私は感心した。第二章で「電車は大人しく停車し続けた後に大人しく走り出す」と書いたが、それが事実ではない事を今身をもって知った。だからして今訂正しようと思う。あれは嘘でした。御免なさい。

電車はごとごとゆさゆさと体を上下左右に揺らしながら進む。今までの東武鉄道の各路線よりども遙かに田園風景になった。小さな川を赤い鉄橋で渡る。線路が緩やかに曲線を描く。暖かい光を放つ太陽が微妙に位置を変える。右手の山が徐々に大きくなる。手前の風景は忙しげに、中ほどの風景は悠然と、奥の風景は気付かれないように後ろに動いて行く。うんうんと苦しげに走る旧型電車が速度を緩め、こじんまりとした駅に停車すると、世界は元通りに静止する。それがどどどどんという衝撃と共に再び動き始める。その繰り返しである。その繰り返しが面白い。

JR高崎線の行田駅は何度も通ったが、秩父鉄道の行田市駅には初めて来た。行田という土地が市である事など今回地図を見るまで知らなかった。ただ熊谷駅の手前の駅とだけ考えていた。そこから持田なる駅を通り、上越新幹線の下を潜り、高崎線の上を跨ぎ、右に回って熊谷駅に着いた。私の生誕地であり、数年ぶりの訪問であるが、さしたる感慨はない。

そう云えば、少年時代から幾度も秩父鉄道熊谷駅の改札の脇を通ったが、一度もそれに乗ろうという気が起きた事はなかった。一畑電鉄の電車は父方の祖父母の家から見えたが、秩父電鉄の電車は母方の祖父母の家から見えなかった。恐らくその違いだろうと思う。

そんな事を思いながらうんうん唸る電車に揺られているうちに、何となく世界がぼやけ始めた様な気がした。それから世界が暗くなった。再び世界が明るくなったら、電車は相変わらずうんうんと唸りながら関東平野を走っている。秩父の山がすぐ近くにまで迫っている。

寄居駅はJR八高線及び東武東上線との分岐駅である。目の前の通過線を、セメント車らしき貨車を連ねた貨物列車が青い機関車に牽かれてゆっくりと走り去る。幾度見ても貨物列車はいいと思う。何しろ機関車が牽いていくのがいい。貨車の種類や色が様々であれば更に良い。

ずどどどんという衝撃と共に旧型電車が走り出して暫し、うんうん唸る電車の左側、即ち私が体を斜めにして座っている側に、小刻みに向きを変えている荒川が現れた。私にとっての荒川は祖父母の家の近くに延びていた土手の向こう、田畑が広がる先を滔々と流れる大きな川でしかなかったので、今見ている渓流がそれと同じ川だという事実を地図で見知っているにも拘らず戸惑う。この渓流が熊谷あたりでは大人しく田圃の中を流れているとは到底信じ難い。

川の向こうに一面の紅を纏った山が連なっている。私はそれを見て、二十年ぶりか、と思う。

かつて私が住んでいた大阪府箕面市は、関東に住む人は全く知らないだろうし、「みのお」とも読まれないだろうが、関西では誰一人知らない者は無い程に有名な土地である。そこには「明治の森箕面国定公園」に指定されている有名な山並みと有名な滝と有名な猿どもの群れがあり、毎年秋になれば山一面の紅葉を見に関西中から行楽客が押し寄せるのである。ＹＳ11を見上げ続けた少年時代の私も、毎年秋が来る度に箕面の紅い山並みを見詰め続けたものだった。

そして大阪を出て二十年、私には山の紅葉というものを見た記憶が無い。東京に出てからは秋にどこかに行った記憶はないし、マニラにも上海にもオデッサにも山はなかった。オデッサにはフランス大通り《フランツスキー・ブリヴァール》という銀杏並木の道路があり、毎年秋になるとそれはそれは美しい黄金色の波になった。一年目はその景観に感動したものだが、二年目以降はどうでも良くなった。

オデッサの銀杏を見なくなってから数年が過ぎて、私は今秩父の山並みを眺めている。それは二十年前に箕面で最後に見たのと同じ紅色をしていた。山の紅と空の蒼が、絶対的、という言葉を連想するほどに美しい。私は、絶対的な紅と蒼の対比を、ただ呆然と眺め続けた。

期待があるから落胆がある。だから私は期待しないで、否、期待しない振りをして秩父鉄道に乗りに来た。だが心の底では期待していた。秩父の紅葉の美しさと好天気を、である。

その二つともが見事に叶えられていた。私は期待以上の秋景色の美しさに見惚れた。

空の蒼と紅の山の間を、小さな橙色の電車が走る様は、一幅の絵であろうと考えた。

この電車は途中の影森駅で終着となる。旧型電車はやれやれといった感じで留置線に引き上げていく。駅はこじんまりとしているが、歩廊の脇に広大な操車場がある。線路は先で二つに分かれている。山側に向かう方はセメント採掘所への貨物専用線らしい。歩廊の真ん中に改札と駅員事務所と駅員休憩所があり、後者には古びた感じの畳が敷かれている。年代物らしい暖房器具も見える。平屋の駅舎の手摺りには分厚い布団が干してある。もうじき冬だ、と思う。

傾きかけた太陽の日差しを浴びていたら新型の通勤型電車がやって来た。新型はぐんぐんと山間を上昇し始める。山岳路線の列車が上昇していく感覚ほど心地好いものは無いと思う。

切通しの石垣の間を行く。右手に移った荒川の向こうの山が、傾いた陽を受けて壮絶な紅になっている。その上は相変わらずの絶対的な蒼の空である。紅と蒼がせめぎ合っている。

影森駅から三つ目の武州日野駅の左手には、山の中腹へ上る階段に無数の紅い鳥居が掛けられていた。その脇を蒸機が走って行く様はさぞ素敵であろうと思った。C58が総天然色の蒼と紅の境目を、ゆっくりと、だが苛々と煙を吐き、ぼおおおおと咆哮しながら登って行く様は、『指導物語』で白黒の世界を走るC58と同じように美しいだろうと考えた。

ゆらゆらと揺れながら山を登り続けた新型電車は、ゆっくりと終点の三峰口駅に着いた。待合室は折り返し列車に乗り込む登山帰りの人々で一杯だった。殆どが初老と見受けられる年齢で、その半数以上は女性だった。自分の体の半分ほどもある荷物を担いでいる人もいる。汽車に乗りに来ただけの私なる貧相な中年男に比べれば、彼ら彼女らは遙かに若く健全であると云える。但し面白いと思う事を実行するという点にかけて彼我に貴賎も優劣もないとも考える。

駅の出口に熊出没注意の看板が掲げられている。何となく周囲をきょろきょろと見回す。駅前にはボンネットが延びた旧型のバスが停まっていて、それを撮影している男がいる。駅舎はこじんまりした瓦屋根で、流鉄の流山駅に似ている。だからしていい駅舎である。駅の向こうに「秩父鉄道車両公園」があるとの掲示がある。次の上り列車はもうすぐ出る。その次の列車は約四十分後の発車であり、道路や駅は既に日陰になっているが、西側と北側はまだ紅である。改札口にいた若い駅員に、四十分であちらの公園を見廻って来られるや否やを問うた。駅員は、それはもう全然大丈夫です、と力強く二重肯定した。

線路は終着駅の歩廊から更に先に延びている。それらが転轍機で一本に纏められた地点に踏切がある。それを渡って右に進めば鉄道車両公園の入口である。日だまりをやぶ睨みの三毛猫がのそのそしている。私は結構猫が好きだが、今は彼だか彼女だかに構っている時間は無い。

車輛基地と金網で仕切られている公園の一番手前に置かれているのは、黒く小さい五輛の貨車だった。箱型の貨車の扉は開かれ、地上から階段が延びている。それを登って中に入っても、何もないがらんとした空間が広がっているだけである。空の貨車の中身をわざわざ階段を延ばしてまで見せる料簡はよく解らないが、解らないなりに面白いと思った。因みに『汽車のえほん』の作者オードリーはどういう訳か貨車というものに先天的な憎悪の念を抱いていた様で、彼らは登場する度に機関車に悪巧みを仕掛けては破壊させられているが、ここの貨車たちは秩父鉄道の経営を支え続けた功労者たちである。保存展示は当然というべきだろう。

その向うには二輛の旧型電車があったが、これらに対する記憶は不思議に何も残っていない。電車の向うには二機の青い電気機関車があった。手前側の凸型機の機体両端には幅の狭い歩み板があり、そこには転落防止用の手摺りなどはない。まるで落ちるならどうぞ勝手に落ちて下さいと云っているかの如き展示方法に思えた。その隣の箱型機の機内には巨大な駆動部分が朽ちるがままに放置されている。まるで私の如き廃物をわざわざ見に来て何が楽しいのです、と云っているかの如き展示方法に思えた。そんな展示方法を素敵で爽快だと思った。

それから私は、大宮の鉄道博物館に行った時の事を思い出した。本作の第三章と第四章の間の事で、うすら寒い雨の降る日だった。私は旧一等車マイテ39の最後尾にある展望台に立ち、かつて『はと』に乗った内田百閒がここに立ったり、この展望車が後に『999』号に連結されるかも知れないと想像したり、木造の旧三等客車オハ31の車内に立ち込めている木材の匂いで一畑電鉄の木造電車を思い出したりした。だが、広くて薄暗い館内に丁寧に並べられた車輛たちは何となく陰険に見えた。念入りに死化粧を施された巨大な屍体の様にも見えた。

それに引き換えここはどうだろう。絶対的な蒼の空と紅の山を背景に、務めも寿命を全うした車輛たちが静かに憩っている。その肌は積年の風雨で荒れ気味であり、だからして今も静かに生きている老人の肌の様に見えなくもない。少なくとも死化粧を施された屍体には見えない。

そして、地上から見上げる機関車は素晴らしく見えた。後に詳しく述べるが、私は機関車が大好きであり、その機関車が蒼と紅を従えて鎮座している姿には凛とした威厳すら感じた。


三峰口駅を出た上り電車は、ゆらゆら揺れながらゆっくりと山を下った。影森駅にはまだ布団が干してあったが、そろそろ取り入れた方が良い時分である。電車はその次の御花畑駅で私を降ろした。周囲に花は見えず、しかも駅名標には（芝桜）という別名も括弧で記されている。だがそんな事に構っている余裕は今の私にはない。私はここで少しく急ぐ必要がある。

西武鉄道は云わずと知れた東武鉄道の向こうを張る関東圏の大手私鉄であるが、少年時代の私にとっては特急『レッドアロー』号であり、西武秩父線であり、私鉄路線では最長という正丸隧道だった。『私鉄特急大百科』の如き本にはそれらについての記事や写真が三位一体の如く掲載されており、それら以外には何もなかった。少なくともそれら以外は私の記憶にはない。いずれにせよ、平野を行く東武鉄道や阪急電鉄に慣れ親しんだ少年時代の私にとって、長大な隧道を必要とする山岳路線に特急を走らせる大手私鉄というものが非常に奇異に思えた。

そして今回、私は秩父くんだりまでやって来た。やって来たのだから帰らなければならない。帰るのは用事だが、用事を楽しむのも人間の才覚である様に思われる。

秩父鉄道御花畑駅の近くには西武鉄道秩父線の終点西武秩父駅がある。それに乗れば秋津駅に出る。私はそこに隣接するJR新秋津駅から武蔵野線に乗って帰ればよい。そうすれば少年時代から見知っていた秩父線の正丸隧道を越える事が出来る。『レッドアロー』に乗らないのは、特急料金を払えない訳でも、払うのを渋っているからでもない。今の私はまだ汽車に乗って行くだけで満足であり、まだ特急の速さや快適さを堪能できる段階にはいないと考える。そんな私は特急列車に乗るべきではないと考える。楽しむ為に時間や経験が必要な楽しみもある。

だからして『レッドアロー』ではなく普通列車に乗る。その普通列車は秩父鉄道の列車が御花畑駅に着いた六分後に発車する。調べたところ二つの駅は二百メートルほど離れている。六分で間に合うかどうかぎりぎりの距離であり、しかもそこは私にとって未知の土地である。

故に私はここで少なからず急ぐ必要がある。御花畑（芝桜）駅の駅名標にちらりと目を走らせた私はそのまま駅を出て左の踏切を渡り坂道を早足で上り始めたものの西武秩父駅は中々表れないので行儀が悪いと思いながら走り出したら駅前商店街の如き並びの向こうに駅が表れたのでほっとしたのも束の間で歩廊へは階段を昇り降りしなければならない事に苛立ったが列車には間に合った。しかもそれは急行用車輛のように扉が二つしかなく、座席は四人掛けだった。それらは全て埋め尽くされていたので、私は先頭車の前部扉脇の横向き二人掛け座席に腰を下ろした。

発車。電車はすうと動き出す。うんうん唸ったり、ゆらゆら揺れたりする事はない。無言のまま ぐいぐいと加速し、そして秩父の山並みに背を向ける様に右に大きく旋回しながら上昇する。紅と蒼を演出し続けた太陽は山の向こうに姿を消した。蒼は紅に、紅は黒に化している。

山肌は秩父鉄道から見たそれより遥かに荒れている。名前を調べてくるのを忘れた川は荒川よりも遙かに流れが荒っぽい。急行型電車はこれらをちらと横目で見下ろしながら駆け抜ける。恐らくこの山岳区間用に強力な機関を搭載しているのだろう。私は常磐線の特別快速を想起する。そしてこの駿馬をけしかける。走れ。走れ。急げ。別に急いで帰る必要などないが、電車が急いで走って行くのは気持がいい。それがすいすいと山中を突き進むのは面白い。

そうして長さ五キロ近い正丸隧道に突入した。黒一面の車窓に白い蛍光灯が次々と流れてゆく。それ以外何も見えない。黒と蛍光灯。黒と蛍光灯。私の身が芯から硬くなった頃、電車はすうと外界に出た。かつて見た『レッドアロー』の写真はこの付近か、或いは隧道の向こうで撮影された筈だが、それがどこだったのか皆目見当が付かない。どうでもいい。

空の紅が青白くなっている。だから外は妙に青白く見える。そのお蔭で山間の渓谷は一層凄味を増して見える。それらが非常な高速で後ろに流れ去る。電車は無言のまま軽やか右に左に舵を切り、そして山を駆け下りていく。細く薄い煙が一筋見える。夜がすぐ近くまで近付いている。

九　東京湾岸電車

～ＪＲ東日本　武蔵野線　京葉線
東京地下鉄（東京メトロ）　有楽町線
ゆりかもめ　臨海線
東京モノレール
京浜急行電鉄　空港線　本線　大師線
ＪＲ東日本　鶴見線

汽車に乗るには二通りの方法がある。まず適当に駅に行って適当に来た汽車に乗る方法。都市部の路線ではこの方法が用いられる。もう一つが、汽車の時刻を事前に調べてから駅に行って汽車に乗る方法。地方線ではそうしなければ何時間も待たされる羽目になる場合が少なくない。本書における私の汽車旅は、第六章までが前者、それ以後が後者であった。

地方線になればなるほど汽車の運行本数は少なくなる。その様な路線に乗りに行く場合、その路線を中心にして前後の乗換えや経路を考案しなければならない。ある程度までなら「不便」で済まされるが、ある一線を越えると畏敬の対象にすら変身する事もある。

かつての国鉄には幾つかの伝説的な路線があった。静岡県の清水港線は一日に一往復のみ、福島県の日中線は朝一往復、夕二往復のみしか走らない路線として有名だった。この様な路線に乗る為には、自分や他の路線の都合を無視して彼らの運行時刻を最優先にしなければならない。

二〇一二年秋、即ち今の段階において、私の知る限りでの最少列車運行本数は平日だと一日三往復で、その区間はJR北海道札沼線浦臼駅～新十津川駅、JR東日本只見線只見駅～大白川駅、JR西日本芸備線東城駅～備後落合駅、同木次線備後落合駅～出雲横田駅間、同小野田線雀田駅～長門本山駅間である。因みにJR以外の路線は面倒なので調べていない。

土日祝日にはもう一区間増える。それも右の如き地方線ではない。日本国の首都たる東京のすぐ脇の路線である。神奈川県横浜市と川崎市の鶴見線安善駅～大川駅間、通称「大川線」。

今回はこれに乗ろうと思う。無論、一日三本しか走らない日に乗って来ようと思う。

前々回と同様、前回とは打って変わって曇天の空で、いつ雨が降り出してもおかしくない按配である。空気は張り詰めたように冷たく、無理をすれば白い息を吐き出せる。

武蔵野線の電車は新松戸駅から南に向かって走っている。第六章で逆向きにここを通った時は夜だったので、車窓を見るのは今回が初めてである。だからといって何の感慨もない。それも当然で、近郊の住宅街を走るだけの路線に乗って面白がるのは、何でもかんでも可愛いと云う事でおのれの可愛さを強調している不愉快な愚女くらいであろう。私は既に汽車に乗るだけを面白がる人間ではなくなった様である。前回佐野線に乗れなかった事を悔やまなかった事が何よりの証左である。横掛け座席で体を捻って車窓を眺めながら、私は新たな自分を自覚していた。

西船橋駅を出て京葉線に入った電車は、ゆっくりと降下しながら右に旋回し始めた。途端に私は面白くなる。私にはどうにも上昇降下だの左右旋回だのを面白がる傾向があり、都内の鉄道路線には上昇降下や左右旋回が多い。そんな事を面白がる私は以前と変わっていないらしい。

本日の目的は大川線だが、東武大師線と同じ全線一・〇キロで途中駅もない。更に一日三往復の日は千葉からでは早すぎる時刻の午前に二本、既に日の落ちた午後に一本なので景色を眺めようがない。一方で大川線は私が第六章で乗った鶴見線の支線格である。だからして沿線風景の大体の予測はつく。そもそも乗る事が重要なので、景色そのものは重要ではない。

夜にちょこちょこ走って終わりの路線だけに乗って満足するつもりはないので、他の付録も付けようと思った。大川線も鶴見線も東京湾のすぐ脇を走る。ならばそこまでも東京湾の脇を行けばいいと考えた。海が見えるだろうし、海など何年も見ていない。

私が今乗っているのは京葉線の東京駅行き快速である。左側に見える筈の東京湾は殆ど見えない。その代わり林立だか乱立だかしている高層住宅はよく見える。かつて訪れた香港をふと思い出す。だが香港の高層住宅はもっと密集していた様に記憶する。どちらがいいかは知らない。

私が今まで行った事がなく、今後行く事もない、千葉県にあるくせに東京の名を冠した大遊戯場が近付いたので、私は眼を閉じる。何故そこに行かないかと云うに、誰もがそこに行き、誰もがそこを面白いと云う。そんな場所に行って面白がる事が面白い筈がない。

電車は秩父では青く清々しかった荒川の成れの果てを渡って新木場駅に着いた。ここで帝都高速度交通営団、もとい東京メトロの有楽町線に乗り換える。千代田線と同じ車輛でありながら見慣れた緑帯でなく見慣れない黄帯を巻いている事に違和感を覚える。違和感を覚える事が奇異なのかも知れないが、私には矢張り見慣れないものなので奇異でしかない。

すっきりしない気持のままに動き出した地下鉄はすぐに地下に潜り、二駅走って豊洲駅に到着した。ここでゆりかもめに乗り換える。私はつい最近まで鉄道会社名は別にあるとばかり思っていたので、「ゆりかもめ」が正式名称だと知って驚愕したばかりである。

地下に潜ったばかりなのに再び地上に出る。鉄道が全てお天道様の下を通ってくれればこうしなくても済むのだが、そうも行かないそうなので止むを得ない。

ゆりかもめは都営舎人線同様に新交通システムであり、同様に無人運転をしている。だからして同様に運転席に座れたのだが、それを知らなかったこの時の私は編成半ばの車輛に座った。自動の車内放送は日本語が「発車まで暫くお待ち下さい」、英語が「It will depart shortly」で微妙に異なっている。尤も「うろうろせんで中に入っとれ」という真意は同じである。

発車。ごとごとという振動は矢張り舎人線と似ている。高架の真下に広大な歩道が続いているが無人である。雨がいつ降り出すか解らない天気なのだから当然であろう。

気持が悪くなるほどに巨大な建物がある。盛大に地面を掘り返している建設現場がある。人間はどれだけ地球に箱や針を建てたり穴を掘り続けたりすれば気が済むのかと思う。

電車は舎人線と同様に上昇と降下を繰り返すが、舎人線と異なり右に左に曲がり続ける。時には直角に曲がる。上昇下降や右往左往が好きな私にはとても面白い。だが車窓の高層建築群はどうにも気に入らない。私は硝子張りの無駄に大きい箱の群れを見ると大友克洋の『童夢』や『アキラ』といった漫画の都市壊滅の場面を連想する。あの通りにならないかと念じる。

左手に私が行く前に閉館した船の博物館が見える。そこには旧日本海軍の二式大型飛行艇が展示されていた筈である。これから私が大学生の頃に訪れた事のある鹿児島の海上自衛隊鹿屋基地に移転されるそうだ。東京の博物館に行かずに鹿児島の自衛隊基地に行った事があるのもちぐはぐだが、人生はちぐはぐな方が退屈しなくて良いという気がしなくもない。

片仮名の名の大きな橋で東京湾の最奥部を横切る。海面からかなりの高度である。様々な船が灰色に霞んだ海上に停泊している。あからさまに横に傾斜しているものもいる。

湾を渡り終えた電車は降下しながらぐるりと左に急旋回を開始する。その様は高速道路を降りて料金所に向かう自動車のそれであり、鉄道車輌の動きではない。橋を渡ってからそのまま右に廻って新橋方面に向かうのは困難だった様である。二百七十度の大回頭を終えようとしている小さな電車は、先刻通過したばかりの橋にぐんぐんと近付き、その下と直角に交差した。都心部で自らと立体交差する鉄道路線はかなり珍しいだろうと思われる。

回頭を終えた電車は素知らぬ振りで北に直進する。右手に海上保安庁の巡視船が見える。無駄に背の高い醜悪な箱どもの中に涼しげに浮かぶ、一輪の可憐な白百合である。

汽笛一声の新橋駅、その後の汐留貨物駅の痕跡は何もない。私はかつて東海道新幹線から汐留駅の広大な操車場と幾重にも並ぶ緑色のコンテナ車を見た記憶があるが、阪急電車から何度も見た大阪の梅田貨物駅と混同しているのかも知れない。或いは記憶の捏造かも知れない。記憶がどうであれ、日本の鉄道発祥の地が無数の醜悪な箱どもに取って代わられたのは事実である。

電車はその脇を大きく迂回しながら終点の新橋駅、旧烏森駅に着いた。この駅に来たのは大学時代に近所の並木座という名画座に来て以来の様な気がする。上映作品の題名『あなた買います』（小林桂樹監督・一九五六年）につられて何となく入った。そして衝撃を受けた。主演の佐田啓二が何かを企む度に画面はどろどろに揺れたり傾いたりした。それよりも印象に残ったのは共演の伊藤雄之助の圧倒的な存在感だった。この作品の四年前、彼は黒澤明の『生きる』で志村喬に付き纏う三文文士役として登場していた。大学生だった私は作中で彼の着ていた黒いソフト帽と黒マント姿に憧れて浅草で両方誂え、その格好で夜の渋谷の雑踏の中を歩いた事がある。正気の沙汰ではなかったと今は思う。その格好よりも、夜の渋谷の雑踏の中を歩いた事がである。

話が渋谷なんぞへ行ってしまった。さっさと話を新橋駅だか旧烏森駅だかに戻す。そしてさっさと京浜東北線の下り電車に乗せ、さっさと隣の浜松町駅で降ろす。

東京モノレールに生まれて初めて乗ったのは大阪の高校卒業と東京の大学進学の間だった。何かの用事で一時上京し、そして帰阪する際に生まれて初めて飛行機に乗ろうと思い立ち、羽田空港までモノレールで行った。これからの東京生活に多少の不安だか期待だかを感じていた頃の、黒帽に黒マントを着て夜の渋谷を歩くなど想像だにしなかった頃の話である。初めて乗ったモノレールはかなり面白く感じた。水の上をすうと行く感じが船の様で面白かった。それからも幾度か乗ったが、もう十何年も乗っていない。だからして乗ろうと思う。

モノレールの浜松町駅は古臭く感じた。つまり昔の様な感じがした。新品の量産駅の連続だったゆりかもめの各駅に比べて人間臭く感じた。だからして何となくほっとした。一本きりの線路の両面にある歩廊に進入してきた電車の顔に見覚えはないが、前向きでも横向きでもあり、高くも低くもあり、縦掛けでも横掛けでもある雑然とした座席配置は昔のままだった。

流石に日本最大の空港へ行く電車だけあって車内の広告も全国津々浦々に及んでいる。「全国利き水大会連続第一位」の清水が売りという四国の街の名がある。連続第一位だったのが平成七年と八年のみ、以降は二位以下に甘んじている様であるが、それを隠さない所に好感を持った。北陸のとある街の宣伝もあったが、その街の付近に原発がある事は触れられていなかった。

モノレールはゆっくりと左に廻り、山手線京浜東北線東海道線東海道新幹線を次々に超越してから再び右に体を捩る。すうと降下し、それから左に急回頭する。たちまち水路の上をすいすいと流れる様に走り出す。対岸の景色も古臭く感じる。かつて見た景色の記憶とさほど乖離していない。水の上を行く感じも、上下左右に動くのも、面白いのも同じである。

昭和島駅で快速列車の通過待ちをする。昔は各駅停車だけだった筈だがそんな物も出来る御時世なのだろう。因みに線路が一本だからモノレールだが、これの転轍機の仕組みが未だによく解らない。線路はコンクリート製で、転轍機もコンクリート製の筈である。それが右に左に自由自在に動くものなのだろうかと不思議に思った昔の事を思い出した。今考えてみても解らない。悩んでいるうちに快速列車がモノレールとは思えない快速で駅を通過して行く。

駅を出た電車はゆっくりと海中に潜航し、さして息苦しさを覚える暇もないまま海面に浮上する。さしたる距離もない区間を隧道にする理由は未だに知らないが、いずれにせよ左手には羽田空港が一面に広がっている。幾度も沖合いに逃亡するが如き移転拡張を続ける空港である。

高校時代に伊丹空港で働いた事のある私は、大学時代に羽田空港で働いた事がある。日本エアシステム、後に日本航空に吸収される航空会社の旅客機の塗装落としという、素人がやるべきでないと今の私ですら思う仕事だった。硫黄島行きといいこれといい、どうやって見つけた仕事かと思われるかも知れないが、共に普通のアルバイト募集雑誌で見つけた仕事である。

担当したのはＭＤ90で、この飛行機はかつてはＤＣ９と云った。細長い流麗な飛行機であった。その周囲に取り付き、小型の旋盤で機体表面に傷を付けない様に滑らかに磨いていく。後部の水平尾翼は高所恐怖症でなくてもふらりとする高さにあった。粉塵防止用のマスクを被っているので息苦しく暑苦しい。初夏の陽気が仕事場の格納庫にも侵入している頃で、旋盤を廻しながらこくりこくりする。意識が戻ってから肝を冷やした場面もあったが、その飛行機が私の削り過ぎの所為で事故を起こす事はなかった様である。そしてＭＤ90はもうすぐ全機退役する。

そんな事を思い出している内にモノレールは航空局の格納庫の前を通過する。かつてはその中にいるＹＳ11が美しい尻を惜しげもなく晒していた。その美尻ももう見られない。

再び潜航と浮上を繰り返せば新設の羽田空港国際線ビル駅に着く。私が初めて羽田空港に来た時、国際線を飛ばしているのは台湾の中華航空一社だけだったと記憶する。中国との関係を慮った為だそうで、結局は後に中華航空も全便成田空港発着となったものの、最近になって羽田空港は再び国際空港になった。地の利がいいのだから最初からそうしておけばよかったのにと思うのだが、空を飛ぶ人々の考えは地べたを這いずり廻るだけの私にはよく解らない。

最後の潜航の後、電車は地下の羽田空港第２ビル駅に着いた。

飛行機を見物しようと思い、私は地下の駅から展望台までのそのそと上がった。通りすがりの料理屋の入口前で二十人ほどが並んでいる。この人達は飛行機に乗り遅れないかと思い、着いたばかりなのならさっさと街に出てから空いている店に行けばいいのにとも思った。そもそも戦時中でもないのに料理屋の前で行列する人々の料簡が私にはよく解らない。

展望台から見る空港は白くけぶっていた。そして単調な眺めだった。離れの第一ターミナルは日本航空、ここ第二ターミナルは全日空機の領分の様である。同じ塗装だらけの飛行機がぞろぞろ並んでおり、その飛行機どもは大小を除けば形にさしたる差異はない。

私はかつて伊丹空港から飛び立った飛行機たちを思い出す。彼らは実に多彩な形をしていた。空の巨鯨Ｂ７４７。奇怪な三発機トライスターにＤＣ10。小さく寸詰まりのＢ７３７。細長く流麗なＢ７２７。更に細長く流麗なＤＣ９。途方もなく流麗なＤＣ８。そして勿論、ＹＳ11。

形だけでなく航空会社も多彩だった。鶴の日本航空。白地に水色の全日空。赤と緑の東亜国内航空。そして伊丹空港は国際空港だった。アメリカのノースウエストにパンナム。アジアの大韓に中華に國泰太平洋《キャセイ・パシフィック》にタイにインディア。欧州のエールフランスにルフトハンザ。

老人の繰言は聞いてもらえるかも知れないが、中年の繰言は余り受け入れられないだろうからもう止める。形も色も様々な飛行機たちがすうと空に舞い上がり、ゆっくりと左に回頭していく様は、私の記憶にだけ留めて置けばいいのだろう。そう思っていたら、世界で最も売れている旅客機であると云うボーイングB737の最新型、丸い発動機を両翼にぶら下げ、翼端がついと上を向いている800番台が黒く濡れた滑走路から粛々と離陸してゆく。昔のB737の発動機は細長く、離陸の際に途方もない騒音と毒々しい排気煙を撒き散らしたものだった。

また繰言だが、羽田空港を最初に飛び立った飛行機は欧州への学生親善飛行に向かった国産小型機『青年日本号』で、その飛行を立案して実行に漕ぎ着けたのは法政大学航空研究会会長の内田榮造、即ち後の百閒だった。彼四十二歳の誕生日、一九三一年五月二十九日の事である。「出來上がつたばかりの飛行場の新しい滑走路の上から羅馬に向かつて飛び立つた學生航空聯盟の法政大學機『青年日本號』と云ふ百五馬力の輕飛行機が、羽田飛行場を離陸した一番最初の飛行機であると云ふ事を、羽田飛行場は覺えてゐるのであらうか」(『墓木拱らず』)。

そして、法政大学航空研究会の創設者の一人が、戦後に日本ヘリコプター社、更に後に全日本空輸の創設者となる中野勝義であつたと云ふ事を、全日空は覺えてゐるのであらうか。

その全日空のB737が白く低い雲の中にふわりと姿を消した。小雨が降り出す。

京浜急行、即ち京急に私は馴染みがない。一度は乗った事があるかも知れないが記憶にない。その京急の空港線の歩廊は東京モノレールと同様に地下にある。見覚えのある塗装の電車が停まっている。その行先表示幕に「成田空港」と書いてある。これに乗って北総鉄道新鎌ヶ谷駅まで行き、そこで東武野田線に乗り換えれば柏駅に帰れる。無論そんな馬鹿な真似はしない。

電車は地下を暫く走った後、ふわりと地上に顔を出して穴守稲荷駅に停まった。掘割の中の様な感じで空が狭い。鎌ヶ谷駅の趣である。地下に潜って大鳥居駅。また地上に出て糀谷《こうじや》駅。どうも都会の路線はせわしない。上昇して右に旋回して終点の京急蒲田駅。本線を赤い快速特急が駆け抜けていく。いつかあれに乗って三崎口なる終着駅まで行ってみたいと思う。その後に来た普通列車が六郷川の鉄橋に差し掛かる。冷たそうな川の脇に青い天幕がぽつぽつ並んでいる。川の向こうには高層住宅が偉そうに並んでいる。曇天の空の下ではどちらも寒々しい。

京急川崎駅で下車。ここで京急大師線に乗り換える。東武大師線に引っ掛けようと思ったからでは全くない。今日は東京湾岸の路線を中心に乗るから乗るので他意はない。

二階の本線の歩廊から地平の大師線の歩廊に降りる。四輛編成の電車が停まっている。何となく阪急電鉄箕面線を思い出す。あちらは茶色、こちらは赤色だが、同じ四輛編成であるのと乗客の疎らさは同じである。尤も車体の色は乗り込んでしまえば関係ない。

発車した電車はゆるゆると地べたの上を走る。地面に潜りもせず、空に舞い上がりもしない。

ただ淡々と少しく古びた趣のある住宅地の中を進む。これも何となく箕面線を連想させる。印象に残る様な風景はないが、地べたを走る都市郊外路線というのは何となく久々で新鮮である。幾つかの駅にのんびりと停まってから、電車はゆっくりと小島新田駅に到着した。頭端式、即ち行き止まり式の終着駅で、これまた箕面線と同様である。だが昔話はよそう。

当初の予定では、このまま京急川崎駅に引き返してからＪＲ川崎駅に出て、東海道線下りで大船駅へ、そこから未乗の根岸線と京浜東北線に乗って鶴見駅まで引き返す、というものだった。今日の大川線三本目の列車、即ち最終列車は鶴見駅を十七時四十五分に発車する。これから未乗の根岸線に乗っても時間的に問題はない筈である。私は何となくその様に考えていた。

だが、小島新田駅の前に塀があり、その向こうを何本もの線路が走っている。ＪＲ貨物の横羽線である。私はふと思い出した。この線路は私が前に訪れた鶴見線及び南武線の浜川崎駅に通じている筈である。そして私は、操車場や貨物線や貨物列車というものが結構好きである。

私は途端に計画を変更した。この貨物線の脇を歩いて浜川崎駅に向かう。だが前章で借りた関東地図は図書館に返却済みであり、無論ここから浜川崎駅までの距離なぞ調べてはいない。右の鶴見線の列車に乗り遅れる程に遠くはないだろうが、取り敢えず確認はしておきたい。

私はちっぽけで小粋な小島新田駅に戻り、改札口にいる中年の駅員に声を掛けた。

「あのですね、ここからＪＲの浜川崎駅までどれ位離れてますか」

駅員は、え、と云った。それからじっと私を見た。私が聞いた言葉は以下の一語だった。

「かなり」

それきり彼は微動だにせず私を見詰め続けた。私としては、ここから何キロだの何分だのといった具体的な数字が出てくるのを期待していたのだが、これ以上彼が口を動かす気配は全く見られなかった。私は、はあ、と云った。そして彼に頭を下げてから歩き出した。

結果から云えば、あの駅員は充分に職務を果たしたと云える。何故なら他の鉄道会社駅への詳細な道案内は彼の管轄外である上、実際に浜川崎駅までは「かなり」離れていたからである。


貨物線の反対側は住宅地だったがすぐに倉庫やら工場やらに変わった。頭の上を白い雲のお蔭で黒くなっている飛行機が上昇していく。その機体は既に小さい。頭上に架線を張り巡らせた貨物線は塀の向こうに線路があるお蔭でよく見えない。時折大きな電気機関車に引かれた長大なコンテナ貨物列車が通過して行くがその頂上部しか見えない。それでも貨物列車が走って来たり走って行ったりするのを感じるのは面白い。尤も機関車は私には馴染みのない形式ばかりである。川崎貨物駅が前方に広がっている。歩道橋が上を跨いでいるが職員用だろう。私なる部外者がのこのこ入れる雰囲気ではない。事務所だか運転所だかの建物が道路の行く手に立ち塞がっている為に線路脇を直進する事は出来なくなった。止むを得ずに右に転進すると産業道路なる何車線もある広い道路に出た。自動車が騒々しく環境を破壊しながら走って行く。雨が強くなる。道路は延々と続く。だが歩道には歩行者が一人もいない。この付近には人は住んでいないのだろうかと思う。暫く歩くと左側に青い天幕が並ぶ区画に出た。その脇には「強盗に注意」の看板がある。

少しく身が硬くなる。また暫く行くと「ポイ捨てされて困ってる」だの「この先町内　車の人注意」だのと云った若干不明瞭な看板もある。前者は誰が困っているのか不明である。後者は町内に強盗団でも待ち構えているのかと思わせる表現である。書いた人は自分で不思議に思わなかったのだろうかと訝る。そんな事を考えている間にも道は続いている。だんだん歩くのに飽きてくる。六町駅に行くのとは異なり左側に横羽線の高架が走っているので浜川崎駅まで迷う心配はないもののあとどれ位で着くのか本当に着くのかと心配になる。戦争中に南方の戦場に向かう陸軍戦闘機隊が大海原の広大さに恐怖して海軍の誘導機が先頭に立っているにも拘らず途中で勝手に引き返し始めたという逸話を思い出す。もう一つ思い出したのは海軍の誘導機が航法を誤って危うく数十機の戦闘機を行方不明にさせかけたという逸話である。今の私に迷う心配はないがそもそも汽車ぽっぽに乗りに来て雨の中面白くもない道路を歩き続けているのは自分でも合点が行かなくなる。貨物線に誘惑されてのこのこ歩き出した自分のお目出度さに草臥れる気がする。

歩き始めてたっぷり一時間は経った頃、漸く浜川崎駅の所在を伝える看板があった。産業道路を左に離れ、地下道をくぐり、一気に周囲が深閑となった向こうに、南武線の歩廊と停車中の電車が見えた。その途端に扉がばたんと閉まり、電車はすうと走り出した。小泉線の西小泉駅を思い出す。南武線の歩廊にある時刻表を見てみると今出たのは十五時二十三分の尻手駅行きで、次の電車は一時間後である。どうやら根岸線に乗る余裕は無くなったようである。

道を挟んだ向かいの鶴見線浜川崎駅の時刻表によれば次の扇町駅行きは五十分後である。扇町駅にはどのみち行きたいと思っていたので鶴見線を待つ事にする。だが南武線の向こうは貨物線が走るだけ、頭上には貨物線の高架が走るだけ、鶴見線の向こうは一般人立ち入り禁止の工場があるだけである。即ち浜川崎駅周辺にはどこにも時間を潰せる様な場所がない。

取り合えず乗り遅れの可能性を減らす為に鶴見線に向かう。階段を上がり橋を渡って歩廊に降りる。反対側の階段は工場関係者専用である。歩廊は無人である。それが当然で発車五十分前から列車を駅で待つ人間なぞそうそう存在しない。付近に住民がいるかどうかすら怪しい。歩廊の椅子に腰掛ける。雨が上がって少し陽が顔を出している。時折冷たい風がひゅうと吹く。持参のお握りを食べ終えた。便所に行きたくなった。便所は南武線の方にある。私は階段を昇って降りて道を渡って小さな便所で用を足す。体が軽くなる。道を渡って階段を昇って降りて小さな歩廊の長椅子に腰を掛ける。ぼんやりと線路を眺めていたら猫が姿を現した。秩父鉄道三峰口駅で見たのとは大分肌が違うが三毛である。少し陽が翳る。猫はやぶ睨みでのそのそとそこいらを歩いてから姿を消した。何かをしに来たと云う料簡ではないのだろう。また陽が差してきた。気が付けばもうすぐ五十分が経つ。時間が無為に過ぎ去った。贅沢な休日の午後なのだろうと考える。

西から二つ目の電車が顔を現し、そして私を乗せて走り出した。五十分間目の前にあった南武線の歩廊が遠くなる。何となく感無量であるが、何をしておるのかという気もしなくはない。

ゆっくり走る電車の左手では、かつては広大な貨物操車場だったであろう土地が重機で無残に掘り起こされている。何となく面白くなくなる。線路を剝ぎ取るなぞ何たる暴挙であろう。

電車は何という事もなく扇町駅に着いた。終着駅だが線路はまだ先に延びている。貨物専用線なのだろう。駅舎は無人だが、歩廊脇の事務所らしき建物の中には照明が点っている。駅舎の外には小さいながらも石燈籠もある庭園がある。私には庭園の趣味なぞ解らないが、けばけばしくないし、所狭しと雑多なものが詰め込まれている訳でもない。だからしていい庭園だと思った。

折り返し列車まで十分少々しかない。左右に延びる駅前道路をちらりと眺めただけで私は歩廊に引き返した。若干高い歩廊への踏み段の真ん中に、いつの間にか現れた三毛の猫が寝そべっている。さっきの浜川崎駅の猫かと一瞬考えたが別猫らしい。それにしても堂々たる寝そべり振りである。ここが人間の移動を目的とした駅なる施設である事など完全に念頭にない様子である。小さな両手の甲に小さな頭を載せて小さな目を固く閉じている。体が夕陽を浴びて黄金色に輝いているかの如く見える。全身を愛撫したくなる程の蠱惑的な肢体であるが、無闇に人間どもに体を触られるのは彼だか彼女だかの趣味ではないだろうから自粛する。


猫の歩廊を出た電車は再び南武線の歩廊のある浜川崎駅に到着して発車した。これから大川線と並ぶ鶴見線の支線、第六章で乗らなかった通称芝浦線に乗ろうと思う。勝手に路線名を付けるのはどうかという気もするが、支線が二つもあるのに名を付けないのがそもそもおかしい。異国なら兎に角、日本で父親と息子が、或いは母親と娘が同じ名前でいい筈がない。因みに「海芝浦線」としなかったのは、シバウラセンの方が遙かに音がいい為である。

扇町駅ではあかあかとしていた夕陽は、それから僅か五つ西の浅野駅では既に白金から薄暗い蒼に変じていた。その薄暗い蒼もそうそう長続きしそうにない。無人の薄暗い歩廊に白黒の猫が三匹のそのそしている。思わずぎょっとする。第六章では猫など見掛けなかったし、浜川崎駅扇町駅に続いて三度猫が登場するなど出来過ぎである。だが出来過ぎてもいいかと思い直す。前回は沈む夕陽。今回は猫三匹。浅野駅は私にとって出来過ぎなのだろうと考えた。そもそも私の思い出の阪急宝塚線石橋駅に似ている点からしてこの駅は出来過ぎである。

三匹のうちの一匹が胡散臭げに私を見続けた末、背を向けてごろりと横になった。私は彼だか彼女だかの後姿を眺めながら、かつて羽田にいたＹＳ11を想起した。どちらも美しい尻である。

人間より猫の方が多い浅野駅にやって来た芝浦線の電車は七割近くもの乗車率だった。私は暫く人間の群れを見なかったので思わず仰天した。それから思い出した。芝浦線の終点海芝浦駅は海が見える駅として有名なのだ。そしてこの電車の乗客は皆、海を見に行くのだ。

それにしても何と客層の狭い乗客達だろうか。全て二十代から三十代の男性で、しかも何となく皆似通っている。量産型、という言葉を連想してしまう。一様に地味な服装で、曖昧な表情で、人生の楽しみは汽車ぽっぽに乗る事だけといった風情の人々である。目を逸らしたくなる。同族嫌悪、という言葉を連想してしまう。外界と同様に私の気分も薄暗くなる。

曲線のきつい歩廊から電車はゆっくりと走り出す。鶴見線では電車が颯爽と走るという事がない。進行方向左手には暗い水路があり、左側は工場の敷地である。その中に引込み線が見える。そこで機関車に引き入られた貨車がうろうろする様はきっと面白い眺めだろうと想像する。

途中の新芝浦駅を出た電車はゆっくりと右に曲がり、海芝浦駅に着いた。細く小さい歩廊には冷たい風がびゅうびゅうと吹き抜けている。思わず腕組みをする。眼下は一面の黒い水面で、向こうには首都高速湾岸線の高架橋が延びている。延々と並ぶ照明が美しい。北側の工場地帯からは煙突から細く紅白い炎が上がり続けている。時々それが、ぽっ、ぽっ、と大きくなる。

駅からの眺望は、海を眺めているという風情ではないものの、それでも美しいと思った。但しそれを眺めているのが曖昧な男だけで、それが三十人もいるのは余りいい風情ではない。女性が独りで迷い込んだら身を硬くし通しになるのではないかと勝手な想像をした。

寒くなったので私はすぐ車内に戻った。量産型もぞろぞろ引き返して来る。

浅野駅に戻ると、大川線への直通列車までもう一本余裕がある事が解った。三匹の猫を眺め続けるのも悪くはないが寒い。私は一駅先の大川線の起点である安善駅に行く事にした。

降りてみて驚いた。ここにはちゃんと普通の乗客がいる。海の見える駅に行くだけが目的ではない人々である。しかも駅舎には明るい照明が点り、駅前には三軒もの飲食店が開店中だった。何本もの側線が走っている為に妙に長い踏切を渡ってしばらく歩いてみると住宅地で、まだ店内の明かりがついている理髪店があった。安善駅は今までの鶴見線の各駅とは異なり、人の営みというものがはっきりとあった。私は何となくほかほかした気分になった。

理髪店の向こうに、海の方に延びる貨物線があった。私は金網越しにその線路を眺めながら、ここをゆっくりと通過する貨物列車の様子を想像した。きっと素敵な眺めだろう。

駅に戻って暫し過ぎた十七時五十四分、暗黒の西から二つ目を光らせた電車が接近してきた。何の変哲もない通勤電車である。だが私はその何の変哲もない通勤電車に乗りに来たのだ。より正確に云えば、この電車からなる大川線の最終列車に乗りに来たのだ。

発車。最終列車はゆっくりと鶴見線の上を走る。分岐点は次の武蔵白石駅の手前である。少し前まではこの駅が大川線の起点で専用の歩廊もあったらしい。転轍機を渡る音がして、今は使われる事のない右曲がりの歩廊の跡を通過し、電車は鶴見線に背を向けて大川線に入った。

窓の外は既に夜の闇であるが別に構わない。外の世界がどうかなど、そんな事は構わない。安善駅発車から四分後、大川線下り最終列車は何事もなく終点大川駅に着いた。駅前を見物しようかとも思ったが、折り返し最終上り列車は三分後の発車である。浜川崎駅で扉を閉めた南武線電車を思い出した私は、そのまま人気のない車内から動かなかった。

歩廊の上で運転士と車掌がすれ違った様である。それから電車は闇の中を静かに歩き出した。じっとしていると、武蔵白石駅の左曲がりの歩廊の跡を通過した電車が、転轍機を通過した。そして、鶴見線の線路をゆっくりと走った大川線上り最終列車は安善駅に停まった。

これで今日の目的は達成された。後はただひたすら夜道を帰るだけである。

十　紅葉列車と機関車たち

～JR東日本　成田線　総武本線　横須賀線　南武線　五日市線　青梅線　青梅鉄道公園

E10と云っても、奥田民生の『イージュー★ライダー』とは関係ない。機関車の話である。子供の頃、私は『汽車のえほん』と同時に鉄道の写真集だの図説だのを夢中で眺めていた。今でも七面倒臭く思う文章に較べ、写真だの図説だのは眺めるだけで汽車の格好良さが解る。その中の一冊が、『鉄道・船』という分厚い図説だった。出版社名は記憶にないが、見返しに巨大な蒸気機関車、即ち蒸機の側面図が掲載されていたのは憶えている。それは常軌を逸した姿に見えた。C57やC58の様な動輪三個の旅客用とも、D51に代表される動輪四個の貨物用とも異なり、五個もの大きな動輪が串団子の様に駆動棒《シリンダ》に突き刺されていたのである。

動輪の数のみならず、そのE10なる蒸機は『銀河鉄道999』の牽引機であるテンダー式のC62並みに大型機でありながら、機体後部に炭水車《テンダー》を付けていないタンク式だった。『汽車のえほん』のゴードンが見たら絶句するであろう姿である。おまけにこの機関車には除煙板《デフレクター》も備えられていない。今はそれを好ましいと思うが、当時の私には間が抜けて見えた。

私は美しい形をしたものが好きだが、不思議だったり不恰好だったりする形のものも好きである。私が『汽車のえほん』で一番好きだったのは、路面電車の様でありながら蒸気機関車という不思議な形の七号機関車トービーである。最近は「トビー」になっているそうだが、そんな事は知らない。そして私が日本の蒸機の中で一番好きなのは不恰好なE10だった。

この不恰好な機関車の歩んだ奇異なる人生は後述するとして、同型は日本に一機だけ保存されている。その場所が、JR東日本青梅線青梅駅の近くにある青梅鉄道公園である。

ここまで述べれば、続く言葉は決まっている。不恰好な機関車を見に行こうと思う。

柏駅を出た常磐線の下り電車が二駅東の我孫子駅に着いた。青梅は柏の西にある。然るに何故東に向かったのかと云うに、私はもはや便々と目的地に行って帰るだけでは満足出来ない。何か付録を付けなければ気が済まない。だからして今回は数年来乗っていない成田線に久々に乗ろうと思ったのである。そしてもう我孫子駅であり、成田線の電車は発車した。列車はゆっくりと右に舵を切って常磐線に別れを告げる。分岐というのはいつどんな路線でも面白い。

空は前回と同様に曇天である。既に暦は十二月で、青梅の山の紅はもう最終段階に入っているだろう。その美しさを愛でようと淡く期待してしまっていた身にはいまいち面白くない。矢張り何かに期待するのは間違っている。期待があれば落胆がある。希望があれば絶望がある。

住宅地の中をあちこち停まりながら走った電車は、水路のような川を二つ渡ってから木下《きおろし》駅に着く。若き日の内田百閒がここに居を構えていた先輩作家森田草平に借金を頼みに東京からやって来た。借金に来たにも拘らず百閒は当時の二等、今で云う所のグリーン車でやって来たので森田に呆れられたそうである。余談だが、百閒が後に訣別する森田との相克を書いたのが『實説艸平記』で、同名の作品集の中には鈴木清順の映画『ツィゴイネルワイゼン』の原作となった『サラサーテの盤』、亡友芥川龍之介との思い出を綴った『亀鳴くや』が収められている。

木下駅からは田園と森林になる。小林駅の向こうに釣堀がある。ここいらは水っぽい地域らしい。その中を電車は適度な速度で走っていく。安食《あじき》駅の側線が雑草に覆われている。今年最後の黄金色の銀杏が林一面を覆っている。田圃があって森がある。「正しい日本の初冬の風景」という言葉を思い付く。曇天である分幽玄の趣が増している。空の白と森の黒の対比がいい。

下総松崎《しもうさまんざき》駅で上り電車を待つ。古びたいい感じの駅である。日本最後の駅、という気がする。明らかに日本の、日本にしかあり得ない感じの駅である。どんな風にと聞かれても困るが、兎に角日本出国直前の感慨を与えるであろう駅である。少なくとも私はそう感じた。

成田スカイアクセス線の下を潜った電車は、森の脇を廻った末に突如として左から現れた別の成田線に合流し、仲良く成田駅に到着した。鶴見線と同様に成田線にも三つの路線がある。京成電鉄の成田駅前と異なり、ＪＲの成田駅北側はごく普通の田舎街の趣だった。だが南側は何やら大規模に普請中である。いずれ何の変哲もない量産型の駅前になるのであろう。

やって来た成田線上り千葉行き電車は青と黄の帯を巻いている。ウクライナの国旗が途方もなく細長くなった感がある。ふとオデッサのフランス大通りの銀杏並木を思い出す。

駅を出た列車は本線と車輌基地との間で複雑に入り組む転轍機を幾度も跨ぐ。右に左に転線する際のがたごとという振動と音が心地よい。すうという静かな加速も良い。こちらの成田線は我孫子からの成田線よりも遥かに線路が右に左に蛇行している。だからして編成の先端が幾度もすうと顔を出しては消える。直線に戻るとすうと加速する。それが面白い。

雲が切れて晴れて来た。沿線の森は紅色である。もうすぐ黒だか茶になるのだろう。青梅の山ばかり気に掛けていたので、千葉県を出ないうちに紅が見えるとは思わなかった。酒々《しす》井《い》駅を出たところで隧道に入る。こんな平野の真ん中で隧道に入ったので驚く。

沿線の田圃が黄金色に燃えているが如く朝日に照らされている。美しいと思う。

四街道《よつかいどう》駅からは住宅地になった。それから千葉都市モノレールの下を通って千葉駅に着いた。そこから乗り換えた総武線の横須賀線直通快速列車の車窓は驚くほどもなく常磐線と似通っていた。だからして私はぐっすりと眠り呆ける事が出来た。晩秋の心地よいお日様の下、すうと走っていく列車にゆらゆら揺られていれば、それは眠くならない方がどうかしている。

眼が醒めたら東京駅に停まっている。最近駅舎が新しくなったやら古くなったやらという事で大層な騒ぎになっているそうだが、私が居るのは駅の地下歩廊である。だからして上の方の騒ぎはよく解らない。寝起きでぼんやりしている内に列車はまた走り出す。

薄暗い地下から秋晴れの地上に上がった場所には品川車輌基地がある。かつての日中には東海道本線の寝台特急が何本も憩っていたものだが、誇り高き蒼い女王たちだった彼女は次々に老いさらばえ、そして世を去って行った。彼女らについてもっと語りたいが、今はよそう。

だからして別の話をする。東海道新幹線に品川駅はなかったが、何年か前に出来たらしい。しかも全列車が停車するそうである。とんでもない話だと思う。『のぞみ』は一日に何本も走っているのだから、品川停車列車と通過列車を並存させるべきである。そもそも寝台特急が目もくれなかった品川駅に新幹線を停めるというのが無茶な話で、東北及び上越新幹線の全列車が、いにしえの終着駅である上野駅に敬意を払いながら一休みしているのとは話が違うのである。

むくれていても仕方ないので少しだけ昔話をして気を紛らす。かつて横須賀線に乗った際、西大井駅と新川崎駅の間で併走する新幹線と競走するかの様に走るのが面白かった。無論、絶対に新幹線が勝つ。だが少しの間は横須賀線が先を行く時もあった。その感じが好きだった。品川駅から田端駅までは京浜東北線と山手線も併走しているが、こちらの競走は負ければ不愉快になるだけなので昔から好きではなかった。何事も、勝敗はあっさりと着いた方がいい様である。

今日は競走はなかった。上り新幹線が途方もない速さで現れて消えただけだった。


横須賀線に武蔵小杉駅はなかったが、最近出来たらしい。その武蔵小杉駅からは南武線が立川駅に向かっており、青梅鉄道公園が近くにある青梅駅を通る青梅線は立川駅か起点である。だからしてここで南武線に乗り換えて立川駅に向かうつもりである。

そして実際にそうしたのだが、横須賀線と南武線は苛々するほどに離れていた。関東人にとっては東京駅と京葉線の東京駅くらい、関西人にとっては阪急梅田駅とＪＲ大阪駅くらい離れている、と説明すればお解りになるだろうが、生憎とその他の地方の方には説明しようがない。兎に角たっぷり歩かされながら、この駅の合併《アンシュルッス》は無茶だったのではないかと考えた。

息と気を荒げながら乗り込んだ南武線の電車は、鶴見線ほどではないものの走り出してはすぐに停まる。しかも電車の扉は他の車輛のように閉まる寸前に一瞬間を取る事はなく、おもむろにばたんと閉まる。見ていて痛快ではあるが、少しく怖ろしくもある。

電車は目を引くもののない住宅地の中をのろのろ走り、走っては停まる。開いた扉はばたんと閉まる。それだけで草臥れる。すると車窓左に黒い紅の丘陵が現れた。何となく安堵する。その直後に丘陵を切り開いて建てた高層住宅が見える。何たる事かと不愉快になる。

府中本町駅の手前で左から線路が延びて来て、一緒に多摩川を渡る。府中本町駅は私が幾度か世話になった武蔵野線の起点であるが、同線の貨物専用線はここから更に南に延びて武蔵小杉駅を通過し、新川崎操車場を経てから鶴見駅まで延びている。それが今一緒に多摩川を渡った線路であるらしい。そこに旅客列車を走らせればいいのではないかと思ったが、南武線のみならず私鉄の各路線が都心部に向けて網の目の様に走っているから必要ないのだろう。

そんな事を考えているうちに電車は終点の立川駅に着いた。階段を昇った二階広場では、何やら解らぬがきんこんきんこんという警報音が延々鳴り続けている。何故誰もこれを止めようとしていないのか腑に落ちない。階段を降りて乗り込んだ青梅線の電車では、半自動式のドアがボタンで開閉する際の警報音が延々鳴り続けている。私は騒々しい人間も場所も好きではない。

発車。列車はゆっくりと右に舵を切り、中央本線に別れを告げた。矢張り分岐というのはいつどんな路線でも見ていて、そして乗っていて面白い。それが初めての区間なら尚更である。

さっさと拝島駅に着いた。私が乗った電車は青梅線直通列車だが、その前にこの駅から分岐する五日市線に乗らないという手はない。付録は多すぎてはいけないと云う事はない。

下車すると気温がかなり下がっている。五日市線の歩廊上の待合室で一つだけ空いた場所に座っていたら、老人の集団がどやどやと入って来た。私は席を立って待合室を出た。後ろから、あらあら、どかしちゃったかしらねえ、という聞こえよがしの老婆の声が聞こえて来た。私はくどくど礼を云う人が好きではないが、礼を云わない人はもっと好きではない。

発車前から雨が降り出した。天気予報は今日は晴れると云っていた筈である。気象庁の天気予報官は何をしとるのかと思う。予想を外した専門家はそれに対する責任を取っているのだろうかとも思う。一方で五日市線の雨の風情は非常に良い。むしろ雨に感謝したい位である。地面がしっとりと濡れる感じが感に堪えない。秋川駅を過ぎると周囲は暗い田圃と更に暗い丘陵が広がる。遠くに観覧車が小さく見える。あれから眺める雨の武蔵野もきっと素敵だろう。

武蔵増戸駅から突如として山岳路線になる。左手の家並みが急に下がり、電車は山肌にひっつきながらゆっくりと下降する。着陸前の飛行機の趣である。山々が雨にけぶる様は幽玄味があって見飽きない。晴れの秩父路も素晴らしかったが、雨の武蔵野も素晴らしい。

右に左に廻り続けた電車は、長く雄大なアーチ橋をぐるりと左に廻って終点の武蔵五日市駅に着いた。東武大師前駅の様に大きい丸屋根で覆われており、赤いステンドグラスが壁に嵌めこまれている。駅前広場に出て雨に霞む山並みをぼんやりと眺めていると、目の前に停まっている自動車から妙な着ぐるみの男女と三脚付きカメラを抱えた男が飛び出してきて撮影を始めた。着ぐるみが喋っているのが日本語なのは解るが、何を云っているかはさっぱり解らない。

三分もしないうちに彼らは再び車中の人となった。そして私の武蔵五日市駅滞在時間は十二分だった。雨の山並みは幽玄であるが、幽玄の麓にいる人間どもの営みはどうにもせせこましい。

先刻乗ったのと同じ折り返し電車は新型で、工場を出たての趣すらある。吊革は三角形で、車体両側に並ぶ座席には至る所に仕切り棒がある。車端部の三人掛けは一人分と二人分に分けられている。東武野田線にもこれ位の装備が欲しいと思う。一方でこの新型は走っている内に何の前触れもなくどしん、どしんと振動する。その振動を面白がりながら先刻の観覧車をまた眺めていると、雨の向こうにある青梅の方角にぽっかりと青い穴が開いている。

一体どうした事かと思う。天気予報が当たっているのかいないのかよく解らない。そもそも天気予報を信じる事自体が野暮なのかも知れない。「ラヂオの天氣豫報なんか何になるもんか。物干から空を見てゐた方が餘つ程氣が利いてゐる。あつちは雨雲だな。房州は晴れだなつて訳で、ラヂオを聽いてゐるよりもつと面白い。物干なら滿洲まで見えますとも。空にうつつてゐる。空は續いてゐるのだ。ケープタウンまで續いてゐる」（内田百閒『蒟蒻説法』）。

拝島駅に戻る。私はこの駅について何の知識もなかったが、実は大層な交通の要衝である。J

R東日本青梅線五日市線八高線、更にはこの駅を起点とする西武拝島線の分岐駅《ジャンクション》である上に、このすぐ近くには米空軍横田基地、即ち旧日本陸軍航空隊福生基地があるのである。

福生基地、及びそこを根拠地とした日本陸軍飛行審査部の事なら、渡辺洋二著『未知の剣』を読んでいたので知っていた。青梅線の福生駅と羽村駅間、及び南にある横浜線の淵野辺駅と原町田駅、即ち現在の町田駅間の上空は、地上目標としては良い目印になる数キロに及ぶ直線区間である為、試験飛行の際に計器測定用の基準点として用いられたそうである。

私が『未知の剣』で一番興味深かったのが、日本軍に捕獲されたアメリカ軍のP51戦闘機が福生基地で飛行試験を受けるくだりである。陸軍屈指の名戦闘機乗りであり、ビルマ戦線でP51と交戦した経験を持つ黒江保彦少佐は、日の丸を身に纏った荒馬《ムスタング》を操縦してみた。「黒江少佐はP—51に惚《ほ》れこまざるを得なかった。高性能に加えて、冷却器フラップも過給機の扇車も自動調整の飛ばしやすさ。日本機に付きものの滑油もれがないから、整備も楽だ。『こいつに乗っていたら、日本陸海軍何百機あろうとも、怖いものなしだな』が彼の実感だった」（右書）。日の丸の荒馬で福生の上空を飛び廻りながら、黒江少佐は快感と共に絶望を感じていた事だろう。来るべき敗戦を確信した事であろう。何しろアメリカはこんな物凄い戦闘機を幾らでも持っている。対して日本の戦闘機は悔しいが性能が低い。戦闘機を飛ばす燃料もない。

史上初の超音速飛行を達成し、後に映画『ライト・スタッフ』の主人公の一人となるチャック・イェーガーは、欧州戦線で荒馬《ムスタング》を操り十三機のドイツ空軍機《ルフトヴァッフェ》を撃墜した。戦後彼は軍に残り捕獲されたドイツ及び日本軍戦闘機の試験飛行を行ったが、ドイツのフォッケヴルフFW190

に高評価を与えているものの、日本機に関しては言葉を残していない。日本人の私としては、彼があの零戦《ゼロ》に乗ったか、ゼロより高性能の四式戦闘機『疾風《フランク》』はどうだったかに興味がある。

いずれにせよ、私にとってのＰ51は、若き日に龍ヶ崎飛行場で見た通りの美しい飛行機である。飛行好きに敵も味方もないので、日本人中年なる私が『太陽の帝国』に登場したのなら、飛翔する銀色の機体を眺めながらイギリス人少年ジムと、少年のまま大人になったスチーヴン・スピルバーグと共に、画面の中で叫んだであろう。「Ｐ51だッ！　空のキャデラック《キャデラック・オブ・ザ・スカイ》だッ！」。


薄くなりつつあった曇天は羽村駅でついに青空になった。結局は天気予報が当たった事になるが何となく面白くない。外れていたものが今更当たっていたとされる事がどうも面白くない。面白くないが仕方がない。雨の日はしょうがないが、しょうがない晴れの日もある。

五日市線と同型の仕切り棒だらけの新型電車は、時折思い出した様にどしんどしんと云いながら、ゆっくりと青梅の山の中を上昇し始めた。十二月とは思えない程に太陽がぎらぎらと光っている。空と山の陰影が恐ろしくはっきりしている。確固たる絶対二元論的な色彩である。

青梅鉄道公園の最寄り駅である青梅駅に到着したが、ここまで来て青梅線の終点奥多摩駅まで乗らないという手はない。Ｅ10を見る方が付録の様な気もしてきたが仕方ない。

秋川駅からがより良い五日市線であった様に、青梅駅からがより良い青梅線の様である。私は「都内」という言葉に反射的に反感を覚える種類の人間だが、ここいらの都内は大いに気に入った。透き通る様な碧である多摩川が左手に姿を現す。空が絶対的な蒼に変化している。秩父鉄道の再現である。また同じ様な景色が見られるとは思わなかった。山はこれが今年最後であるかの様な紅を纏っている。数日後には暗い黒に変わるのだろう。美しい眺めであるが、ここが五日市線のように雨にけぶっている幽玄な眺めも見てみたかった様な気もする。

二俣尾駅と軍畑《いくさばた》駅の間にある鉄橋は、かつて活躍した電気機関車ＥＤ16の撮影名所として有名だった。想像以上に高い橋だった。御嶽駅を出てから隧道に入り、出たら左への大曲線が待ち構えていた。川向こうの山の麓はまだ二時前だと云うのに日陰になっている。そこが東向きである事を持参の旧ソ連製羅針儀で確認した。これからの冬、麓にある家々は一日に数時間しか日を浴びない事になるが、それでもそこに住み続けるのはそれ相応の事情があるのだろう。

鳩ノ巣駅は山間の感じのよい駅だった。そこから人家は更に疎らになった。もはや都内ではない、という言葉が思い浮かぶ。電車は隧道に入って白丸駅に着き、再び隧道に入ってから右に廻って奥多摩駅に着いた。折り返し列車まで七分あるので、私は地下通路を渡って駅前広場に出てみた。太陽がぎらぎら眩しいが空気が冷たい。間もなく山の頂が白く埋まるのだろう。そう思っただけでいそいそと歩廊に戻る。幽玄であろうがあるまいが私の営みはせせこましい。

帰りの電車は各駅から山歩きを終えた人々を乗せた。お蔭で行きは殆ど聞こえなかったドア開閉の警報音が鳴り始めたが、うるさいと感じる程でもなかった。彼らが運んできた土と草の匂いが車内にたちこめる。『未知の剣』によれば、福生基地に勤務した地上員も時折奥多摩まで山遊びに来たそうである。尤も、Ｂ29の本土空襲が始まるまでだったそうだが。

青梅駅の歩廊には木の椅子があり、木の待合室があり、木の蕎麦屋があった。階段及び地下通路には様々な古典映画のポスターが並んでいる。古風な白壁の長方形の造りをしているここの駅舎の写真は子供の時に見た事があったが、その駅舎が今もまだ使われているとは知らなかった。私は駅前に出てその姿を愛でながら、果たして駅舎の上層階は何に使われているのだろうと思った。天井の高い三階建ての駅舎が必要な規模の駅にはとても見えない。

青梅鉄道公園と云うのだから青梅駅のすぐ近くだろうと思っていたのだが、案に大きく相違して駅から徒歩十五分の距離にあり、しかも山の上だそうである。尤もその程度なら何の問題もない。それに、産業道路を延々歩くより奥多摩を散歩する方が面白いに決まっている。

山の斜面に西向きの墓所がある。立ち並ぶ墓石が傾き始めた太陽をまともに浴びている。青梅線を渡る橋を越えると右側に古い家がある。更に先に行くと古い洋館がある。右に曲がってぽくぽくと坂道を登り始める。白っぽい路面に映る自分の影が長く黒い。急斜面に丸太の階段が設けられている。階段を上る自分の影がゆらゆら揺れる。息が少し切れる。

頂上で私が見たのは、金網の向こうにある大きな黒の塊りだった。丸い顔の上部に「D51 452」という機体番号がある。かの「デゴイチ」で、鉄道公園のお出迎えである。

入口にいる係員から入場券を買う。料金は大宮の鉄道博物館の十分の一である。他にも係員の姿がちらほら見られるが、皆初老の方々である。鉄道博物館同様にここを運営するJR東日本の退職職員の方々かも知れないし、青梅市民の方々かも知れない。どちらでも構わない。

記念館一階の大広間の中央には鉄道模型の路線が走っているが、今は全列車運休中らしい。壁には往年の寝台特急の愛称幕の数々が展示されている。私が真っ先に見るのは無論『出雲』である。赤い空に白い雲が湧き出し、橙色の傾いた字体で『出雲』と書いてあるが、昔話はよそう。二階には公園の来歴を記した年表が記されている。昭和天皇と今上天皇がこの公園に行幸した際の写真が展示されている。天皇家は代々汽車好きなのだろうかと思う。

記念館の屋上に出る事が出来た。そこから空を見上げる。青梅の山並みは絶対的になり始めた紅によって黒になっているが、南の方角は何やら不吉な茶褐色に覆われている。私は前回あの不吉な茶褐色の下でうろうろしていた訳である。何となく不吉な気分にならなくもない。

階段を降りた右手に屋根付きのY字状の線路があり、その上に五機の機関車が並んでいる。一列目左側にあるのが小型の110号機、右側が中型の2120形2221号機。前者は日本で鉄道が開業し、欧州でドイツ帝国が誕生した一八七一年製。後者は日露戦争が終わり、ロシアで戦艦〈ポチョムキン〉の反乱が起きた一九〇五年製。共にイギリス生まれのタンク式である。別のイギリス機が110号機の後方に控えるテンダー式5500形5540号機。広島駅止まりだった山陽鉄道が徳山駅まで延伸され、ロシアが清国の旅順港を奪った一八九七年生まれ。側面の歩行板の前半分が斜めに跳ね上がっている非常に面白い形状をしている。

110号機の大きさは『汽車のえほん』のパーシー、2221号機はトーマス、5540号機はエドワードと同等である、と私は勝手に考える。エドワードは私の大好きな路面機関車トービー同様、一度も自ら失敗を犯した事のない優秀機である。ちびのトーマスとパーシーは馬鹿な失敗を性懲りもなくひたすら繰り返し続ける。それで子供に人気があるのだろう。

Y字線の結合部にあるのが日本初の国産貨物用機9600《キューロク》形の9608号機。日本で北陸本線が全通し、欧州で第二次バルカン戦争が終結した一九一三年製。旧式機ながら日本の蒸機時代の最後まで寿命を全うした傑作機で、見るからに不恰好だが頼もしい。『汽車のえほん』で云えば黒い貨物用機のドナルドとダグラスになるだろう。双子の彼らはスコットランド出身で訛りがひどい。「ぼーくたちは、いーつも　ついてないからなあ。機関車なんかには、どーうしたら　いいのか　わーからないもんね」（第十五巻『ふたごの機関車』）という風に。

キューロクの右前方、5540号機の左隣に8620《ハチロク》形の初号機がいる。史上初の世界大戦が始まった一九一四年製。こちらは日本初の国産旅客用機で、煙突も、ボイラーの丸く出ている二つ瘤も、太く潰れた様なキューロクに比べてすらりと細長く優美である。これら国産の二機種にはイギリスの匂いが濃厚に立ち込めている、と『汽車のえほん』で育った私には感じられる。ハチロクは赤い機関車ジェームズだろう。御召列車を牽引した事もあるそうなので、ここを訪れた昭和天皇は「私はこの機関車を知っている」と思ったかも知れない。

五機に囲まれた私はふと、110号機を緑に、2221号機と5540号機をそれぞれ青に、キューロクは黒のまま、ハチロクを赤に塗りたい気分にかられる。さぞ目に鮮やかであろう。

そんな事を思いながらハチロクの炭水車の後ろを廻り、日なたの機体左側の車輪をじっと見ながら前方に進む。機体最前部に何か白く丸いものがある。何だろうと思ったらその白くて丸いものが動いた。白い体を丸めている猫だった。白猫がお日様を浴びている黒い蒸気機関車の隅で丸くなっている。私はううむと唸った。猫と蒸機とは不思議な取り合わせだと思った。

猫はこれまで私が見て来た猫同様にやぶ睨みである。完全に私を見下している風である。尤もそうするのも当然かも知れないと何となく考える。私が住んでいたウクライナのオデッサの集合住宅には裏庭には大きな木があり、夏になると近所に住んでいる猫がそこに攀じ登って枝の上に鎮座し、じっと目を閉じていたのを思い出す。だが今の話ではない。

猫がうんうんうんと体を微かに震わしている。うんうんうん。うんうんうん。やぶ睨みの目が大きくなったり小さくなったり、丸くなったり細くなったりする。耳がぴんと立ってはぱたりと倒れる。尻尾がふるふると左右に動く。何となく見ていてふらふらする気分になる。猫が私に何やら念波を送っている様な気がする。丸い模様が猫の体から発せられている気がする。

「あ。にゃんこだ。かわいい」

振り向くと、全てを可愛いと云う事によって自らの可愛さを強調しているとしか思われない不細工な女と、その女を可愛いと思っているとしか思われない量産型の男が立っていた。

おいで。と不細工が手を伸ばした。猫は面倒臭げに姿を消した。私もその場を立ち去った。

記念館裏手の屋根の下には小型で茶色い電気機関車ＥＤ16が鎮座している。長く青梅線で貨物列車を牽いた機体で、だからしてここでの展示は当然である。ごちゃごちゃした形の黒い蒸機もいいが、のっぺりした箱型の茶色い電機も悪くない。機関車なら何でも良い。

記念館脇には先程見たD51の452号機。キューロクだのハチロクだのよりは段違いの大きさである。今まで見た機体にはなかった除煙板が備えられている。

一旦奥の階段を降りる。そこには白地に青帯の新幹線0系電車の先頭車が置かれている。少し前に鉄道博物館でも対面した車輛だが、0系ならいつどこで会ってもいい。何しろ古い馴染みである。私が生まれて初めて乗り、それからも何度も乗った新幹線電車である。大きな丸い眼と更に大きな丸い鼻は何度見ても見飽きない。YS11に通じる丸くて美しい容姿をしている。

車内に入ってみれば灰色と青色の座席が並んでいる。これ、これ、と私は内心ほくそ笑む。最初はこの座席の配色で、その後の新型は橙色に黒線が入ったものだった。

天井からの水漏れがある。仕方のない事で、鉄道車輛を屋外に展示し続ける事は非常に困難である。特に青梅地方では雨の他に冬には積雪があるだろう。だがこの公園における車輛の保存状態は鉄道博物館並みに非常に良いと云う事は強調されて然るべきだろうと考える。

そう考えながら階段を登る。正面に平行に敷かれている線路の右側には茶色い車体のクモハ40系電車。これもED16同様に青梅線で働いた車輛であり、ED16同様に前面下部の尾燈がつぶらな瞳の様で何とも云えず魅力的である。昔の鉄道車輛はみなつぶらな瞳をしていた。近頃はみな四角だったり細長だったり目無しだったりするので甚だ不細工である。

クモハ40系の右隣はタンク式蒸機C11の初号機。同型機が真岡鐵道でC12の相棒を務めており、他にもJR北海道と静岡県の大井川鐵道で走っている。私は先程機関車に色を塗りたいと思ったが、大井川鐵道では実際に塗ったそうである。それは『汽車のえほん』ではなく、『アンパンマン』に登場するＳＬマンだった。全身を真っ赤に塗られ、顔に顔を描かれたＣ11の写真を見た私は絶句した。とんでもない姿だと思った。とんでもない姿だから面白いとも思った。そして、Ｃ11をそんな姿にさせたアンパンマンの作者やなせたかしの偉大さを改めて痛感した。

超巨大タンク式蒸気機関車のＥ10形２号機は鉄道公園の一番隅、Ｃ11の後ろに隠れるかの如く置かれていた。だから必然的に私がこの公園で見る最後の鉄道車輌となった。

大きい。Ｄ51などよりも遙かに大きい。まことに背が高い。ボイラー脇の歩行板までの傾斜はＤ51と比較にならない程に急である。除煙板がないので風通しがよさそうに見える。機体下部に並んでいる大きな五個の動輪は、見ているうちに今にも動き出しそうな錯覚を覚える。私は日本でこれだけ大きい機関車を見たのは、京都の梅小路博物館にて『銀河鉄道９９９』のＣ62を見て以来ほぼ三十年ぶりである。海外でならリトアニアのヴィリニュスとセルビアのベオグラードで見た事があるが、青梅の丘の上でそんな事を云い出しても仕方がない。

大きいが、大き過ぎる。同じタンク式のＣ11なら適度の大きさであると感じられる。それは機体とその後部に備えられている小さな石炭庫の大きさが調和しているからである。然るにＥ10は図体が大き過ぎるため、後部の小さな石炭庫との釣り合いが非常に不均衡である。体格に比して尻が非常に貧相である。これでキューロクやハチロクやＤ51、或いはゴードンの様に炭水車を付けていれば、除煙板のない分Ｃ62よりも大きく、そして美しく見えたかも知れない。

一九四八年に製造された超巨大タンク式蒸気機関車E10は、福島県と山形県の県境にある奥羽本線の板谷峠の急勾配区間を走行する列車を後部から補助するという、ただそれだけの用途のためにこの世に生み落とされた。特殊な用途の為、製造されたのは僅かに五機だった。

だが誕生の翌一九四九年。奥羽本線の板谷峠区間は電化された。電化されたという事は無論蒸機が不要になったという事を意味する。即ち、板谷峠での列車走行補助のためだけに生み出されたE10は、生誕後僅か一年で活躍の場を、ひいては自らの存在意義を失ったのである。

それからの彼ら五機の運命は、まさにボブ・ディランの「転がる石のように《ライク・ア・ローリング・ストーン》」だった。同機は各部品を他の機種と共用する事が出来ず、図体が大き過ぎて重過ぎるくせに炭水車を備えていない為、走行距離は他の大型機より遙かに短かった。要するに使い勝手が悪いのである。自ら望んで生まれた訳ではない五機は、ただあてもなく全国を転々としては追い出された。でかいだけでろくに走れない機体に出来る事は、ただ早くこの世を去ることだけだった。東海道新幹線開通の翌一九六五年、五機の不遇な巨人機は任を解かれ、この2号機を残して全て解体処分された。

子供の頃『鉄道・船』の見返しで常軌を逸した姿をした蒸機に心を奪われた私は、不遇の短い一生を終えた大型機を眺めている。そしてふと考える。何故この機関車は生み出されてしまったのだろうか、と。もしかしたら、E10の保存展示を決めたのは、この不遇の機体を生み出してしまった責任者のせめてもの償いなのかも知れない、と。だが仮にそうであっても、責任者がこの不遇の機体を生み出してしまった責任が消える事はない、と。

白くて小さな丸いものが地面をすうと音もなく歩いて来た。気付いた私に背を向けたそれは、少しの間E10の巨体をじっと見上げていた。そして美しい尻から延びた尻尾をふと動かし、ひょいと機体最前部の踏み台に飛び乗り、私の方に向き直って座った。うんうんうんと体が動いている。目が動く。髭も動く。尻尾がふわりふわりと動く。何か云いたそうである。何か云っているのかも知れない。だが私には猫の言葉は解らない。解らないのは当然でそもそも猫に言葉は要らない。そう云えば人間は言語を用いても意思疎通が出来ない場合が多い。猫はにゃあと云ったり云わなかったりしても一切の意思疎通が可能だろう。少なくとも人間どもに餌を与えさせたり体を掻かせたりする事など朝飯前だろう。便利なものだと思うが彼らにはそれで当然なのだから便利も不便もないだろう。そもそも猫に意思があるかどうかもよく解らない。仮にあったとしても他の人間の意思すら解らない事もある人間が猫の意思なぞ解りそうにない気がする。だが私が猫の事をどう思ったところでそれは猫の知った事ではないだろう。猫の事を知ろうとした所で人間の勝手な理解だから知ろうとしても仕方がない。機関車にしてもそうだろう。機関車が何を考えているかなど解る人間は『汽車のえほん』のふとっちょのきょくちょう位であって現実世界には居るまい。私がE10の事をどう思ったところでそんな事はE10の知った事ではない。彼らは自分たちの生涯を不遇だと思わなかったかも知れない。さっさとお役目御免になって楽だったと喜んでいたのかも知れない。自分の人生を不遇だったであろうと勝手に考えている私なる貧相な中年にしげじけと見詰められてうんざりしているのかも知れない。結局私には何も解らない。

ふと気付いたら、目の前に白くて小さな丸いものがじっと座って、胡散臭そうなやぶ睨みの目で私を見ている。最早念波を送っている様な気はしない。

その白くて小さな丸いものが腰掛けているのは大きくて不恰好な蒸気機関車である。顔に『E10 2』という赤い銘板が貼られている。背が高い。だが尻は貧弱に見える。大きな五つの車輪と、それを結ぶ連結棒をじっと見ていると、この巨大な鉄の塊が蠢き出しそうな気がした。そうなったら面白いと思ったが、その様を想像するだけでも充分面白かった。

私は子供の頃にこの機関車を知った。三十数年後の今日、本物のその機関車を眺めに来て、そして今眺めている。夕陽が機関車の側面を照らしている。黒く大きな機体が白金に映えている。機関車には白くて小さな丸いものが腰掛け、じっと私を睨んでいる。

それだけの事だった。それだけの事だが、それだけで面白かった。


青梅の丘を下りながら、私は何となく奥田民生の歌の一節を口ずさんだ。

だから何ででも　いいだろ　こんなにも　まいっているよ（「And I Love Car」）

十一　機関車たちと雪初《ゆきぞめ》列車

~ＪＲ東日本　高崎線　信越本線
碓氷峠鉄道文化村
ＪＲ東日本　上越線　吾妻線

上野駅には高架歩廊と地平歩廊がある。東北上越その他の新幹線の地下歩廊は本書とは何の関係もない。高架歩廊からは山手線、京浜東北線、常磐線の全普通列車、並びに東北本線と高崎線普通列車の大部分が発着する。地平歩廊はほぼ特急列車専用だが、東北本線、高崎線の一部普通列車もここに発着する。因みに常磐線の特急列車『ひたち』は地平歩廊から発着するが、常磐線の普通列車は一本も出ない。これもＪＲ某日本による常磐線民への差別の一環かも知れない。

上野駅には幾百回も来たが地平歩廊には殆ど馴染みがない。少年の頃、大阪から母方の祖父母の家があった熊谷に行く際にわざわざそこに行き、上野発会津若松行き特急『あいづ』の写真を撮って以来来た記憶がない。昔話は早めに切り上げるとして、地平歩廊を発車する普通列車に乗れば、特急列車が発車する際の気分を味わえる事が出来る事になる。

そして十二月も中旬になろうとしている休日の朝、私は地平歩廊十四番線に停車している高崎線下り普通列車の中にいる。別に特急気分を味わおうという魂胆がある訳ではないが、後述する実に全くの偶然な理由の為にここから発車する普通列車に乗る事になったのである。

隣の歩廊から『ひたち』が白い車体をくねらせながら発車して行く。かつては宮城県の仙台駅まで直通する便も多くあったが、今は日本国民全員が知っている理由により福島県のいわき駅止まりである。再び仙台駅まで走る日が来るのかどうか、そんな事は誰にも解らない。


すぐ後にこちらも発車。電車は高架歩廊下の暗闇の中をゆっくり進んだ後、太陽の下の緩い勾配をゆっくりと登り始め、高架歩廊からの線路に合流した。特急気分は一分足らずで終わった。

右側に常磐線の日暮里駅が見えてくる。その駅を通る常磐線が右に急曲線を描きながら離れていく。こんな駅や路線は無視するに限る。左手に尾久車輛基地が広がる。かつてここで憩っていた肌色に赤帯の特急電車たち、蒼色に白帯の寝台特急客車たちはもういない。荒川を渡る。緑色の橋梁が続く。武蔵野線の乗換駅である南浦和駅を無視する。少しく無情の様な気がする。さいたま新都心なる意味不明の名の駅に停まる。歩廊には「節電中」の表示があり、朝日が燦々と射しているにも拘らず照明は全て煌々と白々と点っている。よく解らない。

いつ来ても巨大な大宮駅を発車。昔は非電化の川越線が左に消えて行ったが今は電化されて地下線になっているらしい。かつてそこを走っていた紅鮭色の美しいキハ35系気動車も見られなくなった。左手に現れる鉄道博物館を名乗る施設の展示車輛はほぼ全てが旧国鉄、つまり現在のJR東日本の路線で使用されていたものが多くを占め、私鉄車輛は一輛もない。

ぶつぶつ云い続けても仕方がない。全てが自分の気に入る様になる筈もない。

ぶつぶつ云い続けるくらいなら、昔話の方がまだましであろうと考えられる。

子供の頃、私は『汽車のえほん』と同時に鉄道の写真集だの図説だのを夢中で眺めていた。今でも七面倒臭く思う文章に較べ、写真だの図説だのは前章の冒頭で述べた通りである。

その中の一冊が、『ＥＬとＤＬ』という写真集だった。『鉄道・船』の出版社は記憶にないが、『ＥＬとＤＬ』は写真集『ヤマケイのレイルシリーズ』の一冊であり、「ヤマケイ」は非常に憶え易かった。私が生まれて初めて憶えた出版社の名前は、山と渓谷社だった。

ＥＬはElectric Locomotiveの、ＤＬはDiesel Locomotiveの頭文字で、それぞれ電気機関車と気動機関車を指す。Locomotiveは本来Engineなのだから、頭文字もＥＥとＤＥになるべきだが、私自身にも意味不明なので止す。面倒なので電気機関車はそのままとして、ディーゼル車は気動車とも呼ばれるのだから、ディーゼル機関車も気動機関車と呼ばれて差し支えない筈である。何となく「機動戦士」に近くて気に入ったので、本書では無理矢理この用語で通す。

それは兎に角、子供の頃の私は『ＥＬとＤＬ』をうっとりと眺め続けた。兎に角私は機関車が好きだった。何輛もの客車や貨車の先頭に立つ彼らの姿は、子供だった私の心を捉えた。内田百閒流に云えば、それは「私の英雄崇拜の對象であつた」（『通過列車』）。機関車は乗客が絶対に乗れない鉄道車輛であり、それを操る者は運転士ではなく特に機関士と呼ばれた。数詞も台だの輛だのではなく機であり、その体も車体ではなく機体である。機関車を特別視する私にはそれが当然の事なのだから、当然の事ながら本書で私は勝手にそう表現している。

そして前回、私は蒸気機関車を眺めに行った。今回は電気機関車と気動機関車を眺めに行こうと思う。幸いにして、群馬の山中にこの両者を多数保存展示している施設が存在する。それが「碓氷峠鉄道文化村」であり、そして私は今、そこに向かっているのである。

昔は行田駅の歩廊の北端に「ぎょうだ」という青い大文字の平仮名の駅名標が立っていたのを覚えている。先月来たばかりの熊谷駅に着く。ここに居た母方の祖父母は既にこの世に居ない。よってここには最早何の繋がりも無いので、再びこの駅に降りる事はあるまい。

熊谷駅に用はないが、熊谷駅の先には用がある。その先に行きたいという用がある。そしていつでもどこか先に行くのは面白い。初乗りの路線が面白かったり面白くなかったりするのは、そんな事は後の事で、最初は何でも無条件に面白い。だから今も面白い。

左手を秩父鉄道だけに存在する上熊谷駅が通り過ぎる。昔はここを走っていた東武鉄道熊谷線との共用駅だった。私の手元に「さようなら熊谷線　1983・5・31」という札を掲げた肌色の小さな気動車の写真がある。祖父に貰ったものと思うが定かではない。

秩父線の線路が左手に消えて行く。上越新幹線の高架線も左手に消えて行く。走り続けているとこちらも高架線になる。今まで存在を知らなかった貨物操車場が眼下に広がる。一本の線路が左に、即ち西に延びていく。秩父鉄道との連絡線らしい。籠原駅手前左手の巨大な倉庫に「ＪＡ士幌町」と書かれてある。士幌町なる土地が北海道にあるのは、かつて国鉄士幌線と云う路線があり、その末端部分が通年バス代行輸送されていた事で有名だったので知っているが、その倉庫が何故関東平野のど真ん中にあるのか、倉庫の中身が何なのかは知らない。

走っている電車の窓一面に無数の茶色い木の葉が舞い上がる。まるで一枚一枚が自らの意思で踊っているかの様である。蟬の大群の中に突っ込んだ様な気にもなる。

遠くの秩父の山々は黒ずんでいる。今年の紅も漸く終わった様である。冬が来ている。神流《かんな》なる川を長大な鉄橋で渡れば群馬県である。第八章ではちらりと訪れただけだが、今回は縦横無尽に廻る。尤も縦横無尽に廻るのは汽車だけで、私はその中に居るだけである。

高崎駅着。想像通りに巨大な駅である。ここはＪＲ信越本線と上越線、並びに上信電鉄の起点終点であり、倉賀野駅起点の八高《はちこう》線、新前橋駅起点の両毛《りょうもう》線、渋川駅起点の吾妻《あがつま》線のほぼ全列車もここから発着する。更に上越新幹線の途中駅であり、長野新幹線の起点である。これ程に路線数の多い駅は日本でも非常に稀であろう。正に分岐駅《ジャンクション》と呼ばれるに相応しい駅である。ここに比べれば北千住駅など路線と乗降客が多いだけの詰まらない格下駅である。

ここで三十五分の乗り継ぎ時間がある。私の乗った普通列車の三十分後に上野駅を出る快速列車に乗れば乗り継ぎは六分で済むが、六分程度では座れない恐れがある。だからして私は先の普通列車で来たのであり、それが実に全くの偶然に上野駅地平歩廊発の列車だったのである。

駅蕎麦をもそもそと食べ終えた私を乗せ、横川駅行き信越本線下り普通列車は高崎駅を発車した。幾本もの線路が複雑に入り組む。転轍機を渡る度に電車はがたたたんと揺れる。それを聞いている内に腹のくちた私は猛烈に眠くなる。轍の音と窓から入る太陽が心地好い。

気が付いたら電車が走っている。左手の妙義山ほかの稜線が大層凶悪なのに驚く。手を伸ばしたらざくりと切り取られそうである。秩父や青梅の優しい山並みとは明らかに様相を異にしている。おっとりとした筑波山がこの眺めを見たらおずおずと逃げ出すに違いない。

そんな事を考えているうちに、うんうん唸りながら凶悪な山間を登り続けた電車は横川駅に着いた。線路二本の両側に二本の歩廊が並んでいる。向かいの歩廊にはここに到着する際には『DL碓氷』号、ここから出発する際には『SL碓氷』号となる臨時列車が停まっている。DLだのSLだのの用語の是非はくどいから省くが、要するに行きは気動機関車、帰りは蒸機機関車牽引となる列車である。先頭は大型気動機DD51の842号機。その後に従うのは青地に二本の白帯を巻いた12系客車四輌。その更に後ろには大型蒸機C61の20号機。

今日この同列車が運行されるのは時刻表で確認していた。だがこれに乗るには高崎駅発九時四十五分は早過ぎ、横川駅発十五時十分は遅過ぎた。先を急ぐので、列車観察は後にする。

信越本線は二つの区間から成り立っている路線であるが、その歴史的背景は一つの名称で複数路線を指す鶴見線や成田線とは大きく異なる。一八九三年に全通した同線の、そして当時の日本の鉄道最大の難所が、横川駅と軽井沢駅の間に立ちはだかる碓氷峠だった。E10がわざわざ開発製造された福島県の板谷峠より倍も勾配が急峻だったのである。だからして一九六〇年代には碓氷峠専用の特殊電気機関車EF63が開発製造され、こちらは薄命に終わったE10とは異なり末永く使用された。因みに『ELとDL』の表紙を飾っていたのもこの機体である。

新幹線は開通する度に幾多の在来線の特急列車や急行列車を粛清したが、一九九七年に開通した長野新幹線は路線まで抹殺した。信越本線は篠ノ井駅〜新潟駅間と高崎駅〜横川駅間に分割され、中間の軽井沢駅〜篠ノ井駅間は民営の「しなの鉄道」となった。そして、ＥＦ63の手助けなしにはいかなる列車も越えられなかった碓氷峠の横川駅と軽井沢駅の間、幹線かつ本線である筈の区間は廃止となり、難所であるが故に鉄道名所だった急勾配路線は消滅したのである。

用途も仕事場も失ったＥＦ63はＥ10と同様に退役させられた。同機の憩いの場だった機関区は閉鎖された。その敷地は他の鉄道廃線跡の用地と同様、無残に線路を剥がされて詰まらない目的に使われるか、鉄道開通前までの自然に戻るかのどちらかになる筈だった。

だがそうはならなかった。素晴らしい人達が、そこに鉄道車輌の一大展示場を造ろうという素晴らしい案を考えついた。そして素晴らしい案としては珍しい事に、それは実現したのである。

もうお解りであろう。それが、横川駅を最寄りとする碓氷峠鉄道文化村なのである。

私はその鉄道文化村を廻って圧倒された。正直云ってその素晴らしさをここで全て述べる事は私の実力では到底不可能である。それでも何とかかいつまんで述べてみよう。

至る所に電気機関車があった。私はその幾つかには実際に出会った事があった。真面目な顔をしている青いＥＦ58には大阪駅で。少し老けた顔の真っ赤なＥＦ70には北陸本線で。桃色が少し色褪せたＥＦ80には常磐線で。全身銀色の異相のＥＦ30には下関駅で。

それ以外の電機とは実際には初めて会った。だが『ＥＬとＤＬ』を眺めていた私は、三十年以上昔から彼ら全員を見知っていた。ＥＦ63が登場するまで碓氷峠の山男を勤めていたＥＤ42。その後継者ＥＦ63が特急列車を後ろに従えているのが『ＥＬとＤＬ』の表紙である。よく似た顔の茶色いＥＦ62は碓氷峠よりは緩い山岳路線用。扁平な顔の青いＥＦ60。その後継機であり同様に扁平な顔の青いＥＦ65は東海道本線で『出雲』他の寝台特急を牽引した。

以上の各機は皆箱型の機体をしている。そしてＥＦ15、ＥＦ53、ＥＦ59という三機の旧式貨物用機は、箱型機体の前後に展望台の如き甲板《デッキ》を備えている。子供の頃の私は『ＥＬとＤＬ』の写真を眺めながら、颯爽と走って行く茶色い古風な電機の展望台に立つ事を夢想した。『９９９』号最後尾の展望車は後ろ向きに連れられて行くだけだが、電機の展望台は列車の一番先頭を突っ走る。そこは運転席よりも前にあり、眺めを遮るものは何もない。甲板は車輪の真上にあり、子供の目から見ても乗心地が悪そうだったが、そこで手摺りに摑まりながら感じる風はさぞ爽快だろう。そして茶色い電機は、私の重みなぞ何ら苦にすることなくごとんごとんと走って行く事だろう。以上、一部は最近の私の妄想も混じっている事を告白しておく。

さて、その甲板付きの古風な茶色い電機が私の目の前にいる。かつての私が最も好んだのはＥＦ59だった。山陽本線の瀬野駅と八本松駅の間にある急勾配区間専用に在来機から改造された機体で、顔一面に黄と黒の警戒色の斜帯を巻いている。その化粧が好きだった。

私は地上からその機体を見上げる。矢張り鉄道車輛は地べたから見上げるべきである。特に歩廊や列車の中から水平に機関車を見るなどは冒瀆である。地上から見上げる機関車は力の塊である。ため息が出る程に美しい。『太陽の帝国』の中に、ジム少年が地上の零戦を間近からうっとりと見上げる場面がある。素敵なものを見る人間にとって敵だの味方だの異国だのの野暮な区別はないので、彼は日本の零戦にもアメリカのＰ51にも公平に感動のまなざしを注ぐ。それは飛行機好きのまま大人になったスピルバーグ監督の視線でもあった筈である。そんな事を上州の山の中で間近からうっとりと古風な茶色い機関車を見上げる私なる貧相な中年は思う。

ＥＦ59のか細い梯子をよちよちと登り、想像より遙かに巨大かつ広大な甲板に上がる。手摺りに摑まる。正面にＥＦ60の扁平な顔がある。暖かくなった陽が甲板に差し込んでいる。周囲には凶悪な感じの黒い山々が聳えている。空は絶対の蒼で、風がひゅうと吹いた。

ここの展示車輛は電気機関車が中心だが無論それだけではない。紅一点ならぬ黒一点として蒸気機関車Ｄ51がいる。残念ながら機体に錆が目立っているが、雪国の屋外展示なのだから止むを得ない。電車はなく、気動車が三輛。キハ20系はかつて全国の地方線を走り回った名車で、私はこれの耐寒仕様車であるキハ22系に乗った事がある。私がかつて大宮駅で眺めた紅鮭色の美しいキハ35系もいる。キニ58は急行用気動車を郵便車に改造した珍種。

客車は八輛。どれも素晴らしい車輛だが、文量の事情によりここでは説明は省く。

気動機関車は残念ながら僅かに二機。ＤＤ53は除雪用機で、巨大な箱型の機体にこれまた巨大な除雪機を先頭に取り付けている。顔は「く」の字型で、日本では珍しい欧州風の大きな両目をしている。そんな顔の機関車が貨物列車の先頭に立っている写真が『ＥＬとＤＬ』にあった。これも子供の頃から私のお気に入りの機体で、実際に見て更に気に入った。

そして、と云うか、本命、と云うか、最後に御紹介申し上げる機体が、私が生まれて初めて名を覚えた鉄道車輛であり、日本で、否、世界で最も愛する機関車、ＤＤ51である。

さくらはやぶさみずほ富士あさかぜ瀬戸出雲紀伊。私が子供の頃から記憶している東京駅発の寝台特急の名称である。私はこの中で、父の故郷のある山陰へ走る『出雲』が大好きだった。まだ千葉県にいた小学一年の夏休み、私は『出雲』に乗る事になった。東京駅の発車時刻が十八時二十分だった事、発車番線が十二番線だった事、乗ったのがＢ寝台の二号車だった事、真夜中の京都駅で電気機関車ＥＦ65形１０００番台が切り離されて遠ざかっていく音とＤＤ51が接近して来てがちゃりと連結される音を聞いた事、再び発車して山陰本線の真っ暗な高架を進んでいた事、そこから梅小路蒸気機関車館の灯火を見た事、を覚えている。

翌朝目覚めた私は、寝台車左側の通路にある折り畳み式の小椅子に腰掛けてぼんやりと外を眺めた。列車がゆっくりと左に廻った。一号車の美しく蒼い個室寝台車、その先の美しく青い電源車の先で、美しい朱色をした凸型のＤＤ51が、紫のけむりを薄く宙に吐き出しながら疾走していた。後方を見てみれば、美しく蒼い十輌の寝台車が静かに付き従っている。直線区間になればそれらはすうと消え、左曲線になればすうと現われる。美しい朱色のＤＤ51が現れては消える。

人間には一生忘れない光景が幾つかあるものと思われる。私にとってそのうち一番最初のものが、『出雲』の美しく蒼い寝台車たちを従えて走る、美しい朱色のＤＤ51だった。

ここにあるのは1号機で、後に製造された六百数十機とは目、即ち前照灯の形状が異なっている。他の機体が目を引っ込めているのに対して出目である。色も見慣れた朱色ではなく一世代前の葡萄色である。だがそんな事は構わない。何色でもＤＤ51は美しいし、それに鉄道文化村の多くの機体と同様、運転席に這入る事が出来る。機内に入れば目の形も機体の色も関係ない。

一般の歩廊と同じ高さの歩行板からでも運転席はかなり高く感じる。踏み段が小さいので不器用な人は危険かも知れない。私は落ちかけた。手摺りを摑んでいたお蔭で落ちずに済んだ。機関庫からの乗務なら機関士は地べたからよじ登る事もあるのだから大変だろう。

運転席は想像以上に広い。ＥＦ59の甲板と云い、どうも私の想像力は貧相である。

運転席の詳しい構造はあまり記憶にない。何故と云うに、私はこの日運転席に這入れる全ての機関車に乗り込んだ。だからして各機の運転席の記憶がぐちゃぐちゃになっている。

だが運転席の椅子に座った時の感覚はよく憶えている。正面窓の向こうには零戦の発動機と同じ出力である千馬力の機関が収まっている巨大な鼻が伸び、前方には展示車輌がない。だから今この機関車が何かの列車の先頭に立っていると考えられなくもなかった。後ろに従うのは紅鮭色の美しいキハ35系とキニ58だが、憧れのＤＤ51の運転席で現実を考えても仕方がない。そんな筈はない。機体の前後にある機関はずどどどどと咆哮している。『出雲』は朝を迎えた山陰本線の上を驀進中で、後ろには二本の銀の帯を巻いた蒼い寝台車たちが粛々と従っている。二号車の窓には小学一年生の貧相な餓鬼が、何がなんだか解らないと云った顔でぼんやりと小椅子に座っている。がたんごとん。がたんごとん。すごいぞ。はやいぞ。『いずも』がはしっていくぞ。

窓の向こうにふやけた感じの家族連れ三人が現われた。子供が声を上げげた。これしんかんせんなの。母親が父親に尋ねた。これえすえるじゃないの。父親が答えた。そうなんじゃねえの。

現実に引き戻された私は眩暈を覚えた。親子三人全て馬鹿、という言葉が脳裏によぎった。


横川駅で私に許されているのは二時間だった。もう一時間半が過ぎている。名残惜しいが素晴らしい鉄道文化村を去らなければならない。そう云えばここでは希望者は稼動するEF63を運転する事が出来るのだそうだ。そこまでしようと思い、そして決して安くない金額を払ってまでその体験をしようとするのが真の偉大なる愛好家だと云う事が出来る。私などお呼びではない。

横川駅に戻る。奥の歩廊に青い列車が停まっている。私はここに臨時列車がいるのを忘れていた。急いで見に行く。幸いに私の乗る上り列車はまだ入っていない。

蒸気機関車C61は貨物用機D51を旅客用にすべく改造した機体である。だがその知名度はD51や、D51より大型強力の貨物用機D52を改良したC62より遥かに低い。

つい先ほど機関車は地平から見るべきであると書いたが、歩廊から見るC61も異様な迫力である。何しろこの機体は今見てきた機関車らと異なり心臓が動いている。ひゅっ、ひゅっ、ひゅっ、と息を吐いている。その吐息は真岡鐵道のC12とは比較するのが無謀な程に巨大なボイラーから聞こえて来る。黒いパーシーがこの様を見たらいそいそと逃げ出すに違いない。

茂木駅と異なり転車台《ターンテーブル》が無いので、C61は高崎駅からここまで後ろ向きで進んで来たらしい。その姿を想像して滑稽に思う反面、大型蒸機を長距離後進させて大丈夫なのかとも思う。『汽車のえほん』の第五巻『やっかいな機関車』に、青い大型蒸機ゴードンが転車台で廻れなかったため後ろ向きで列車を牽引させられる話がある。誇り高き炭水車つき機関車へのこれ以上ない屈辱に必死に耐える彼に、「ついでに　炭水車をはずして、そのかわりに、ぼくみたいな石炭いれをつけたらどうだい」と侮蔑の言葉を投げたのが、子供達の人気者トーマスだった。

いかに巨大に感じてもC61はC62より一回り小さい。だからしてC62がゴードンで、C61はその次に大きい緑のヘンリーとなる。ヘンリーは第一巻『三だいの機関車』で、雨の日に隧道から出るのを嫌がり続けた為、隧道の出口に煉瓦を積まれて軟禁させられると云う虐待を受けた。後に罪を許されて復帰するものの、心身の平衡を失ったらしく次の第二巻『機関車トーマス』では体調を崩していた。そんな彼を見て、「もし、ヘンリーが　このまま　なおらなかったら、ぼくが　列車を　ひけるかもしれないぞ」とほくそ笑んだのが、子供達の人気者トーマスだった。嫌な奴だと私は子供心に思った。最近読み返してその思いを新たにした。

それは兎も角、私はゴードンもお気に入りだったが、それよりも更にヘンリーが好きだった。その辺の自分の料簡はよく解らないが、急行牽引機として確固たる地位が確立しているゴードンよりも、大型機ながらいまいち立場が曖昧なヘンリーに感情移入していた気がする。尤もそんな事を子供心に考えたとは思えない。最近読み返しての新たな思い入れである様に思う。

それも兎も角、私はC61という機関車に何となく好感を持ち始める。この機体が緑色に塗られたらさぞ綺麗だろうと思う。セルビアのベオグラード駅の脇に置かれていた青い大型蒸気機関車は、それはそれは綺麗だった。「わたしの機関車は、日本の機関車とはちがっているかもしれません。けれど、それは、イギリスの子供が日本の子供とちがうのと同じです。いずれにしても、子供は子供、機関車は機関車で、にているところのほうが、ずっと多いのです」。ウィルバート・オードリーは『汽車のえほん』第一巻『三だいの機関車』の前書きでこう書いた。だが似ていても違うものは違う筈である。本物のイギリスの機関車たちは本当に色彩豊かだそうである。一度でいいから見てみたいと思う。とても綺麗で素敵だろう。だがイギリスは遠すぎる。

黒いヘンリーなるC61の後ろに控えているのは青に白帯二本を巻いた12系客車である。この客車には何男君と加古川線に乗った後、福知山線の上り普通列車で乗った事がある。その列車を牽いていたのはＤＤ51の１１８８号機だった。その機体の写真は今も私の手許にある。

今私の目の前にいるのは８４２号機である。美女に言葉は不要であり、美女への賞賛の言葉は不毛である。そうは思うのだが、この美女は先程の1号機と異なり本当に生きている。がらがらがらと暖機運転の轟音を響かせている。その轟音が私の耳には優しい。

８４２号機は1号機とは異なり私が見覚えのある朱色をしている。機体はぴかぴかに磨き抜かれている。機体両端に付いている銀の手摺りにはしみ一つない。この機は御召列車牽引も担当するそうで、だからして名実共に栄光ある皇室機関車《インペリアル・エンジン》であると云える。

運転席に紺色の制服を纏った機関士の姿がある。今まで散々機関車たちの中に這入ったので、何となくこの機体にも乗り込んでいい様な気になる。気の所為だろうから思い留まる。

「運転室だけを車体の中央に突き出した機能本位の無骨で赤茶けたＤＤ51が、転車台の上や機関庫の奥から大きな二つ目玉を思い思いの方角に光らせているさまは、怪獣が三々五々集まったようで見応えがある。ＳＬが消え、いまはブルートレインに鉄道ファンの関心が集まっているといらが、そのうちＤＤ51の牽く客車列車が人気を呼ぶのではないかと私は思う」。

宮脇俊三が『最長片道切符の旅』でこう書いたのは一九七九年だった。それから三十数年が過ぎ、青かった『出雲』は既に消えたが、ＤＤ51は『ＤＬ碓氷』なる臨時列車が走る程には「人気を呼」んでいる様である。朱色の凸型機が青い客車と後ろ向きの黒いヘンリーを従えて轟々と進んで行く様は、それはそれは素敵だろう。いつかその通過ぶりを見てみようと思う。

下りと同じ四人掛けの電車は軽やかに唸りながら山を降りていく。その稜線は相変わらず凶悪である。同じ物が逆の方向に流れて行く様は眺めていて悪い気はしない。

だが一方で私は少しく気が急いている。この列車は十三時三十分に高崎駅に到着し、次に私が乗る上越線下り普通列車は十三時三十一分同駅発である。両列車が同じ歩廊に着発するなら問題ないが、階段を昇降しなければならないのならお仕舞いである。車掌に高崎駅での発着番線について聞いてみたら、初老の彼は能面の如き表情を微動だにさせず、調べる素振りも見せず、そんな事までは解らない、とだけ答えて通路をすたすたと歩み去った。小島新田駅の駅員より遙かに不適当かつ不愉快な回答かつ態度だと思った。だが仕方がなければ仕方がない。

だからして私は凶悪な山を眺めながら、数十分後の自分の姿を色々と想像している。上越線の車内でほうと安堵の息を吐いている私。すうと発車して行く上越線の列車を歩廊で呆然と見送っている私。上越線の列車などとうに影も形もない歩廊で首を項垂れている私。

いずれにせよこの信越線上り列車は遅れてはならない。何なら定時より早く走って貰いたい。その為に制限速度を超過しても停車駅を通過しても一向構わない。然るに磯部駅では中学生の集団がのろのろと乗り込み、安中《あんなか》駅では老女がのろのろと乗り込んだ。

漸く列車は高崎駅北方の転轍機密集地帯に入った。私は既に立ち上がって編成中央の車輛中央の扉の前に詰めている。がたがたがたと転轍機の音がして車体がぎしぎしと揺れる。車掌の乗り換え案内放送の音声が完全に掻き消されている。少なからず苛々する。

ゆらゆらと揺れた信越線の列車はのろのろと薄暗い歩廊に停まった。目の前に上越線下り列車が停まっている。私はほうと息を吐き出す。扉が開かない。私の目が釣り上がる。誰かが扉脇に手を伸ばして開閉ボタンを押す。扉ががたがたと開く。私はだだだだと歩廊を三秒で横切る。乗り移った電車の扉ががたがたと閉まった。薄暗い歩廊からのろのろと動き出した上越線の列車はゆらゆらと揺れる。私は揺られながら何故先刻の列車は終点の高崎駅でも客に扉を開けさせたのだろうかと思った。そうしたのはあの初老の車掌だったのかと思った。そう思っている私の目の前を二人の中学生らしい少女がこう話しながら過ぎ去った。わたしらニンシンしてるからユウセンザセキすわっていいよね。私は上越線の車内で苛々している自分の姿を想像し得なかった自分の想像力の貧困さを嘆いた。そんな私にお構いなく全転轍機を渡り終えた列車は速度を上げる。

暦は既に十二月の中旬になろうとしている。冬休みが近付いている。そして冬休みと春休みと夏休みが近付くと、JR各社は全国の普通列車乗り放題という「青春18きっぷ」を販売する。私はその切符で横川の機関車たちを見に来た。それだけで帰るという発想など私には無い。だからして私はもう一つの付録を付けた。それは、雪を眺めるという事である。

熊谷駅の先を知らなかった私は、無論高崎駅の先も知らない。高崎駅の北には日本有数の山岳地帯である三国山脈に通じる上越線があり、その麓の渋川駅からは西に延びる吾妻《あがつま》線がある。これらの路線では恐らく雪が見られるだろう。だから両路線に乗ってみようと思った。

但し吾妻線の先端部分である万座《まんざ》・鹿沢口《かざわぐち》駅と終点の大前駅の一駅間は一日に五往復しか列車が走らない。その上に今日廻る路線の中で殆ど時刻に気兼ねせずに乗る事が出来るのは高崎線のみで、そこから先の信越本線、上越線、吾妻線の列車の運転間隔はどれも長い。それらを廻った上で更に一日に五回しかない大前駅行きの機会を得なければならないのである。

だからして私は今回事前に時刻表で綿密な旅程を立てた。機関車を眺め、上越線を適当な所まで往復し、それから吾妻線を往復する為の旅程である。そうする為には渋川駅十五時三六分発の大前駅行き吾妻線列車に乗らなければならず、そうする為には上越線水上駅で折り返すのが妥当であり、それは高崎駅十三時三十一分発の下り列車、即ち私が今乗っている列車である。そして横川駅で機関車を眺める時間は最低二時間必要であると考えた結果、実に全くの偶然に私は上野駅の地平歩廊を発車する普通列車に乗らなければならなかったのである。

この様に思い通りの旅程が成立すると、それは自分のお蔭であると勘違い出来なくもない。実際は私が汽車の運行時刻に束縛されているだけの話だが、汽車に束縛される気分は悪くない。

午後の暖かい日差しの中をひたすら北に向かっている列車は渋川駅を出たところである。この駅には今日これから三度通る。全くもって御目出度く御苦労な事である。

一時間半後に通る事になる吾妻線のか細い線路が左に分かれて行く。上流ではあっても幅の広い利根川を背の高い緑の橋梁で渡る。一気に山岳路線の趣になって来たら敷島駅。日露戦争で活躍したイギリス製戦艦の名前だが、それと関係がある駅名なのかどうかは知らない。その次の津久田駅を越えると再び利根川を渡る。右に水量満々の利根川が展開する。左は断崖絶壁。

列車はうんうん唸りながら渓谷の中をぐんぐん登る。右手に水門がある。ダムなのか水力発電所なのかよく解らない。水力発電所のダムなのかも知れない。山並みは信越本線で見た程には凶悪ではないが、秩父や青梅のそれよりも標高が高く、またそうでなくても一層荘厳である。その荘厳が延々北に続いている。見ていて身が引き締まる気がする。その荘厳の上に高速道路の高架が見える。その橋脚を叩き折りたい衝動にかられる。眼下を目障りに走る一般道の脇にはパチンコ店だった廃墟がある。一体どこの馬鹿がこの美しい渓谷の脇にパチンコ店を建てる許可を与えたのかと思う。そんな私にお構いなく列車は右へ左へのたうち廻る。それが『出雲』であろうがあるまいが、列車が肢体をくねらせながら進む様は見ていても乗っていても興奮する。

向こうの空に少しくすんだ白い雲が一面に広がっている。荘厳の頂はどれも一面に白粉を纏っているが、地上には雪の気配は全く見られない。日がさんさんと照っている。雪を見ないで帰るかも知れないが構わない。山々は荘厳で、列車は私を興奮させている。それで充分である。

後閑《ごかん》駅を出てから暫し、午後の太陽に照らされている線路脇の茶色い枯草の上に、ちらちらと白いものが見え出した。それはすぐに見えなくなったが、すぐにまた見え出した。まるで飛行機から見下ろす薄雲の様に見えた。それが雪である事に気付くまで暫くかかった。

私はぼんやりと、ああ、これか、これが雪かと思った。初めに見るものは日向にあった。だからこれから余命幾許もない雪だろうと思った。そう思っていると午後の日陰に厚く積もっている大きな雪だまりがあった。これらは年を越えて春まで生き続ける雪だと思った。

上牧《かみもく》駅の歩廊は解け始めのぐずぐずした雪で覆われている。また凛々しい白に生まれ変わる日も遠くないだろう。雪はどんどん大きくくる。いつの間にか利根川が左手に移っている。川向こうは高い段丘で、日に照らされている木々の下は白で埋め尽くされている。

無人の団地群が見える。まだ二時半過ぎなのに既にそこいら一帯は既に日陰である。列車は温泉旅館群の中に入った。放置されて何年にもなろうかという旅館の廃墟が幾棟も見える。雪の重みで崩壊しかけているものもある。屋根は雪で白く埋まっている。

そうして列車は終点の水上駅に着いた。東側の崖にへばり付いているかの如き駅で、小粋な駅舎である。駅舎前には屋根が付いており、その先の露天歩廊には十センチ程の積雪がある。川端康成の国境の隧道《トンネル》はまだ五キロほど先だが、ここは既に雪国と化している。

吐く息が白くなる。その空気の先にある北の空は、凶悪な意思を持っているが如き灰色の厚雲で覆われている。駅の上空は青空だが余命幾許もなさそうである。間もなく雪が降り出すのだろう思われるが、生憎と私は六分後の上り列車で引き返さなければならない。雪降りは矢張り他日を期す事にする。前回に引き続き私の営みはどうにもせせこましい。

山を下り始めた上り列車の後ろで灰色の雲がどんどん大きくなっている。何となく仲間を置いて一人逃げ出す様な気分になるが、よく考えたらそんな経験は私には無い。

荘厳な山々がどんどん後ろに過ぎ去っていく。太陽が降下し続けている。

吾妻線と云う路線は、前述の様に末端部分が一日五往復しか列車の運行がない事、並びに途中に日本最短の樽沢隧道がある事、更に終点の大前駅が駅前に何もない終着駅なので有名だそうである。だが更に有名なのは日本有数の温泉地帯を行く路線としてであり、上野駅からは万座・鹿沢口駅まで『草津』、かつては『白根』を名乗った特急列車が一日数本走っている。

その吾妻線の起点であり上越線との分岐点である渋川駅の待合室は、一見して伊香保温泉からの帰りと解る初老の団体客で溢れていた。そして上り『草津』が入線して来るとの構内放送と共に動き出し、ぞろぞろと地下道を渡って上り歩廊に向かって行った。

その後姿を眺めながら私は驚愕していた。ここから上野駅まで特急に乗る客がいると云う事、そしてそんな事を想像だにしなかった私自身に驚愕していた。考えてみれば、否、考えるまでもなく、温泉に浸かりに来る程に金銭的余裕がある客に、約三時間もかけて普通列車の硬い座席でのろのろ帰る必要も理由もない。ゆったりした座席の特急で帰るのが当然である。そんな事に思い至らなかった自分の発想力の貧困さが私を驚愕させ、そして彼らへの羨望を生んだ。

そんな事をぶつぶつ考えているうちに北から『草津』が現われた。185系特急型電車。私の小学校時代に誕生した車輛である。肌色に赤帯が特急車輛の証の様に思っていた私にとって、白地に緑帯を巻いた塗装はどうにも貧相に見えたものだった。だが今それを眺める私の目には、それはそれは立派な特急電車である。緑帯を剝がされて車体後部に赤と灰と黄の四画が塗られているという見慣れない塗装だが、見るからにゆったりとした座席は七割方埋まっている。

やがて長い編成の白い列車はゆっくりと走り出した。あの車内では人々が静かに寛いだり仲間と談笑したりする事だろう。185系は夕闇を受けながら南にひた走る事だろう。彼らが羨ましかった。何故自分はこれからお目出度く御苦労な事に吾妻線なぞに乗らなければならないのかと思った。もう帰ろうかと思った途端、南から貧相な顔をした吾妻線の普通列車が現われた。

のろのろと渋川駅を出発した列車は、のろのろと右に向かう上越線と分離して左に曲がった。上越線に切り離された、或いは見捨てられたという表現の方が適切の様な印象すら受ける。のろのろと築堤の上に出た列車の長い長い影がゆらゆらと下に伸びている。物を思わせる眺めだと私は思う。尤も私は眺めに関係なく勝手に物を思う事が多いようにも思われる。

影はすぐに近付いて来た山のお蔭ですぐに消えた。夕闇の山中を上越新幹線の高い高い高架線が切り裂いている。高架桁が全て真っ白な直角のコンクリート製である。何となく悪魔の通る線路のように見える。周りの景観を完膚なまでに破壊している。

吾妻川が吾妻線に蛇行する。私は日露戦争で活躍したフランス製装甲巡洋艦〈吾妻〉の名はここいら一帯に因んだものと思っているが本当かどうかは知らない。因みに吾妻線の南には榛名山、上越線の東には赤城山がある。共に日本海軍の巡洋戦艦の艦名となり、後者は後に航空母艦に改装された。私としては栃木県との県境近くにある皇海山《すかい》も帝国海軍軍艦名として妥当だった様に思うが、「皇」が入った艦が沈んだら一大事になったかも知れない。ならば海上自衛隊のひらがな表記の艦名ならどうか。護衛艦〈すかい〉。清涼感があって良いと思う。もしそれが戦後日本初の航空母艦に命名されるなら、ローマ字の綴りはSKYとすれば更に妥当であろう。

列車は文字通り夕陽に向かって走っている。日なたは目を細めなければならない程の黄色で、それから日陰に目を移すと暗さに慣れるまでに暫し時間を要する。線路のすぐ脇を流れ去る奇岩が日に照らされてきらきらと白く光っているかの様に見える。山の木々も白く燃え立っている様に見える。こちらの山は凶悪にも荘厳にも見えない。ただ荒涼としている。上に下に動く稜線の間を夕陽が浮き沈みしている。段段に姿を見せない間隔が長くなる。

中之条駅で上り最終の『草津』とすれ違う。車内には煌々と照明が灯っている。満員の乗客は皆、暖かい車内の中でゆったりと腰掛けながら上野駅に帰るだけである。こちらは少し薄寒さを感じ始めたところで、これから駅前に何もないという終着駅に向かっているところである。

郷原《ごうばら》駅でまた車内灯の明るい上り列車と行き違う。もう夕陽は完全に潜没した。だがまだ山の上は充分な紅が残っている。真っ暗闇にはほど遠い。進行方向の西の空には、真っ黒の山に徐々に侵食されながらも紅が必死に抵抗を続けている。その様を眺めていると何となくぼんやりする気持になる。いつまでもこのまま西日であり続けるかの様な錯覚すら起きる。

時折奇妙に巨大で奇怪な姿のコンクリート橋が線路と錯綜する。奇妙に巨大で奇妙な姿の起重機が現われる。平然たる環境破壊である。それは必要な事かも知れない。必要なのだから景観も自然も破壊していいのかも知れない。破壊美と云う発想があっても良いのかも知れない。しかしよく解らない。解る筈が無いのであって、ここいら一帯が水の底に沈もうが、沈んだところで何かがどうにかなるものなのか、私には殆ど関係のない話である。関係のない輩が何かを云ったとしても誰にも関係しない。関係の無い話をするのは不毛である。この汽車ぽっぽの話が不毛かどうかは別の話である。そもそも鉄道とて立派な環境破壊である。私は汽車ぽっぽに乗るのが好きである。だからして環境云々について述べる権利はない。あっても述べるのは面倒である。


空の紅は既に蒼白くなっている。そのお蔭で山間の渓谷は一層幽玄味を増して見える。それらがゆっくりと後ろに流れ去る。山の中をゆっくり進む電車は無言のまま軽やかに右に左に舵を切る。夜がすぐ近くまで近付いている。既に乗降客も殆ど絶えている上に列車は扉が手動開閉なので、駅に停車しても静粛なままである。すうと停まってすうと発車する。それだけの事が何となく心地よい。凛とした静粛が夕暮れの駅々に停車中の列車を取り巻く。

樽沢隧道を通過したかは記憶にない。川原湯温泉駅が昔は川原湯とだけ名乗っていた様な記憶はある。その次の長野原草津口駅は確実に長野原駅だった。十キロも北にある草津の名を冠して温泉客に訴えようとしたのだろうが、斯様な手段はあまり好きではない。

終点の一つ手前の万座・鹿沢口駅で九割方夜になった。車内灯が寒々しい車内を淋しく照らす車内で、私は妙に嬉しくなった。私は乗客が少ない列車が好きであり、これから何もない終着駅に向かう列車は無人と化している。私は運転席のすぐ後ろに立った。私は自分が汽車好きと見られる行為を極力避けようと努力する種類の人間だが、今の状況はそれを許すものである。

既に暗闇の中を走り出していた列車は、ゆっくりと二本の軌条とその他全ての世界を呑み込みながら進んだ。線路両脇に夜目にもくっきりと青白い雪の塊が続いている。隧道に入る。前照灯が淡く内壁を照らす。ゆっくりと速度を落とすと、車止めのかなり前で停まった。

折り返し列車まで十五分ある。少しばかりでも駅の周りを眺めて来ようと思う。

何もない駅とは聞いていたが、取って付けた様な歩廊に待合室と便所がある。歩廊の隅に雪が積もっている。駅周辺にも積もっているが、それが一面でなく痘痕の様に分散している点がより寒々しさを感じさせる。そう思いながら歩廊を降りる。右手の、即ち列車からは左手に見えた四角い住宅には灯りが点っている。暖かそうだと思う。多分本当に暖かいだろう。

風がひゅうと吹く。夜はもう藍を制覇したかに見えるが、彼方の山の稜線はまだ判別出来る。左手にそこそこ長い橋がある。近付いてみるとその袂に何か刻まれている。文字が判別出来る明るさは既にない。私は持参のライターを点してみた。風が吹くのであまり長くは照らせなかったが、少なくとも私には平仮名で「おまえばし」と見えた。「おおまえばし」ではないらしい。欄干から下を眺めてみる。何も見えない。だが下を流れている筈の吾妻川が流れる音は聞こえる。せせらぎ、という言葉が何の躊躇も嫌味もなく浮かんで来る音である。そのせせらぎが絶える事はない。風がまたひゅうと吹く。体の寒さよりも耳の心地よさを感じた。

橋の向こうには森があり、その中で二十ばかりの街灯が輝いている。私は自分ながら信じがたい事に、大前駅がキャベツの生産で有名な嬬恋村のすぐ目の前にある事をつい最近まで全く知らなかった。その村が白くきらきらと輝く灯火で所在を示している。それだけである。他には何もない。ただの、一つ一つは儚いであろう白い灯火の集合である。だがそれはその下で人間が暮らしている事を、貧相でも誇大でもないながらも確かに証していた。

私はその灯火を綺麗だと思った。川の流れと風の音を心地よいと思った。遠くの黒と限りなく黒に近い藍で聳えている山並みを雄大だと思った。歩廊の脇で明るい車内灯を灯している列車があった。ここは何もないなどという場所ではない。これ以上は何も要らない場所なのだ。もしこれ以上に何かがあったら、それは絶妙な調和で成り立っている駅周辺の全てをぶち壊すものだろう。だからここはこれでいいのだ。こうでしかあってはならないのだ。

私は勝手にそう考えた。そう考えてから、ゆっくりと列車に戻った。

ふあん、という嘶きと共に、吾妻線の上り列車はごとりと発車した。川向こうの灯の群れがゆっくりと流れ出し、やがて見えなくなった。

十二　海岸列車と夜行船

～ＪＲ東日本　成田線
銚子電気鉄道
ＪＲ東日本　総武本線　東金線　外房線　内房線
東京湾フェリー
ＪＲ東日本　横須賀線

私は千葉県在住者である。であるにも拘らず千葉県の海を見た事はない。外国から帰国する際に成田空港への着陸針路の下に見える海を見下ろした位である。山陰で見た日本海。フィリピンで見たマニラ湾。ウクライナのオデッサで見た黒海。これらの海に私はより馴染みがある。

前回は山に行って雪を見た。今回は海に行って波を見に出掛けようと思う。

出掛けようと思う、と云ったばかりで恐縮だが、話は数日前に遡る。

私は第六章で述べた東京外環電車の拡大版を果たすべく、柏駅から常磐線で友部駅、水戸線で小山《おやま》駅、両毛線で高崎駅、八高線で八王子駅、それから中央線と武蔵野線で帰還するという最短料金での関東外環を試みた。水戸線から見た筑波山は矢張りおっとり形で、両毛線岩舟駅付近の奇岩の形は一度見たら忘れられないものであり、八高線の気動車の乗り心地は素晴らしく、荒涼たる田園風景と寄居駅付近の急峻な渓谷の眺めが好ましかった。

だからして面白かったのだが、実は出発直後、正確には取手駅出発直後に非常に不愉快な事態が起きた。どれ位不愉快だったかと云うと、そのまま帰ろうかと思った程の不愉快さだった。

私の乗った四つ扉の車輛の各扉には手動開閉用のボタンが付いていた。そして取手駅を出た列車の車内は空いていた。空いているにも拘らず車輛の扉は四つとも開き続けた。季節は十二月中旬、日は照っているが茨城の空気は非常に冷たい。だからして暖房で暖められた車内の温度は駅に着く度に下がり続けた。私の体温もまた確実に駅毎に奪い取られ続けた。

私は通りかかった女性車掌に注文した。扉を手動開閉にしてくれませんか。

うら若き彼女は、それは出来ませんと言下に答えた。

何故。この車輛には扉の開閉ボタンがあるでしょう。切り替える事は簡単な筈です。

私共としましては、当方で扉を開閉する事がお客様へのより良い配慮と考えておりますので。

あのね、この前僕が乗った青梅線や信越線や吾妻線は全部扉が手動開閉だったよ。乗降客の居ない駅で無駄に車内を冷やす必然性はどこにもないでしょ。こっちは寒いんだけど。

彼女は意味が解らないといった表情で云った。寒いんですか。

私は壊れたような顔の彼女を見ながら、駄目だこりゃ、と思った。

私は寒いから寒いと云った。然るに彼女にはその意味すら解らない様であった。さほどに言語理解能力の低い人間、即ち馬鹿と意思疎通を図ろうとするのは馬鹿げていると思った。

それにしても、である。何故十二月中旬の寒い日の常磐線の列車が疎らな駅で全ての扉を開けなければならないのだろうか。一体車輛に付いているボタンはいつ使われるのだろうか。青梅線民や群馬県民が平然と行っている扉の手動開閉は千葉や茨城の馬鹿な常磐線民どもには困難であるとＪＲ某日本は考えているのだろうか。或いは沿線に原発の廃墟のある常磐線列車の車内温度を高く設定する暖房用電力の無駄な浪費により某京電力の経営を援助しているのだろうか。

さっぱり解らなかった。さっぱり解らないから不愉快だった。寒いから余計に不愉快だった。

これが先日の話である。今日私が乗っている成田線の車輛には扉開閉ボタンすらなかった。乗降客の有無に拘らず駅毎に四つの扉は開き続け、恐るべき寒気を車内に送り込み続けた。車内が暖まらない内に列車は次の駅に停まり、几帳面に車内温度を下げ続けた。そしてこの日は寒さが身を突き刺す様な曇天だった。私はこんな日にのこのこ海を見に出かけた自分が情けなくなった。そもそも冬の海など見ても寒いだけではないかと思った。

という訳で私は不機嫌だった。だからして成田線の車窓はさっぱり面白くなかった。木下《きおろし》駅手前の水路も、そこからの田園と森林の風景も、小林駅の向こうにある釣堀も、雑草に覆われている安食《あじき》駅の線路も、下総松崎《しもうさまんざき》駅の駅舎も面白くなかった。そこにあるのは「陰鬱な日本の冬の風景」でしかなかった。成田駅で乗り換えた銚子行き普通列車も同じだった。私は震えながら好きにしてくれという気分になった。だからして折角初乗りの成田線区間である佐原駅経由の銚子行き列車に乗っても面白味を感じなかった。そもそも成田線という呼称が鶴見線同様に三つの路線を指すのが不適当であると考えた。佐原駅〜松岸駅間はそのままでいいとして、我孫子駅〜成田駅間は「我孫子線」、成田駅〜成田空港駅間は「空港線」とでも命名するべきだと考えた。

車窓は我孫子からの成田線と較べ、住宅が若干少なくなったのを別にすればさして変化はなかった。こんもりした森がそこかしこにあり、その間に一面枯野の田畑が広がっている。左側には利根川の堤防が続く。先程の我孫子線と同様に水面は見えない。下総神崎《こうざき》駅では上り列車との行き違いの為に七分停車した。車内温度とさして変わらない歩廊に降りてみれば煙草の吸殻が散乱している。そして散々こちらを待たせた上り列車はこちらが出る前に動き出した。幸いな事に私は寝不足だった。睡魔が寒気と苛々を打ち破り、私は暫しの間意識を失った。

よせばいいのに目を開けてみれば列車は佐原駅を発車する所だった。車掌が車内放送で次の香取駅で分岐する鹿島線の次の列車の発車時刻を伝えている。それから香取駅に接近し始めると御丁寧にもう一度鹿島線の次の列車の発車時刻を伝えた。御苦労な事である。

その鹿島線の線路が左に旋回して去っていく。向こうには利根川を渡る形のいい長大な鉄橋が見える。何となくうずうずする。乗りたくなる。いずれ乗ってみようと思う。

それから私はもう一度目を閉じた。目が開くと総武本線と分岐する松岸駅だった。ぼんやりしている内に、列車は次の駅であり終点である銚子駅に着いた。

歩廊に降りてみて驚いた。蒸し暑いのである。ぬくい、と私は思わず大阪弁で呟いた。そしてもう一つ驚くべき事に、潮の香りが濃厚に感じられるのである。ほんまか、と私はもう一度大阪弁で呟いた。この香りは私にとっては黒海以来数年ぶりに嗅ぐ匂いである。

黒海と云えど黒くはなかった。ただの海だった。尤も私は街の内陸部に住んでいたので頻繁に眺めた訳ではなかったし、億劫なので眺めに行く事は稀だった。オデッサで少年時代を過ごしたロシアの革命家レフ・トロツキーもまた滅多に黒海に足を向けなかった事を後に知り、何とはなしに嬉しくなった。私は彼の思想はどうでもいいが彼の文章は面白いから好きである。だが今は黒海などという内海でなく世界最大の大洋を見に行く話である。そこへ向かう銚子電気鉄道の列車まで一時間あるので、私は利根川の河口まで行ってみようと思っている。

朝から昼への過渡期である中途半端な時刻なので、銚子駅前が閑散としているのは尤もな事である。妙にだだっ広い駅前通りを歩く事十分程で河口に着いた。広い。途方もなく広い。今まで見てきた日本の川のいずれよりも広い。ウクライナの首都キエフを流れるドニエプル川程ではないが、ロンドンを流れるテムズ河よりも、上海の外灘《ワイタン》を流れる浦江《プージアン》よりも広く感じられる。

目の前の水面には二羽の黒い鳥がふかふか浮いている。水の冷たさを気にしている気配のない表情である。その向こうをちっぽけな白い漁船がゆるゆると進んでいる。微速前進中なのでぽんぽんぽんという機関音も控え目である。巨大な橋が広い河口に架かり、対岸には風力発電の白く巨大な羽根塔が立っている。但し羽根は止まっている。白い鷗が上空を廻っている。ちゃぷちゃぷという波の音が止まらない。音が止まらないのが当たり前なのだが、当たり前の事が私には珍しい。だからして水面をじっと眺めて波の音に聞き入る。何となく気分がゆらゆらして来る。

人声がしたので振り返ると、乳飲み子をおぶった母親と手ぶらの父親がいた。子供をおぶる母親を見るのは果たして何年振りだろうかと思うと同時に、より力持ちの筈の父親が子供をおぶる方が妥当ではないかと思う。だが他人の家族の流儀に容喙すべきではないとも思う。

右手にある漁港では何隻もの小さな漁船がゆらゆらと浮いている。その向こうは更に巨大になる河口であり、更にその向こうには、ここからは見えないが太平洋が広がっている事だろう。私はかつて中国の上海港から大阪港に向かう国際旅客船に乗った時の事を思い出す。若干広くなった浦江《プージァン》が尽きた先には広大な水面が見えた。私は最初それを東シナ海と思ったのだが、実はそれは揚子江《ヤンズージァン》、即ちかの長江《チャンジァン》の河口でしかなかった。そしてその河口は船で更に二時間も下るまで続いたのである。何となく途方もない気分になったのを憶えている。

そして私がこれから見に行くのは、東シナ海などよりも更に広い太平洋である。海など水平線が見えればどこでも同じである筈だが、海は大きい方が見応えがあるだろうと今は思っておく。

銚子電気鉄道、略称銚子電鉄は房総半島の東端を走る全長僅か六・四キロの小鉄道だが、地方線の風情を誘っているらしい。少なくとも関東地方に住む汽車好きなら知らぬ者のいない路線である事は間違いない。無論私も知っていた。それにこれから乗ろうと思う。

しかして銚子駅には銚子電鉄専用の駅舎がない。だからしてＪＲ線の改札口にて銚子電鉄に乗る旨を伝え、二面あるＪＲ線の歩廊のうち階段を渡った方の更に先、おまけの如く東端にちょこんと設けられた歩廊に向かわなければならない。完全にＪＲの隅に追いやられている形である。

小さな欧風の駅舎は無人である。切符は車掌から買わなければならないらしい。

おまけの如き歩廊にはどことなく草臥れた感じの二輛編成の電車が停まっている。片手で数えても釣りが来るほどの乗客しかいない先頭車に乗ると、その最前部で運転手と車掌が携帯電話を片手に世間話をしている。走行中ではないので構わないが大らかだと思う。車輛の三つ扉が開いたままだが全く気にならない。むしろ開けておいてくれた方が涼しくていい。

やがて車掌がおもむろに立ち上がって切符の販売を始めた。彼が肩から斜めに掛けているのは何年も、或いは何十年も使用され続けたお蔭で方々が擶れて白く変色している黒い皮の鞄である。私はこれを少年の頃に一畑電鉄で見た記憶があるが、それ以来日本では見た記憶はない。スロヴァキア、ハンガリー、ルーマニア、ブルガリア、セルビアなどの中欧諸国の列車では見た。それにしても、車掌がわざわざ切符を売りに来てくれる仕組みは何と贅沢な事かと思う。


発車。電車はうおおおんと唸りながらがたごとゆらゆらと走り出した。その感触は私に流鉄や秩父鉄道の電車を、そして一畑電鉄を想起させる。少しく興奮し始めた私を乗せた電車は、踏切を越えてすぐに仲ノ町《なかのちょう》駅に着いた。ここが銚子電鉄の本拠地らしき駅で、左側の歩廊には小さくも威厳のある古風な駅舎があり、事務室の中に駅員が二人いる。右側には小さな車輛基地と醤油工場がある。漁港の街銚子は醤油でも有名だそうである。観音駅は欧風の尖塔がある駅で、歩廊の真向かいには欧風にローマ字で「Tai-Yaki」と書かれている鯛焼き屋がある。

列車はそこから何台もの車が走っている道路を左手に見て走る。周囲には森が広がっている。

この眺めは私の記憶に残っている一畑電鉄の一畑口駅から園駅までの眺めとほぼ同一である。東端の松江温泉駅からずっと宍道湖沿いに走った路線は、行き止まり式の一畑口駅で進行方向を変えてからは西端の電鉄出雲市駅までは内陸部を行く。その最初の区間が私が今見ている風景と殆ど同じだった筈である。私の気持は房総半島から出雲平野に一瞬にして飛び去っている。

ふと気付くと、車掌の車内放送が次の笠上黒生《かさがみくろはえ》駅から列車は一人運転を行うと伝えている。その駅も仲ノ町駅同様にいい駅舎で、改札口には懐かしい木の四角形の駅員柵がある。この駅で降りた車掌は駅員事務所に行くのかと思いきやそのまま上り線の歩廊に向かった。待つ事暫し、全身緑色の電車がやって来ると彼はそれに乗り込んだ。銚子電鉄の車掌は銚子駅とこの駅の間をひっきりなしに往復するらしい。車内放送に扉開閉に車内検札、何という激務だろうかと思った。乗客を寒気に晒して平然としているJR某日本の車掌はここで修業すべきだと思った。

そう思っていたら緑の電車が先に動き出した。少しく機嫌を損ねたが、向かいの歩廊の後端から駅員が全速力で線路を渡ってこちらの歩廊に駆けて来た。そして腕をすっと動かし、私の列車の進路をぴっと指差し確認した。それから運転士が扉を閉め、電車はゆっくりと動き出した。私は後ろに流れ去る駅員の顔を見た。毅然とした面持ちの初老の駅員だった。全速力で駆けて来たにも拘らず彼の肩は微動だにしていない様に思えた。何となく頭を下げたい気持になった。

西海鹿島《にしあしかじま》駅は畑の中にぽつねんと置かれた感じの駅で、一畑電鉄の旅伏《たぶし》駅によく似ている。走り出した電車の脇にキャベツ畑が広がる。海に近いから塩味が効いているかも知れない。電車の進行方向には暗雲が立ち込めているが、その向こうの雲は真っ白である。いずれにせよ青空の下の青い海は拝めそうにない。だが冬にそんなものを見ても面白くはないだろう。

海鹿島《あしかじま》駅に「関東最東端の駅」の標柱が立っているのを見て何となく微妙な気分になる。電車はそれからゆるりと右に、即ち西に曲がる。海はすぐ先の筈だが見えない。君ヶ浜《きみがはま》駅の脇には茶色くなった椰子の木の葉がだらりと垂れ下がり、かつて存在したであろう屋根を支えた四本の白い柱が立っている。ここにまだ立たされている理由かよく解らないといった風に見える。

左手に防風林が延々連なっている。だからしてその先にある筈の海は見えない。と思っていたら一瞬水平線が見えた気がした。だが本当かどうか見極める前に電車が右に廻った。

妙に大きな犬吠《いぬぼう》駅を経て、電車は終点の外川《とかわ》駅に着いた。茶色の木造駅舎で、こじんまりした素敵な駅である。三角屋根と庇の間に「**外川駅**」とだけ書かれた看板がある。身分不相応なまでに巨大な文字で、当驛ニ關《クワン》スル一切ノ誤解ヲ許サズという気概に満ち溢れている。

私の乗る上り列車まで一時間余りある。少し離れに房総半島から南東にちょこんと飛び出た長崎鼻なる突端がある。そこまで行って太平洋を眺めてみるつもりである。

駅前を右手に少し進むと下り坂があり、そしてその向こうに感じではない本物の海が広がっている。雲も海もどす黒い。だが左手、即ち西方の空は夕方の様に白金色をしている。

下り坂を下り出す。かなりきつい勾配である。帰りの事を考えると少しくうんざりする。

坂を下りた所は長い防波堤に守られた漁港だった。漁船が何隻も浮いている。その様をぼんやりと眺めているうちに一羽の鴉が一隻の漁船の艫《とも》に止まった。そしてがあがあと啼き出した。丸で船に向かって何か文句を云っている様である。そう思っていると今度はくるりと向きを変えて私に向かってがあがあ啼き始めた。人間より鴉や猫の方が遙かに高度な生物だと思った。人間はふにゃふにゃ言葉を使う。だが言葉を使うくせに、否、言葉を使うからこそ意味が通じない場合が殆どである。鴉はがあがあ啼くだけで、猫はにゃあにゃあ云うだけで済む。

そう思いながら東に進むと、小島の如き岩礁に無数の鷗であろう黒い鳥が蹲っている。無数、という表現以外に表現しようのない数である。それらがめいめい勝手にあっちこっちを向いたり首を上下に動かしたり飛び立ったりしている。見ていて何となく壮大な気分になる。

黒く厚い雲が低い。ぬくい風が吹く。蒸し暑さを覚える。手に汗を握り始める。

左手に小さな倉庫が建ち並んでいる。その色は赤だの青だの緑だの翡翠色だの一軒毎に異なっている。その傍らでやぶ睨みの猫が詰まらなさそうに私を見ている。コイツハ魚ヲクレソウニナイ人間デアルと思っているのであろう。猫は魚と鼠のどちらを好むのだろうかと思う。

南の海上に巨大な風力発電の羽根塔が建っている。機器が塩漬けにならぬかと思う。

とぼとぼ歩いているうちに長崎鼻に着いた。そこはただの行き止まりで、巨大かつ無愛な白く高い塔が一本建っているのみである。灯台ではない。見張り塔かと思う。だが人の気配はない。

その向こうの東方には白金色に見える空と海しかない。脇の岩礁に白い浪がどうんどうんと叩き付けている。四方から海鳴りが聞こえる。この浪はどこから来たのだろうかと思う。アラスカか。ハワイか。カリフォルニアか。チリか。さっぱり見当が付かない。付く筈もない。ただ何となく浪が砕ける様を眺める以外に私が出来る事は何もない。海は暗くて広い。広過ぎて気分が纏まらなくなる。こんな途方もなく広いものは眺めても仕方がない様にも思える。

白金色と黒の境目にある水平線に一隻の大型船が見える。舳先が左を指しているらしいから先刻東京湾を出たばかりなのだろう。かつて幕府軍艦〈咸臨丸〉もあそこを通って太平洋に漕ぎ出し遠路アメリカ大陸に向かったのを思い出す。思い出すといっても私が見た訳ではない。土居良三著『咸臨丸海を渡る』という面白い本を読んだお蔭で知っているだけである。

上空にふらりと黒い巨鳥が現われる。ボーイングB767。音も立てずに低空をすうと降りて来た機体は、絞っていた発動機の出力を若干上げながらゆっくりと右に旋回していく。その巨鳥がやって来た北方に犬吠埼が白く聳えている。どうん。どうん。浪が押し寄せる。私を追い返そうとしている様にも思える。私はこの海の壮大さにそぐわない気がする。

外川駅からの上り電車が笠上黒生駅に着いた。あの初老の駅員が歩廊の前端に直立していた。そして私の電車の発車を確認するや否や全速力で線路を渡って下り歩廊に駆けて行った。

上りの総武本線普通電車は帰宅する高校生で混んでいた。まだ昼過ぎなのだが期末試験中らしい。やべえ、赤点四つもあるよ、という男子高生の甲高い声が聞こえる。それはやばいだろうと私も思う。集団から外れて独りぼっちで静かに座っている女子高生もいる。

通路の向かいの四人掛け座席に一組の男女生徒が座っている。どうやら女子が男子の先輩らしい。その先輩女子は身を乗り出して話し掛けているが、後輩男子はそれを軽くいなしている風である。その素っ気無さが却って先輩女子をむらむらと焚きつけるらしい。

電車は松岸駅を過ぎてから枯木の雑木林の中を突き進む。人家は殆ど見えない。まるで茶色い原生林の如き風情である。漁港銚子のすぐ先にこの様な風景が広がっているとは思わなかった。枯木の波の上に風力発電の巨大羽根が突き出ている。風の谷、という言葉が頭に浮かぶ。

不意に後輩男子が先輩女子に論じ始めた。先輩知ってますか。何故倉橋駅にホーム一本だけしかないか。それはね、あんな田舎の駅に二本もホーム造ったたって経済効果ないですからね。やっぱし駅を多くするには人口が必要っすからね。ＪＲだって利益が必要ですから。

それから後輩男子は己の経済論を滔々と弁じ始めた。先輩女子は感に堪えぬといった面持ちで後輩男子の高説を拝聴している。だが私は別の事を考えている。駅の大小は確かに人口だの利益だのに密接に関わるが、その他にも列車交換と云う列車運行上の要素も絡んで来る。倉橋駅とやらが歩廊一本だけと云うのは単線であるこの総武本線の末端区間では列車本数が少ない。だからして行き違いの可能な複線駅は幾つも必要ではない。そう云う事もあるのだよ後輩男子君。

先輩女子が云う。私はここがもっと賑やかになってくれたら嬉しいな。だが後輩男子はさっさとここを出て行きたいと素っ気無く云う。この総武本線を西に進めば中央本線に繋がる。その先には新宿という大都会がある。そこには彼が働くのにうってつけの店が沢山ある事だろう。

山中にある歩廊一本の倉橋駅を過ぎると列車は再び平地に降りる。旭《あさひ》駅で先輩女子と後輩男子をはじめとする高校生らはぞろぞろと降りた。車内に静寂が戻る。すると眠くなる。

目覚めたら列車は松尾駅を出るところであった。灰色になっている空から降り出している雨の雫が窓をぱちぱちと叩いている。車掌が次の成東《なるとう》駅で分岐する東金《とうがね》線の乗り換え案内を放送している。成東駅への到着前にもう一度繰り返した。矢張り御苦労な事である。

東金線の車内ではごみがそこかしこの床に散乱している。この路線は全長十三・八キロ、二十分程で終点の大網駅に着く。それだけの路線で何故ごみが散乱するのか合点がいかない。

雨脚が強くなった。列車は灰色の世界の中をとぼとぼと走る。田園と住宅地の真ん中に巨大な高層住宅が忽然と建っている。この様な景観はどこかで見た記憶があるのだが思い出せない。

東金、福俵《ふくたわら》という豊かそうな名の駅を通ってから列車は高架線に昇った。私がこれから乗る外房線の線路が左から接近して来る。接近速度が遅過ぎると思っている内に新幹線駅の如き大網駅に停車した。両線の歩廊同士は百メートル程も離れており、二つの路線は駅の西方で合流している。乗り換え客は学校の渡り通路の如き通路を行き来しなければならない。幸いにして風はないので雨が通路に降り注ぐ事はないが、海岸部と内陸部では気温の仕組みが違う様で寒い。手の汗はとうに引いている。だが外房線の列車が南に走り出して間もなく左手の操車場跡を通過する頃には青空が広がった。どうにも合点がいかないが、雨の日も晴れの日もしょうがない。

外房線とは読んで字の如く房総半島の外側を走る路線だが、実際に海沿いを走るのは全路線のうち南側の三分の一でしかない。そして今はただ内陸部の平野を走っているだけである。

高架線にする必要があったのかどうか解らない程に小さな町にある茂原《もばら》駅を過ぎると列車は山間部に差し掛かる。何となく吾妻線を連想させる車窓風景である。海を見に来たのにまた山を見ている。何をしに来たのかよく解らなくなるが、汽車が走っているから構わない。

東浪見と書いて「とらみ」と読む駅がある。こういう無茶な読みの駅が私は好きである。漢字もいい。東の浪を見る。私も先程見た。そして逃げ出したが、それはそれで構わない。

旧国鉄木原線の現いすみ鉄道との分岐点は大原駅。教習費全額自己負担を条件に一般の希望者から新規運転士を募ったという前代未聞の鉄道会社である。巨費をはたいてまで運転士になろうとするのは、文字通り夢を叶えようとする方々で、汽車に乗るだけで満足な私など足元にも及ばない。尤も私が運転士を希望しても一次審査で落とされる可能性が非常に高い。

房総の短いトンネルを抜けると、そこは御宿《おんじゅく》だった。陸の底が海になった。

だが駅前に建っている巨大な高層住宅が眺望を邪魔している。尤も発車したら左手に海がよく見えた。その直後にまた隧道に入った。それから暫くはその繰り返しだった。上総興津《かずさおきつ》駅の手前には入り江の島に赤い鳥居がある。それをちらりと眺めたらまた轟々という音と共に外界は真っ暗になる。海が見える。隧道に入る。抜けたらまた海が見える。抜けても山だったりする。

海沿いにも山中にも人家がある。それは漁師の家だったり農家だったりするのだろう。両者はいつどうやって海と陸に袂を分かったのだろうかと想像してみる。漁師は鮫《シャーク》団、農民は噴射《ジェット》団と名乗って常日頃から抗争が絶えなかったり、脚をぴんと上げて踊ったり、女がアメリカに住みたいと歌ったり、男女の悲恋などあったりするのかどうか、私は知らない。

安房小湊駅前でも巨大ホテルが眺望を邪魔している。むっとしながらそれを眺めている内に、東金線や御宿駅で見た巨大建築物が何に似ているかやっと思い出した。アニメ『未来少年コナン』の、砂漠に囲まれた人工都市インダストリアにぽつねんと聳え立っていた三角塔である。だとするとコナンがあの屋根の上から飛び降りて平気だったり、人工衛星から太陽エネルギーを注入されたりする事があるかも知れない。三角塔は後に巨人機ギガントからの砲撃で大損害を受けた挙句、地殻の変動によって生じる大津波に呑み込まれるのだが、そこまで考えるのはよそう。


海と山と黒とを交互に通過している内に夕陽が深刻に傾いてきた。空の青が段々と白っぽくなっていく。列車の終点である安房鴨川駅から路線名は外房線から内房線となるが、その内房線はここから千倉駅まで二十キロ余り外房を行く。こういう事象はどうにも私の気に入らない。気に入らないので偽内房線やら嘘某線《うそぼう》やらとでも呼ぼうかと思ったりする。

乗り換えた偽内房線及び嘘某線の車内は、全ての四人掛け座席に客が散在しているという非常に不愉快な状況にあった。仕方がないので私は一人で後ろ向きの通路側に座っていた制服の中学生に、ここに座ってよいかと聞く意味で進路方向窓側の座席を指差した。プラスチックの容器から蕎麦を啜っていた彼は壊れた様な表情になり、へいどうぞ、と云う風にぺこぺこ頷いた。私がそちらに座ろうとすると、彼はずいと自らの体を窓側にずらした。この糞餓鬼。何故そちらへ行く。その所為で私は通路側に座らなければならなくなったではないか。海の眺めが遠くなったではないか。そう苛々思う内に列車は動き出した。矢張り海は遠い。更に苛々する。

それにしても、である。この少年の箸の使い方は私の苛々を忘れさせる位に奇妙奇天烈なものだった。箸を挟んだ指を一切動かさないまま蕎麦の塊をつまみ上げ、ただ肘から上だけの上下運動だけで口まで持って行くのである。それは矢張り餓鬼と云う言葉を連想させる食べ方だった。食べ終えてから彼はうつらうつらと眠り始めた。その様は襤褸雑巾の様に見えた。

通路向こうにいる同じ制服の二人のうち一人はしきりに論じている。あの漫画やべえよ。まだ高校生なのに五輪《オリンピック》の選手になるなんてよ。そりゃ無い訳じゃないだろうけど普通考えられねえよ。現実そう上手く行く筈ないんだから。聞きながら私はふと思い出す。かつてスペインで水泳の金勲章《メダル》を貰ったのは彼と同じ中学生の少女だった事を。何故中学生如きがそれ程までに現実を悲観したがるのかよく解らない。或いは彼は希望があれば絶望がある事を既に悟っているのかも知れない。だとしたら彼のこれからの人生はさぞ虚無なものになるだろう。

私の向かいの中学生は降りる時、私に向かい、ちょいとそこを失礼、と云いたい中年男がよくやる様にひらひらと手を垂直に動かした。彼はこれから二十年後も三十年後も、或いは死ぬまで事ある毎にああして手をひらひらさせ続ける事だろう。恐らく彼にとって人生最大の幸福の時間は、偽内房線だか嘘某線だかの中で蕎麦を啜ったり、襤褸雑巾の様にぐっすりと眠り込んでいられる今だけなのだろう。幸薄そうな彼の後ろ姿が悄然と薄暗い改札口に消えて行く。

空は紅色に染まっている。先程までは薄汚い灰色だった雲は、今や何となく凄惨な黒に変化している。その下の海は窓側に移れたお蔭で落ち着いて眺める事が出来るようになった。波打ち際には白い波頭がちらほら打ち付けている。長崎鼻程には機嫌は悪くなさそうである。

走る汽車の中から見る海は、浜辺で見る海とは全く様相を異にしている。今私が見ているのは無音のまま波を粛々と打ち寄せているだけの遠い水の塊に過ぎない。

列車が左に廻って千倉駅に着く頃から海は再び見えなくなる。空は急速に藍色になり、列車は再び吾妻線の如き車窓風景の中を走り出した。次に海を見られるのは山中を十キロ余り走った後の館山駅を過ぎてからだが、どうやらもはや光のある内に海を見る事は叶わない様である。だが夜の海も悪くはあるまい。良かろうが悪かろうが、夜の海も見てみたい。

館山は昔の日本海軍の寄港地だった所で、第一次世界大戦終結後に欧州訪問に向かった裕仁皇太子、即ち数年後からの昭和天皇も帰路東京湾に入る前に暫時立ち寄ったと云う。その話を思い出しながら館山駅に進入する列車から見えたのは、途方もなく巨大なカラオケ屋だけだった。

内房線の列車は漸く本物の内房を走り出す。気温は更に下がってきた。だが座席の下にある電熱器から発せられる温度は尻がちりちり焼かれる様な感覚すら覚える程の熱さである。腰を浮かし続けるのも容易な業ではない。車掌は車掌室に引き籠っているらしいので温度を下げる様頼む訳にも行かない。矢張りＪＲ某日本は某京電力の為に電力を浪費している様に思える。

ううむと唸っている内に列車は東京湾の東岸に出たらしい。らしい、と云うのは既に外界が漆黒に覆われているので、ただの空き地か海か識別出来ない為である。ぽつりと暗闇の中に灯火が見えるが、それが海上の漁船のものか地上の家のものかも解らない。

尻の熱さに閉口し、窓の外が海かどうかも解らなくなった私を乗せて、列車は浜金谷駅へ向かっている。私はそこで降りる。何故と云うに、そこから少し離れた金谷港から東京湾フェリーに乗るためである。何故それに乗るかと云うに、既に御存知とは思うが私は汽車好きであり、散々述べた通り飛行好きでもある。だが実は、船も嫌いではないのである。

生まれて初めて乗った客船は中学二年の夏休み、その翌年に廃止になると云うので汽車好き仲間の何男君と共に大阪から乗りに行った青函連絡船だった。当時は今の緑色ではなく赤色の券面だった「青春18きっぷ」で行った。普通列車の乗り継ぎで青森駅に到着した頃にはくたくただった上に、宿泊代を浮かすために往復とも夜行便だったので記憶は曖昧である。だが闇の沖合いから音も立てずに近付いて来る連絡船の航行灯を美しいと思った事は覚えている。

大学二年生の夏には、京都府の舞鶴港から北海道の小樽港まで大型客船に乗った。初秋だったので船客は疎らだった。巨船が暗い海を白い船首波と共に切り裂いて行く事、大浴場の湯船の水面が船の振動に合わせてゆらゆらと揺れる事が印象的だった。

それからも私は様々な船に乗った。下関港から韓国釜山《プサン》港への、沖縄港から台湾基隆《キールン》港への、大阪港から上海《シャンハイ》港への国際航路。フィリピンのマニラ港からパナイ島南部のイロイロ港への旧日本客船での往復。イギリスのドーヴァー港からベルギーのオステンデ港までの海峡連絡船。中国の重慶《チョンチン》から武漢《ウーハン》までの長江《チャンジアン》下りの客船。バングラデシュのガンジス河、上海の浦江《プージアン》、バンコクのチャオプラヤ河、イスタンブールのボスポラス海峡の渡し舟。

特に船が好きだった訳ではない。だが船にゆらゆら揺られる感じは嫌いではなかった。船の船首波が水面に白波を蹴立てるのを舷側からじっと眺めるのは楽しくさえあった様な気がする。

それに、である。今度別名で発表される私の本というのは、実はかつて某国に実在した戦艦某についての物語なのである。そして色々調べる為に、私は戦艦関連の書籍をむさぼり読んだ。そのうちに、私はかつて海上で最強の兵器だった戦艦という軍艦の種類そのものに非常に興味を抱き始め、仕舞いには愛着すら覚え始めたのである。だからして今の私は最近の鉄道車輌なぞよりも昔の戦艦の方が遙かに詳しい。それも、〈大和〉だの〈ビスマルク〉だの〈プリンス・オブ・ウェールズ〉だの〈ミズーリ〉だのといった第二次世界大戦時代のものより、十九世紀末から第一次世界大戦終結以前に就役した古き良き蒸気機関時代の戦艦が好きである。

滔々と戦艦について述べたいが、話が長くなるのは良くない。他日を期す事にする。

さて、戦艦についての作品を書き、それが目出度く出版される運びとはなっているが、私は戦艦好きながらも執筆時に船に乗る機会がなかった。仕方がないので、船について知った様な振りをしながら、戦艦という船の一種についての物語を書き続けた。だが矢張り実際に船に乗ってみて書くべきではなかったかと考えていた。いずれは船に乗ろうと思っていた。

そんな折、東京湾岸列車で京浜急行電鉄に乗った際に車内で東京湾フェリーの広告を見た。最初は何故それが京急の車内にあるのか合点が行かなかったが、よく考えたら京急は三浦半島の久里浜駅を通っており、東京湾フェリーは久里浜港から対岸の房総半島の金谷港を結んでいる。だからして同フェリーが京急の車内に広告を出すのは当然だと思い直した。

金谷港の最寄り駅は内房線浜金谷駅である。今、私を乗せた列車は浜金谷駅へ向かっている。

そして列車は浜金谷駅に着いた。歩廊の寒気が火照った尻を冷やしてくれるが、その他の体の部分は一斉にぶるぶるし出す。世界はもはや完全な暗黒である。そして駅から港への道は暗い上に誰一人いなかった。五分ほど歩いた所にある港にも人影は疎らである。

久里浜港までの切符を買ってからも時間があるので待合室の外に出てみた。コンクリートの岸壁に黒い海からはじき出されたほの白い波がちゃぷちゃぷ打ち寄せている。まるでやる気もなくのたうち回っている海と波である。これでも海だけど、と云うが如き感じが気に入った。

その向こう、黒い世界の中にぽつんと白い光が見える。遠くてもそれが大きい事、じっと見ている内に光が少しずつ大きくなる事が解る。船の灯火である事に疑いはない。

ぼんやりしているうちに光はみるみる大きくなった。大きな白光の脇にも別の白光の列が見え出す。客室の照明だろう。だがまだ何の音も聞こえない。すうと近付くばかりである。かつて青森駅で見た青函連絡船の灯火は二階だか三階だかにあった連絡船の待合室から見た。今私は地べたの岸壁からそれを見ている。見上げるまでになるまでにさして時間はかからなかった。

ごうん、ごうんと云う機関の低い唸りが漸く聞こえ始めた頃、船は私にとって想像だにしない大きさとなっていた。煌々と明かりをともした白く巨大なものが海を滑ってくる。

大きい。だがそれが更に大きくなる。まるでこの前見た青梅駅の駅舎がこちらに迫って来る様な錯覚すら覚える。駅が迫って来るなどと云うのは奇妙な表現だが、今の私にはそうとしか思えない。汽車にばかり乗って来た私にとって、船は途方もなく巨大に見えた。その途方もなく巨大な物体が暗い海の向こうからやって来る光景は、恐怖を通り越して畏怖すら感じさせた。

突如として船から巨大な探照灯の白光が発せられた。それはさっと横に移動して、ぼんやりと岸壁に突っ立っている私を捉えた。私は反射的に手を目で覆った。それ位に光は強力だった。だが光は私に興味を示さなかったらしく、すぐに投錨地点の海面に向かって去った。私は少しく安堵すると同時に、何となく取り残された気分になった。目が残光でちらくらする。

遂に船は私の目の前にその全貌を現した。船室灯が漏れている窓は鉄道車輌ではあり得ない大きさで、〈しらはま丸〉と船名を大きく書かれた白い舷側がそそり立つばかりの高さである。青梅駅よりもこの船の方が巨大かも知れない。その巨大なものが低く重い機関音と共にゆっくりと行き足を止めた。貧相だった波がざぶん、ざぶんとゆっくりうねり始める。船の機関が急に唸りを高め、船尾から夜目にも白い波がざあざあと盛大に泡立ち始めてから、船はその場に停まったままゆっくりと舳先と船尾を廻し始めた。船はいかなる鉄道車輌も絶対に出来ない芸当、即ち自力による方向転換を始めたのである。この様を見たら、『汽車のえほん』や青梅や横川の機関車たちも一斉に咳払いをしたりあちらを向いたり眠ったふりをするかも知れないと思った。

船首を東に向けていた〈しらはま丸〉は見る間に舳先を西に、即ちこれから向かう久里浜港の方向に向け、ゆっくりと横滑りをする様に岸壁に着いた。私は急いで乗り場に向かった。

乗客が疎らな上に今まで汽車にばかり乗っていた事も相まって、船内は有り得ない程に広く思えた。ずらりと並べられた座席が一体幾つあるのか数える気にもならなかった。私は左舷の窓側の席に腰を下ろした。先刻まで私がいた岸壁が信じられない程に遠く低く見える。

私はお酒が飲みたくなった。私はどちらかと云えば酒呑みと呼ばれる種類であると自覚している。若く馬鹿だった頃は様々な醜態を晒した様だが、馬鹿なままに齢《よわい》を重ねた今はそんな事はない。この物語が始まってから今まで、私は汽車の中で一滴の酒も口にしなかった。何故と云うに、私は昔より行儀良くなったと自負してはいるものの、それはお酒が口に入るまでの話であって、入ってしまったらそれを止める事は非常な困難を伴う事も自覚している。そうなれば私は汽車の事などどうでも良くなるであろう。斯様な仕儀になる事は私の望むところではない。

だが今この巨大な〈しらはま丸〉の広大な客室で、便々と腰掛けたままでいられるものではない。私は今まで乗りなれた汽車とは全く異なる環境にいる為に心身共に硬くなる気分なので、それを少しばかりほぐす必要があると思われる。もう陽もとっぷり暮れた。この船で久里浜港に着いた後はＪＲ横須賀線の久里浜駅に向かい、それから帰るだけである。

以上云々と理由を繕ってから私は売店で缶ビールを買い、広い船室の中でぐいと缶の中身を喉に流し込んだ。私はほうと息を吐いた。硬くなっていた心身がぼんやりする気分になった。

ぶるぶると船が震え、それが静かになった時、〈しらはま丸〉は前進していた。機関の低く鈍く響く音以外、船が動いている様には感じられない。眼下の暗い水面に白い船首波が次々と吐き出されていく。まるでうねうねと動く生物の様である。それだけが〈しらはま丸〉が動いている証の様に思われる。舷窓から仄かに白い波紋を見ていると、私の心身は一層ぼんやりしてくる。

二本目のビールを飲み終えてから私は上部甲板に出てみた。冷たい風がばたばたと音を立てて吹き付ける。ぼんやりしていた心身が一気に引き締まる思いがする。進路方向の久里浜周辺に無数の街の灯がくっきりと見える。金谷の方を振り返ると灯火は疎らである。目を凝らすとここかしこに無灯火のままで停泊している船が何隻か周囲に蹲っているのが見える。船尾から推進羽根《スクリュー》が攪拌する白い泡が無限に湧き立ち続け、波となって暗い海に消え続けている。

それを眺め続けていると更にぼんやりした気分になる。汽車の最後尾から流れ行く線路を眺めてもこれほどぼんやりした気分にはならない。だが黒い海に現われては消える巨大な波を眺めていると、船への畏怖を感じさせずにはいかない。ふと思い出してみれば、汽車も自動車も飛行機も全て船の後に登場した乗り物であり、自走用の機関を積んだのも船が最初である。

蒸気船の実用化に初めて成功したのはアメリカ人のロバート・フルトンで、彼の設計した〈ノース・リヴァー・ボート・オブ・クラーモント〉、略称〈クラーモント〉は一八〇七年秋にニューヨークのハドソン河にて試験航海に成功したという。その二年前のトラファルガーの海戦によってナポレオンの侵略を免れたイギリスでは、リチャード・トレヴィシックが未だに蒸気自動車と蒸気機関車の開発に失敗し続けていた。人類が空を飛ぶのは更に一世紀も後の事である。

私はそんな事を思い出しながら再び航跡を見てみた。相変わらず一直線の船尾波が。

廻っている。船尾波が右に廻っている。即ち船が左に廻っている。
素人目にはそれが急角度に、即ち取り舵一杯の様にしか見えない。
何故だ。単純に東京湾内を往復するだけの筈の船が何故大回頭を。
視線を舳先に向ける。廻っている。久里浜の灯が右に廻っている。
忽然と〈しらはま丸〉の左舷海上に巨大な白い光の塊が現われる。
その光の形状からして本船の姉妹船〈かなや丸〉に違いあるまい。
その船の船腹に我が〈しらはま丸〉は舳先を突っ込む格好である。
何故だ。何故この様な危険な操舵が行われているのだ。おかしい。
周囲に停泊中の船は見えないので危険回避行動ではない筈である。
危険なのはこちらの大回頭だ。二隻は今や衝突針路を取っている。
非常汽笛は鳴らない。〈かなや丸〉が本船を回避する気配もない。
全く合点が行かない。行かないままに二隻は更に近付きつつある。
私の脳裏に、リッサ、テゲトフ、ヴィクトリア等の言葉が浮かぶ。
衝突に備えて目を見開いている私の視野が急速に右に廻り始める。
何事かと私が訝っている内に〈かなや丸〉が左舷を航過して行く。
あちらは最初から今まで何事もなかったかの様に直進して行った。
こちらは最初に大きく左に廻り、それから右に大きく廻っている。
何の為の行動だったのか全く解らない。解らないままに船は行く。

余り話が長くなるのは良くないとは思うが、出て来た言葉に対する説明責任はあると考える。ドイツ統一前のプロイセン王国とその同盟国で統一直後のイタリア王国が共にオーストリア帝国と戦争中だった一八六六年六月、イタリア艦隊とオーストリア艦隊が当時オーストリア帝国領だったアドリア海のリッサ島、現在のクロアチア領ヴィース島の沖合いで遭遇した。オーストリア艦隊を率いるのは提督ヴィルヘルム・フォン・テゲトフ。やがて開始された激戦の最中、オーストリア装甲艦〈フェルディナンド・マックス〉の艦首下に備えられた衝角《ラム》という名の水中の匕首が、イタリア装甲艦〈レ・ディタリア〉の船腹に突き刺された。たちまちにしてイタリア艦は爆沈、テゲトフはリッサの勝者として海戦史に永遠に名を残す事になり、衝角攻撃は砲撃よりも遥かに容易な攻撃方法として確立されたと思われた。だからして十九世紀後半から二十世紀初頭までの大型軍艦の殆どに衝角が設けられた。現在横須賀にいる戦艦〈三笠〉もまた然りである。

しかし、である。敵にとって危険な兵器は味方にとっても危険な兵器であった。各国の海軍で味方同士の衝突事故が後を絶たなくなった。その最大のものが一八九三年夏に現在のシリア領トリポリ沖で発生したもので、イギリス地中海艦隊の装甲艦〈キャンパーダウン〉が艦隊旗艦〈ヴィクトリア〉の船腹に誤って艦首を衝突させた。瞬時に開いた巨大な破口からの浸水によって後者は瞬く間に転覆沈没、乗組員三百人以上が犠牲となった。幸運にも救助された同艦の副長が、二十一年後に勃発する第一次世界大戦でイギリス海軍のグランド・フリート、文字通りの世界最大最強の大艦隊の司令長官となるジョン・ジェリコー中佐だったのだが、昔話はもうよそう。

これらの事は兎に角、無事で良かった、というのがこの時の私の感想だった。だが無論そうではなかったろう。ほろ酔い加減だった私一人が、寒風吹き荒ぶ甲板で一人あたふたしていただけの話であろう。それにしても〈しらはま丸〉の右往左往振りと〈かなや丸〉の無関心振りが私にはさっぱり解らない。そうするべき理由があったのだろうが、それが解らないからどうにも気分が纏まらない。だが船にはまだ馴染みがないので解らないのは仕方ない。

それでも今の連続急転舵は、線路の上を行く事しか出来ない汽車では味わえない興奮を私に覚えさせた。振り返れば、既に〈かなや丸〉は黒い海の彼方で沈黙する小さな白い光点でしかない。四十分の航海を終えて〈しらはま丸〉が接岸した久里浜港からＪＲの久里浜駅まで非常に遠かったのは全く意外の事であった。私は早くも醒めた興奮と少しくぶり返した酔いによる重い足取りで、人気の無い薄暗く薄ら寒い夜道を三十分近く歩く羽目となった。

私が疲労困憊しながら久里浜駅の階段を昇り降りして乗り込んだ横須賀線上り列車はすぐに走り出した。列車の脇に建ち並ぶ住宅は、まだ八時過ぎであるにも拘らずどこも灯火管制を敷いているかの如く真っ暗だった。ここいらの人々は早寝の習慣でもあるのかと不思議に思った。

やがて昼間なら右手に見えるかも知れない〈三笠〉が見えないまま列車は横須賀駅に着いた。

私が小学生の時に国語教科書で読んだ芥川龍之介の『蜜柑』はここから始まる。当時横須賀にあった海軍機関学校の英語教師をしていた芥川の紹介で同校のドイツ語講師となった内田百閒は、

『蜜柑』の舞台となったであろう場所の近くで女性の轢死体を見ている。だが時代は彼らが生きた大正どころか平成であり、時刻は彼らが通勤した昼でなく夜である。暗闇を行く列車から昔の事を連想しても仕方がない。仕方がないが連想してしまうのも仕方がない。

横浜駅で大半の乗客が乗り降りする。駅は明るいが、〈しらはま丸〉に比べれば照明の下に人が矢鱈と多い分薄暗い。思い起こせば横浜駅に来るのも二十年近く振りだが何の感慨もない。私は少なからず草臥れている。だがそれでも新川崎駅付近を走る横須賀線の飛行機の如き上昇と下降を楽しもうと思う。鶴見駅の先で高速左上昇旋回にて東海道本線に別れを告げた列車は、高架線を突き進んだ後にひゅうと降下する。それからまるで着陸復航《ゴー・アラウンド》を行う飛行機の様に再びひゅうと上昇、新川崎駅という滑走路にぴたりと着陸する。それに加えて前述の新幹線との併走も面白かったので、私は東海道本線よりも敢えて横須賀線に乗る事の方が多かった。

昔は新川崎駅の左脇には広大な操車場があったのだが、当時から既に敷地の半分以上が遊休地状態にあった。何機かの入替用機関車が手持ち無沙汰げに佇んでいたのを憶えている。今そこには〈しらはま丸〉よりも遥かに大きい、見慣れない巨大な高層住宅が建っている。私は何となく眩暈がする。人間は果たしていつ迄大きなものを造り続ければ気が済むのだろうと考える。

十三　遠方鉄道

〜ＪＲ東日本・ＪＲ東海　東海道本線
天竜浜名湖鉄道　天浜線
岳南鉄道

話が長くなるのは良くない。話を長く続けようとするのも良くない。

私の愛した『汽車のえほん』も長くなり過ぎたと考える。登場する機関車は増え続け、画家が幾度も変わった事により画風も機関車の顔も途方もなく変わった。既に『鉄道・船』だの『ヤマケイのレイルシリーズ』だのといった図解ものや写真集に食指を伸ばし始めていた私にとって、かつての馴染みと大きく異なる表情の機関車たちはもはや魅力的ではなくなった。

やがて私は成長し、汽車への愛着そのものを失った。様々な異国を廻り始めた。異国に定住した。そして、そこまでだった。どこにも居られなくなった私は日本に帰るしかなかった。逼塞の日々が始まった。その際の僅かな心の慰めは、『汽車のえほん』を初めとする汽車の本を読む事だけだった。何の事は無い、中年の私は幼少の頃に、即ち振り出しに戻っただけだった。

そうしている内に、私の書いていた作品が本になる事になった。それを契機に私は近所の鉄道に乗りに出掛け始めた。最初は流鉄で片道十五分だった。前章は出撃から帰還まで十二時間以上を費やした。汽車に乗るのが長くなるのは構わないが、話が長くなるのは良くない。私なる貧相な中年男が近所の鉄道に乗りに行くだけの物語も、そろそろ終えようと思う。

新しくなったのか古くなったのかよく解らない東京駅は休日の朝六時半だと云うのに混雑している。この人達は何が楽しくて折角の休日の朝から出かけるのだろうかと思う。御苦労様だと思いながら東海道本線の歩廊に停車している列車に乗ると、私が乗ろうと思っていた左側の四人掛け座席には全て進行方向に一人ずつ座っている。内房線同様に私が一番不愉快になる座席の埋まり方であって、東海道本線の左側で眺める筈だった海が眺められなくなった。だからして非常に不愉快になる。だからと云って旅の最初から後ろ向きに座る気にはならない。柏駅を出たのが五時半であり、私は寝不足である。私はむっとしながら右側に席を占める。

今日、即ち最後の汽車旅にどの路線に乗ろうかと考えてみたところ、私は東海道本線にまともに乗っていない事に気付いた。戸籍上は東海道本線である京浜東北線の東京以西には幾度か乗ったが、矢張りそれは京浜東北線で東海道本線とは云えないであろう。日本鉄道の大動脈であるのみならず日本最初の鉄道路線に乗らないで済ますのは些か礼儀を欠くものであると考えた。

私は近所の鉄道に乗ってきたが、最後は少しく遠くまで行って見たい。だからして東海道本線で遠くまで、日帰りで行けるところまで出掛けて来ようと思った。

そう思ったから出掛けて来たのだが、寝不足と雑踏と後ろ向きとで早くも不機嫌である。

発車。ゆっくりと右手の有楽町駅を通過した後に新橋駅に停車する。浜松町駅で東京モノレールが頭上を左に廻って行く。品川駅の手前の車輌基地が目に入った。かつてここに憩っていた誇り高き蒼い女王たちについては以前ちらりと触れたので、繰り返しはよそう。

京浜急行電鉄と併走しながら六郷川を渡る。冷たそうな川の脇に青い天幕がちらりほらりと並んでいる。川の向こうには高層住宅が並んでいる。今日は晴天だがどちらも寒々しい。

川崎駅で南武線が右に廻って行く。同線の尻手駅と浜川崎駅を結ぶ支線が頭上を越えていく。右手から高架の横須賀線がすうと降下して来る。鶴見駅では鶴見線の高架歩廊が見える。横浜線が北からやって来る。全て私には些かなりとも馴染みのある路線だが、東海道本線の列車はこれらに目もくれず疾走する。日本最古の路線としての威厳を感じなくもない。

沿線には踏切が多い。何本も線路が走っている上に通過列車の本数も多い筈だから平日は渋滞で大変だろう。尤もこれは東海道本線である。列車は参勤交代の大名行列の如く偉そうに通ればいいのである。自動車なる下郎どもはただ踏切の脇でおろおろと平伏しておればよい。お汽車様に無礼を働くような異人は生麦あたりでざんばらりんと切り捨てて一向に構わぬ。

横浜駅着。東海道本線はここまでが序章である様に思われる。幹線と云う路線には序章と云うものを伴うものかも知れない。第一章への入口までの駅が序章である。東北本線なら大宮駅。中央本線なら高尾駅。常磐線なら取手駅。だが私がかつて乗った山陰本線は起点の京都駅を出てから即座に第一章だった記憶がある。果たして今はどうなのだろうか。

相模川を渡って暫くすると右手の遠くに新幹線の高架が見えて来る。大磯駅辺りから左側に相模湾が見え始める。列車の上空は晴れているものの海上は厚く白い雲に覆われている。その隙間からこぼれ落ちた大量の光が海に落ち、白く眩しく鈍い光の塊となって列車に跳ね返っている。

通路越しに見ても美しい光景である。もっと近くで見たいと思う。だが私は進行方向右側に向かって座っているので通路越しにしかそれを見ることが出来ない。それだけならまだ良いが、左側の窓に座っている年齢不詳の男がぐうぐうと眠り込んでいるのが気に入らない。首をかくかく動かしながら転寝しているのも無論不愉快である。よってこの男を首男《くびお》と名付けた。名付けたところで不愉快さが軽減されるものではないが、そうでもしなければ気が済まない。

国府津《こうづ》駅に着く。ここから御殿場線が分岐する。二〇〇三年に他界した鉄道紀行作家の宮脇俊三は、一貫して大人向けの作品を世に送り続けたが、実は児童向け図書も四本残している。その最初のものが、一九八六年に出版された『たくさんのふしぎ　御殿場線ものがたり』だった。

その中で曰く。「ごくふつうの線路ですが、これが、日本の鉄道の歴史をかたるうえで、わすれてはならない『御殿場線』の今日のすがたなのです」。「御殿場線は複線だったのです。日本でもっともたいせつな幹線として、たくさんの列車が通っていたのですが、その後さびれて、単線にされてしまったのです。なぜでしょう?」。その理由は御殿場線に存在した急勾配区間であり、それを解消する為に一九三四年に開通した丹那隧道だった。「すべての列車がとまった国府津駅でしたが、超特急『つばめ号』をはじめ、普通急行もとまらなくなりました。『もうキミに用はないんだよ』と通りすぎていきます。駅弁も売れなくなってしまいました」。尤も最近の御殿場線は関東から手軽に乗りに行ける地方線として人気を集めている様である。その将来は車掌や駅員が忙しく立ち廻る銚子電鉄よりは遥かに安泰であろうと思われる。

早川駅。根府川駅。この二つの駅の間には鉄道写真撮影の名所である根府川鉄橋があり、私が写真で見た東海道本線の寝台特急の多くはこの鉄橋を渡る蒼き女王たちを撮影したものだった。それらの写真で何度も見た鉄橋を渡る。右手には山が迫り、左手には白く光る海がある。真下は深い谷間である。そこを列車はゆっくりと通過して根府川駅に到着する。関東大震災の時にはこの駅に進入中の列車が鉄橋から落下する惨事が起きたそうである。

やがて列車は熱海駅に着く。ここがＪＲ東日本とＪＲ東海の境界駅である。ウクライナの南西端で、スロヴァキア及びハンガリーへの国境にあるチョプ駅では、列車が到着する度に迷彩服の国境警備員が乗り込んで来ては乗客の身分証明証を確認して廻ったものだった。殆ど乗降客がいないちっぽけな駅の行先掲示板に、キリル文字で「ＭＯＣＫＢＡ《モスクワ》」だの「ＢＥＨＡ《ウィーン》」だのといった目的地が表記されているのを見て、ぼんやりした気分になったのを憶えている。

昔の話であり、熱海駅では乗務員が交代する以外何も特別な事はない。だが遠くまで来たものだと思う。そして今日の私は更に先に行く。日帰りで行ける所まで行く。

発車。ここから開通までに十六年も費やされた丹那隧道に入る。

吉村昭の『闇を裂く道』はこの隧道の起工から完成までを描いた作品である。隧道掘削の為に生じた土砂、所謂「ズリ」を積んだ小型貨車を馬に挽かせてみたら、暗闇に慄くあまりひひんと悲鳴を上げるのみだった。だが牛たちは暗闇をものともせずにもうもう嘶きながらずんずんと暗闇の中を行き来した。そうなると今度は坑内で働く人間との接触事故が発生する様になった。対応策として牛の首に警報用の鈴が巻かれた。私はこの箇所を読みながら、もうもう嘶く牛がからんころんと鈴を鳴らしながら隧道から出て来る様を想像した。それは想像するだけで面白い光景だったのだが、その想像の光景を説明しても私ほどに面白がる人はいなかった。

かつて馬だの牛だの、そして数多くの人夫たちが暗闇の中で立ち働いた隧道に入る。だが私は矢張り隧道と云うものが好きではない。隧道に入る時には額に一撃を受ける様な気がする。何も見えないつまらなさのみならず、体中が締め付けられる様な圧迫感すら感じる。

さっさと出ます様にと数十回心の中で祈ってから、列車は漸く隧道を抜けた。既に神奈川県を後にして今や静岡県である。だからしてここも国境の隧道である筈なのだが、川端康成はここよりも三国山脈や伊豆で踊る小娘の方を好んで題材にした様である。

右手に東海道新幹線が走っている。宮脇俊三の先の作品に曰く。「御殿場線の地位をうばった東海道本線も、新幹線にはかないません。『つばめ号』もすがたをけしました。急勾配になやまされた日々も、丹那トンネルのたいへんな工事も、遠いむかしのことになりました」。

沼津駅着。列車の終点なので乗り換えなければならない。僅かに三分後に出る次の下り列車は跨線橋の向こうの歩廊に停まっている。だからして三分以内に階段を昇降しなければならない。斯様な列車接続が私には理解出来ない。足の不自由な人や老人は諦めて次の列車まで待てと云う事なのだろうか。そもそも最初から歩廊の向かいに乗り継ぎ列車を停めれば何の問題もない筈である。不都合を都合よくするのが経営者の本分であると私は考える。

　急いで乗り込んだ車内で一息ついていると、車掌が車内放送で「ドアを閉めます」と云っているのに気付いた。私は最初奇妙に思い、それから深く感心した。自分でドアを閉めるくせに「ドアが閉まります」と他人事の如き言い廻しをするＪＲ某日本の車掌より好ましく思った。自分の言語感覚の可否はさて置き、ＪＲ東海は良い言語感覚を持っていると私は思った。

　だが列車は満席であった。感心しながらも不愉快なままに扉の脇でむうと唸りながら立っていると、向こうで首男が首を傾けながら座席に座っているのが見えた。更に不愉快になった。

　晴れていた空はどんよりと曇っている。右手に見え始める筈の富士山が見えない。かつて新幹線でここいらを通った際もあの山が姿を現したのは稀だった様に記憶している。

　富士山は今世界遺産とやらへの登録を目指しているそうである。だが私には世界遺産なるものの概念がよく解らない。遺産とはそれを所有する者が死んだ時に発生するものであると私は認識している。人類が死滅したら相続者が存在しなくなる訳で、だからしてそんなものは遺産ではない筈であると考える。何故「世界負債」が存在しないのかもとんと理解出来ない。

　そう云えば、猫が世界から居なくなった後を悲しむ人々も居る様だが、私としては世界から猫が消えた事をめそめそと悲しむよりも、世界から猫が消えた際の利点を考える方が悲しみは少ないと考える種類の人間である。猫アレルギーの方々、近所の猫のふんで困っている方、ジェリーをはじめとする鼠一族などは喜ぶであろう。それ以外の方々は諦めるしかない。私は『出雲』やＹＳ11が居た世界が懐かしいが、居なくなった今の世界に耐えられないと云う程でもない。

それに、猫は人間が世界から居なくなっても何も感じないか、あるいはせいせいした気分になるものと思われる。無人となった素晴らしい世界で、相変わらず好き放題にそこいらをのそのそして廻る事と思われる。彼等は人間どもの勝手に決めた遺産を眺めても有難くも迷惑も感じないだろう。やぶ睨みの顔をしながらにゃあにゃあ鳴く位が関の山と思われる。

いずれにせよ、私は遺産云々の前に生きている世界をどうにかすべきであろうと考える種類の人間である。それは、飛行機に乗って空から世界を眺め続け、地中海から永遠に飛び去った飛行士に教わった考えである。「過去の本然は家を建てるにあった。が、現在のそれは建てたその家に住むにある」（アントワーヌ・ド・サン＝テグジュペリ『人間の土地』堀口大學訳）。

富士山が見えないまま富士川を渡る。大きいが寒々しい川である。松尾芭蕉は『野ざらし紀行』の途上のこの川で棄児を見つけ、「いかにぞや、汝ちゝに悪まれたる歟、母にうとまれたるか。ちゝは汝を悪にあらじ、母は汝をうとむにあらじ。唯これ天にして、汝が性の拙きを泣け」と書いた。自分を生んだ父母に鬱陶しがられたのか、だが自分を捨てた父母を恨まずに自分の運の悪さを泣きなさい、と云う事らしい。捨て子だの育児拒否だのが昔から存在した事は確かな様である。だからして最近の児童に関する諸事も普通の事象と看做すべきかも知れない。

列車の左手に、既に駿河湾となっている海が見え始める。海は目の覚める様な蒼さで、空との区別が着かない程である。その水面に数個の白い点の如き漁船が浮いている。

一九五一年の春、内田百閒は『區間阿房列車』でこの海を見に来た。「海の水と同じ色をした雲が一面にかぶさつて、海の蓋をしてゐる。海鳥が飛び、磯馴《そなれ》の松が枝を垂れて、いい景色だと思ふ」。それから三年後、『隧道の白百合』でここを通過した。「いつも見馴れた黒い岩が波をかぶつてゐる。今日は海が格別に綺麗で、沖の方まですがすがしい色を湛へてゐる」。更にその少し後の『時雨の清見潟』。「蛾眉かげぢげぢ眉か、いずれにしても清見潟の水波を隔てた風光は見飽きがしない」。そして一九五八年初夏の『臨時停車』。「馴染みの由比が近くなつた。濱邊の防波堤が段段に完成して波打際を眺める邪魔になる。天氣がよく波が綺麗で、繁吹《しぶ》きをかぶる渚の黒い岩が防波堤の切れた所から隠見する」。彼がここの海を見るのは、これが最後だった。

私はこれらの景色を見たいと念じていた。そして今私は同じ場所を通過している。目の前にあるのは海ではなく国道一号線と東名高速道路で、海はこれらの邪魔者を通してしか見えない。

そうして列車は由比駅を過ぎて薩埵《さった》峠を抜け、興津駅に着く。私はここで降りる。次の興津駅始発の列車、百閒流に云えば「興津仕立ての列車」が約二十分後に発車する。私はそれまでに百閒の愛した清見潟をちらりとだけでも眺めて来ようと思っている。

駅前の道を五分も歩けば自動車が行き交う国道に突き当たった。その向こうには異様に高い巨大な防波堤が延びていた。海などさっぱり見えなかった。百閒が来た場所に来たと云う事実だけが残った。私はそのまま駅に引き返し、興津仕立ての列車に乗り込んだ。

今日は今までの汽車旅で最も早起きであり、そして興津駅を出た車内は閑散としており、車内には程好く暖房が効いている。だからして列車の中で私が眠ったのは致し方のない所である。

気が付いたら列車はまだ走っている。この列車は浜松駅行きだが、私はその六駅手前の掛川駅で降りる予定である。寝過ごしたかと思ったがここが一体どこなのかよく解らない。ただぼんやりと茶畑を眺めている内に列車は金谷駅に着いた。掛川駅の二駅手前である。

ここから北上する大井川鐵道の歩廊が右に見える。蒸気機関車列車のはしりとしてで有名な鉄道だが、最近はＪＲ各社及び私鉄数社も蒸機列車を牽かせているのでうかうかしてはいられないだろう。Ｃ11をＳＬマンと同じ真紅に塗ったのも新趣向への挑戦と思われなくはない。

尤も大井川鐵道の魅力は蒸機のみならず、全国各地の私鉄から引退した様々な種類の電車を譲り受け、それを何ら特別扱いする事なく通常の列車として運行させている所もある。更に、本線の終着駅である千頭《せんず》駅から更に先に延びる井川線は全国有数の山岳路線で、かつて信越本線の碓氷峠区間で使用されていたアプト式と云う、車体に歯車を噛ませて急勾配を登る方法を採っているらしい。ごろごろと床下から音を立てながら急勾配をのろのろと登っていく列車は、それはそれは乗って面白いに違いない。だからして乗ってみたいが、今は他日に期す事にする。

やがて列車は掛川駅に到着した。ここで私は天竜浜名湖鉄道に乗り換える。この鉄道はかつての国鉄二俣線で、真岡鐵道同様に民営の第三セクターに移管された旧国鉄路線である。

歩廊に一輛きりの白い気動車がぶるぶると出発前の身震いをしている。今日の空は晴れ渡っており、そして気動車は耳に心地良い機関音を立てている。おまけに後に浜名湖が見える左側の四人掛け座席を独占する事が出来た。尻から振動が伝わってくる。更に機嫌が良くなる。

そんな私の脇の通路を首男が首を傾けながら歩いて行く。それから大型の写真機をくるくる振り回しながら眼鏡男が乗って来る。首男はただただ悲しそうな顔で、ガネ夫《オ》と私が命名した眼鏡男はただただ嬉しそうな顔で、共に落ち着きなく車内をきょろきょろと見廻している。

薄幸症と多幸症と云う典型的な汽車好きの症例である。汽車に乗っても悲しい男。汽車に乗るだけが幸せな男。私が世間の汽車好きを好きになれないのは、結局のところ私の同族嫌悪の成す感情である。同族を見るのも見せられるのも面白くない。私は汽車好きの症例の第三である、汽車に乗って幸せであるにも拘らず面白くなさそうな無幸症の顔をした。


出発進行。気動車は獲物を威嚇する猛獣の如き咆哮を始めた。

東海道本線を左に分離した気動車は、二つの小駅に停まった後に古い佇まいの桜木《さくらぎ》駅に停まった。女性の声による自動放送によれば、この駅の駅舎は昭和十年、即ち一九三五年の開通時の姿を保っており、それによって国の登録有形文化財なる財産に指定されているのだそうである。遺産にされるよりも遙かに良い。だが乗り続けている内にこの鉄道の沿線には幾多もの国の登録有形文化財が存在する事を知った。財産が多すぎるのもどうかと思う。

沿線そのものはまさに典型的な日本の地方線である。左右に田畑が広がる。脇の道を自動車が気怠そうに走って行く。向こうになだらかな山が続く。平地と山の境界には何の脈絡もない。ただ好き放題に境界は右往左往している。そこに人間の関与する余地はない。山にはまだ残紅が残っている。積雪の見えた上越線や吾妻線に較べればここは南国である。

平地に飽きた頃に気動車は山中を登り始める。ずどどどと唸り声が上がる。そうして小さな駅に着き、また走り出す。坂を越えれば機関は静かになり、かたん、ことん、と云う気の抜けた轍が車内に響く。時折気動車は思い出した様に、ほひいっ、と甲高い声音《こわね》で嘶く。その繰り返しである。絶景などない。だからして私には有難い。まなじりをくわっと開けて見なければならない様な傲慢な風景を私は好まない。何しろ汽車が走って行けばそれでいい。

ふと見上げると空に白い十字架の如き滑空機《グライダー》が舞っている。風に、即ちドイツ語で云う所のメーヴェに乗って空中をふわふわしている訳で、だからして気持ち良いだろう。空中から見下げる世界は、それはそれは格別であろう。だが今の私には走って行く汽車で充分である。

ぼんやりと汽車に揺られていると時間の感覚を無くす。懐かしい山陰本線の駅と同名の豊岡駅を過ぎ、これも国の登録有形文化財に指定されている機関区と転車台のある天竜二俣駅や、幅の広い天竜川に掛かる美しい鉄橋を意を決したかの如く一気に渡り、遠州鉄道との分岐駅の西鹿島駅で首男とガネ夫を降ろしても、気動車はただとことこと私を乗せて遠くまで走り続ける。既にここは遠江《とおとうみ》国であり、だからして遠い所である。もはや戦後でも近所でもない。

気賀駅を過ぎた頃に水路があり、一群の水鳥が水上を規則正しく右往左往している。それから左側に浜名湖が見え始める。湖など見るのは何年振りであろうかと思う。私はかつて琵琶湖も見た事があるが、矢張り一番の馴染みの湖は島根県の宍道湖で、その対岸にはなだらかな山並みが続いていた。浜名湖の対岸には山がないが、そのすぐ向こうが太平洋なのだから致し方ない。

寸座《すんざ》と云う駅に停まる。自動放送の女性によれば、かつて征夷大将軍に任命された坂上田村麻呂が東北への遠征中、ここの景色が良かったので一寸ばかり座った故事に由来するそうである。一寸座っただけで立ち去った坂上氏は大層気ぜわしい人だったと思われる程の景色である。

次の浜名湖佐久米と云う長い名の駅は湖のすぐ脇にあり、目の前の水面に白い鷗の群れが乱舞している。鷗が飛ぶ姿は美しいと思うが、汽車の中に飛び込んで来ぬかとどきどきする。

それからも浜名湖畔をとことこと走り続けた気動車であるが、知波田《ちばた》駅で遂に湖に決別した。それから更に十分ほど走ってから終着駅の新所原《しんじょはら》駅に到着した。

この駅は静岡県の最西端の駅で、すぐ先は愛知県である。日本の東西どちらなのか判然としない静岡県と異なり、中部だの中京だのと云う別称はあっても愛知県は明確に西日本である。

遠くまで来た、と思った。流鉄に乗ってから二ヶ月余り、とうとうこんなに遠くまで来た、と思った。向こうが三河国、そしてここが遠江国でなくとも、遠くまで来たと思った。

JR線への連絡跨線橋からは更に先に延びる線路が見える。私はじっと線路を見下ろした。そして、この線路を更に先にずんずん行けば大阪にも出雲にも、それどころか四国にも九州にも行ける、と思った。実際のところ、ここからなら東京駅よりも大阪駅の方が遙かに近いのである。私は今まで以上に何となくぼんやりする気分になった。全くここは近所ではない。

しかし、である。今日はここまでである。ここが静岡県なる遠江国、そして私の今日の最西端である。それに、確かに線路を先に行けば色んな場所に行ける。だが少しばかり転線すれば東京に帰る事だって出来る。そもそも出掛けたら帰って来なければならない。

何処にどう行くか、どう帰るかは人間の勝手である。その道程をどう楽しむかが人間の才覚であろうと思う。人生なる道程もまた然りではないかと思うが、本当にそうなのかは知らない。

西からやって来た東海道本線の上り列車は私を東に連れ戻し始める。間もなく左手に再び浜名湖が見え始める。今度は湖の向こうになだらかな山並みが続いている。朱色のＤＤ51に牽引された赤葡萄色の50系客車の上り列車は、山陰本線出雲市駅を出てから一畑電鉄のみに存在する大和紡前駅を横に見ながら通過し、同線とY字形に分離した後に黄色い斐伊《ひい》川の長い鉄橋を渡った。長い築堤を降りてから直江駅。荘原駅を過ぎると左手に出雲空港の管制塔が遠望出来た。東亜国内航空の赤と緑に塗られたＹＳ11がちょこんと停まっていた。湖が見えるとすぐに宍道駅。向こうにはなだらかな山が続いていた。夏の青い空に、白い雲がふわりふわりと浮かんでいた。

宍道湖に現われる筈のない新幹線の線路が現われる。浜名湖の南端が見え始める。両線は共に浜名湖を長い鉄橋で渡る。遠州灘が霞んで見える。湖面に赤い大きな鳥居が立っている。何故に日本三景とやらは揃いも揃って海辺に鳥居が立っている場所なのだろうかと考える。

そう云えば、明治時代の軍部は敵国軍艦からの艦砲射撃を受けまじと東海道本線の建設に断乎主張したそうだが、艦砲射撃を受ける程に制海権を喪失しているのならばさっさと降伏すれば良かろうと平成の私は思う。そして、昭和時代の軍部は実際に艦砲射撃を受けながらも徹底抗戦を断乎主張し続けたそうだが、敗ける責任をとりたくないという理由だけで戦争をだらだら引き延ばした人間の料簡など、特攻機『剣』なんぞを開発した人間と同様に私にはさっぱり解らない。

浜松駅で乗務員交代があった。車内放送で聞こえてきたのはうら若き女性の声だった。その声が美少女アニメの声優の如き声だったので私は驚いた。JR東日本でも女性車掌はもはや珍しくないが、あちらは普通の無味乾燥な棒読みである。JR東海はこの甘い声によって東海道本線他の在来線の乗客数を増やそうとしているのかと私は邪推した。無論邪推でしかない。

その声の主が通路をつかつかと歩いて来た。そして車輛の端に来るとくるりと乗客の方に向き直り、深々と頭を下げ、それから隣の車輛に去って行った。私はビートルズが公演で一曲歌い終える度に四人揃って観客に深々と頭を下げる映像を見ても不思議には思わないが、車掌やら車内販売員やらが車輛を行き来する度に乗客に深々と頭を下げるのは不思議に思う。そこまでする必要があるとは到底思われないが、そこまでされなければ気が済まない乗客もいるのであろう。常に他人にぺこぺこ頭を下げている彼らは、そんな時にしか御辞儀される機会がないのだろう。そしてただ闇雲にぺこぺこ頭を下げるのが所謂日本人の礼儀正しさとやらなのだろう。

そんな事を考えている内に女性車掌がこの車輛に戻って来た。そして再び頭を下げようとした時に列車がゆらりと傾いた。彼女も傾いたが、咄嗟に足をぐっと踏ん張りながら、何事もなかったの様に深々とお辞儀をした。私も何となく頭を下げたくなる気分になった。

陽が傾いて来た。列車は午前に渡った天竜川を逆に渡る。駅に停まってはまた走り出す。

袋井駅着。正岡子規は『病牀六尺』の中で記している。「広重の東海道続絵といふのを見た所がその中に何処にも一羽も鳥が画いてない。それから同人の五十三駅《つぎ》の一枚画を見た所が原駅《はらじゅく》の所に鶴が二羽田に下りて居り袋井駅《ふくろいじゅく》の所に道ばたの制札の上に雀が一羽とまつて居つた」。私は広重はおろか絵画全般に何の興味もないが、漢字のルビに○を打つのが斬新に思えた。私もそれを真似て丸を「丸」としたり星を「星」としたりしてみたい。或いはこんな文字表現があってもいいかも知れない。○い○いまん○い。お☆さまキラキラ。→往←往。

ルビと云えば坪内逍遙の『当世書生気質』のそれも非常に面白かった。非評《わるくち》。可厭《うるさい》。無聊《つれづれ》。不良心《よからぬこころ》。汝《てめえ》。文明開化の時代の作品だからして片仮名も多い。剣呑《デンジャラス》。荒唐奇異《ロマンチック》。空虚《ヴェイカント》。

そう云えば子規は右の作の中でこう書いている。「これから後は日本などでこせこせと仕事して居るのは馬鹿を見るやうになるであらう」。逍遙はこう書いている。「人が気を留るやうになりゃア、すなはち我党の本望だが、中々社会は記憶《おぼえ》がわるいヨ。一年そこいらも月日が経過《たっ》と、すぐに前の事アわすれてしまふ。日本は全体便宜《べんぎ》な国さ」。

談話《はなし》が不知不識《しらずしらず》の内に甲楼乙楼《あっちこっち》で滅裂《ぶっこわれ》ている事をお詫びする。閑話休題《あだしごとはさておき》。

列車は未だに単調に東に走っている。掛川駅には今朝乗った白い気動車が左隣にちょこんと停まっている。茶畑が車窓に広がる。付近の山はチョコレートケーキの様な形をしている。更に日が傾く。西の空がうっすらと白光になり始める。島田駅でまたしても階段を昇降させられながら列車を乗り換える。用宗《もちむね》駅の屋根の上には更に八角形の子屋根が付いている。下り線を通過する貨物列車はあの浜川崎駅から来たのだろうかと思う。東海道本線は幹線であるもののこの辺の趣は完全に地方線である。宮脇俊三『時刻表ひとり旅』の中で擬人化された彼はぼやく。「昔は『つばめ』や『はと』のような高い商品が、それこそ飛ぶように売れたものですが、あいつ〔東海道新幹線〕が隣に店を開いてからは、さっぱりです」。「だいたい私、商売向きじゃないんです。もともと金儲けしようと思ってこの仕事をはじめたわけじゃありませんし、立地条件がよかっただけで自然にお金が入ってきましたから」。すると東北の五能線が憤然とする。「〔東海道本線は〕ついこないだまで、さんざんいい思いをしてきたじゃありませんか。それがちっとばかり景気がわるくなってくると、こんどはローカル線ぶってマスコミに色目をつかう。そんな虫のいい話、ありますか！」。静岡駅着。『吾輩は猫である』の迷亭君によれば昔ここで「女の子を唐茄子の様に籠へ入れて天秤棒で担いで売ってあるいた」そうだが真偽の程は知らない。隣を走る静岡鉄道に乗ろうかと出発前は思ったものの同鉄道の起点新静岡駅も終点新清水駅も東海道本線の静岡駅及び清水駅からかなり離れているので断念した。他日があるかどうかは知らない。清水駅からは一日一往復しか旅客列車が走らなかった清水港線が分岐していた。ぼんやり列車に揺られていると降りるのが億劫になる。だが列車は私が降りようと思っている駅に近付いている。

一九五一年の春、内田百閒は『区間阿房列車』で由比の海岸を散歩した。「濱邊が灣曲して、その先が出鼻のやうになつてゐる方から、下りの汽車がやつて来た」。「海を背にして、目近かに次ぎ次ぎといい汽車を眺められて運がよかつた。昔から何十遍も、數が知れない程この邊りを通り過ぎる度に、汽車の窓から眺めて馴染みになつた磯に起つて、今度は磯から通り過ぎる汽車を眺める。若い時の事が今行つた汽車の様に、頭の中を掠める。命なりけり由比の濱風」。

一九五四年秋の『時雨の清見潟』では、百閒と同行の平山三郎が乗る上り急行『きりしま』が強風の為由比駅に臨時停車した。「かうして由比の驛で『きりしま』が坐禪を組んでゐる間に、車窓の外はうつすらと暮色が垂れそめて、驛の後ろの蜜柑山は暗くなりかけた」。改札口の前で子供達が遊んでいる。「子供も小さいが由比驛の改札も小さい。出口入口各一つしかない。しかし櫻えびの季節になると、この邊の漁師の群がその一つの改札口を押し合つて通る様な事もある」。そして曰く、「どこがいいのかと聞かれても、よく解らないが、私は由比驛が好きで、何度もこの改札の御厄介になつてゐる。改札を出た眞正面の往來の向うに蕎麦屋がある」。

百閒には『由比驛』と云う名の作品もあるが、こちらは『サラサーテの盤』同様に幻想的な創作で紀行文ではない。だが同作が入っている短編集『無伴奏』には、百閒が東京駅名誉駅長を勤めたまま特急『はと』で脱走する顛末を描いた『時は變改す』が収められている。

いずれにせよ、私は今日の旅程を立てた時から帰りに由比駅に降りる事にしていた。百閒がいた場所ならどこにでも行ってみたい。百閒が好きだった駅ならば尚更である。

列車は私が今朝降りた興津駅を出て、今朝抜けた薩埵峠の隧道を抜け、今朝通り過ぎた由比駅に着いた。私は今朝まで由比駅は海に面しているものと勝手に思い込んでいたが、それはまさに勝手な思い込みであり、駅は山側を向いている。白く四角い駅舎のすぐ前に歩廊があるにも拘らず列車は跨線橋を渡らなければならない離れに停まった。次の列車まで十分しかない。だからして私は一々不愉快になる前に迅速に階段を昇って降り、改札口の駅員に今日の日付が入っている『青春18きっぷ』を見せた。第十一章から今日で三日目であり、あと二日分残っているのだが、それは別の日に使う。その別の予定はほぼ立っているが、それは別の話である。

駅舎が多少薄暗いのは夕日に背を向けている為らしい。そこを出れば目の前に山か崖がある。旧街道に違いない道路が左右に延びている。右側には「由比桜えび通り」と書かれた門がある。蝦のにおいはしない。正面に食事処がある。かつての蕎麦屋だろう。左には駅前旅館がある。山はもう薄暗くなっている。その上の空は微かに紅に染まり始めている。冷たい風が吹いた。

次の列車までもう五分しかない。だからして私はこれらの眺めだけを確認して白く四角い駅舎に戻った。私は流鉄に乗る遙か前から、百閒が愛でた興津や由比に行ってみたいと思っていた。そして私は今日そのどちらにも行った。だからしてこれで充分だった。

階段を降りてから駅舎とその前の歩廊を眺めた。一九五四年十一月二十七日の薄暮、そこには真面目な顔をしたＥＦ58型電気機関車に牽かれた急行『きりしま』が、その長い肢体を折からの強風に晒しながら臨時停車していた。編成の中ほどにある食堂車の山側の卓では、ぼんやりとした表情の中年男の向かいに座っている六十五歳の頑固そうな初老の男が、面白くもなさそうに口をへの字に曲げながら、小さな由比駅をじっと眺めていた。そうして二人で酒を飲んでいる内に、『きりしま』はすうと静かに走り出した。「何か妙な工合になつた様な氣がして、由比のホームが辷り、明かるかつた本屋〔駅舎〕はどこかへ行つてしまつた」（『時雨の清見潟』）。

そして、一九五六年初夏に最後の旅に出る前にも彼は書いている。

「東海道の由比、興津。あの邊りは私の好きな所でいつでも出掛けたい」（『早春の結滞』）。

由比駅を発車した列車の右側には、遠州灘が駿河湾に戻った海が広がっている。それもすぐに見えなくなる。列車は新蒲原駅を出た。夕陽が斜めに差し込んでいる車内の右側の座席で、私はぼんやりと空を見ている。空には大きな白い雲が湧いている。

違う。雲ではない。雲があれだけ明瞭な形をとる筈が無い。

雲ではない。富士だ。富士山だ。紛れもなくあれは富士山だ。

大きい。大きいなどと云うまだろっこしい表現が追い付かない。

「あんまり手近にあつて、大き過ぎて、美しいと云ふ感じよりもこんな巨大なしろ物は始末が悪いと云ふ氣がする」（『時雨の清見潟』）。

始末が悪いどころではない。この巨大なしろ物は巨大なだけに物凄い。

山肌がはっきりその姿を現している。否、山肌に深く埋まった雪である。

白い。その山頂なる唇から出ている雲よりも更に白い。絶対的な白である。

その白を纏った途方も泣く大きな山が私を、否、世界を悠然と見下している。

その壮大さは人間の関与するところではない。遺産云々などとんでもない話だ。

そもそも遺産目当てに群がる人間と云うのは何という恥知らずな人間であろうか。

それに人間が無責任に負債だらけの世界を残して死んでもこの山は何とも思うまい。

人間が居なくなった世界で、猫たちが欠伸をしながらそこいらをのそのそと歩き廻る。

人間が居なくなった世界で、『出雲』が走って行ったり、YS11が飛んで行ったりする。

その世界を私は見てみたいと思うのだが、その世界に私がいる筈がないので仕方がない。


富士山が右側に見えていたのはごく僅かな時間で、富士川を渡ってからは左側に落ち付いた。

無論私も即座に左側に席を移し、蜘蛛男の如く窓にへばりついて白い壮大な三角を眺め続けた。

それにしても、である。あの壮大な三角が苛々を募らせた挙句に爆発したり火を噴き上げたりしたら、それはもはや人間の関与出来るところではないのではなかろうか。如何に人間がああだこうだと思案を重ねたり何やら手立てを弄じたところで所詮それは人間の所業である。人間どもの想像を上回る程にぶるぶる身震いする事など富士には何の造作もない事であろう。

私は何をどうじたばたしたところで無駄であるなどと云っているのではない。そもそも私が何をどう云ったところで何かがどうにかなる訳でもない。だからして私が何をどう云うかは私の勝手であり、それによって世論に影響が出ると考える程に私は誇大妄想を抱いてはいない。

第二次世界大戦で撃墜王となったアメリカ空軍のチャック・イェーガー大尉は、カリフォルニア州の砂漠の上空四万二千フィート、即ち一万四千メートルで、オレンジ色のX1ロケット実験機を駆って、死の危険すらある超音速飛行に挑んだ。一九四七年十月十四日の事である。母機B29に搭載されているX1に乗り込む際、彼は同乗の整備士に声を掛ける。

「なあ、ビーマン《ガム》あるかい」「あるよ。一枚だけ」「くれよ。後で返す」「いいとも」

相手は天才的技師にしてイェーガーの無二の親友だったジャック・リドリー。このやりとりは一九八三年の映画『ライト・スタッフ』の冒頭で描かれ、更に後には日本の飛行機アニメが完全に模倣するに至る。そして超音速飛行は成功し、イェーガーは一躍国民的英雄となった。

それから十六年後の十二月十二日。既に世間から忘れ去られた存在だった彼は、F104ジェット戦闘機にて超高高度への実験飛行に飛び立つ前、彼は再びジャックに声を掛ける。

「なあ、ガムあるかい」「あるよ。一枚だけ」「くれよ。後で返す」「いいとも」

だが実験飛行は失敗、イェーガーは操縦不能となった機体から辛うじて脱出するも全身に大火傷を負う。ジャックが彼を救出に行く場面が『ライト・スタッフ』の実質的な終幕である。私は『太陽の帝国』を観た数年後にこの映画を観た。飛行場面の素晴らしさのみならず、イェーガーと云う男に、彼とジャックの友情に感動した。そういうものに感動出来る年齢だった。

それから更に十年ほど後、マニラに住み始めた二十代半ばの私は古本屋で『Yeager!』なる英書を買った。既に退役空軍准将となり、映画のお蔭で再び有名人となったイェーガーの口述的自伝で、その中でも若き日のジャックとの想い出が楽しく丹念に語られている。だがその中に、私にとって悲しい事実があった。『ライト・スタッフ』の二点が創作だった。ガム云々の台詞のみではない。最後の飛行実験の際、ジャック・リドリーは既にこの世の人ではなかったのだ。

一九五四年。イェーガーは欧州への異動辞令を受け、永年苦楽を共にしたジャックと袂を分かつ事になった。「あいつのいない世界に行くなんて、まるで裸にでもなる気分だった」と彼は述懐している。別れの際、ジャックはイェーガーに問うた。「俺たち、結構楽しんだよな？（we had ourselves some fun, didn't we?）」。三年後、米空軍のC47輸送機が富士山に墜落した。同機に便乗していたジャック・リドリーは、生存者の中にいなかった。

「やがてぼくらは納得しなければならなくなった、彼ら、ぼくらの僚友たちは、もう永久に戻ってはこないのだと、彼らはあれほどしばしば自分らの手でその空を耕したあの南太平洋の波間に眠ってしまったのだと。メルモスは自分の仕事の背後に隠れてしまったのだった。麦刈り男が、きちんと束に結わえあげてしまうと、自分の畑にごろり寝ころぶようにして」（アントワーヌ・ド・サン＝テグジュペリ『人間の土地』堀口大學訳）。

老イェーガーは、亡き友のかつての問いに、万感の思いをこめた一言で応えている。
「ジャック、そりゃあたっぷり楽しんだとも（Jack, we sure as hell did）」（『Yeager』）。

富士川を越えて吉原駅着。私はここから本日の、そしてこの物語の最終路線に乗ろうと思う。

中央公論社の編集者だった宮脇俊三が念願の国鉄全線完全乗車を成し遂げたのが一九七七年五月二十八日だった。その顚末を綴った翌年の出世作『時刻表2万キロ』の出版を機に彼は会社を辞め、鉄道紀行作家へと転身した。国鉄路線を一ヶ月以上乗り続けた『最長片道切符の旅』。『時刻表2万キロ』の姉妹編とも云える『汽車旅12カ月』。自身の半生伝『時刻表昭和史』。自身初の海外鉄道紀行書『台湾鉄路千公里』。鉄道時刻表の面白さを語った『時刻表ひとり旅』。

宮脇は青年時代に百閒宅を訪れた事がある。「当時の私は中央公論社の編集部員であったから、それを口実にしてお会いすることは可能だったかもしれないが、例の『世の中の人の来ることうるさけれ、とはいふもののお前ではなし』の貼《は》り紙《がみ》を見ただけで満足して引き返した。編集者としての職業意識より鉄道好きの先達《せんだつ》に対する敬愛の念が上回ったのかもしれない」。そして『時刻表ひとり旅』の、国鉄各線が互いに云いたい放題を云うという箇所は、七人に分裂した百閒同士が互いに云いたい放題を云う『七體百鬼園』の影響を恐らく受けている。

『時刻表ひとり旅』の次の『時刻表おくのほそ道』は以前とは一味違う作品となった。国鉄だけに乗っていた宮脇が始めて私鉄に乗る旅に出たのみならず、それまでの彼の汽車旅は基本的に一人旅だったのに対し、出版社の編集者との二人旅だったのである。それは過去の『阿房列車』の百閒とヒマラヤ山系、更に過去の『おくのほそ道』の芭蕉と曾良との旅と同質の道中ものの形であった。同行者の存在により会話が増え、文章表現も遙かに多彩となった。

「新幹線は三時間一〇分で大阪まで行ってしまう。便利になったと喜ぶのもいいけれど、知らぬまに、何というか、人間疎外のようなことが起こっている」「なるほど」「それにひきかえ、この『銀河』には馬に乗っているような味わいがある。機関車の警笛が馬の嘶きに聞こえるではないですか」「そうも聞えませんが」「要するに乗客の主体性の問題であって、『銀河』が馬であるかどうかではなくて」「黙々と汽車に乗ってる人かと思ってましたが」「黙ってた方がいいですか」「いやいや、どうぞお話しになっていて結構です」（原文は改行あり）。

その私鉄汽車旅作品の最後を飾ったのが岳南鉄道だった。同社の詳細については、僭越ながら作者自身に語って戴こう。「岳南鉄道は吉原—岳南江尾間の九・二キロ、ひとくちで言えば、製紙工場群と東海道本線とを結ぶ貨物主体の私鉄で、昭和二八年の開通である。終点の岳南江尾駅は新幹線の高架橋のすぐ下にあり、新幹線の下り列車の左窓に頬を押しつければチラと見ることができるが、それは私のような人間だけのことで、ほとんど誰も知らない地味な鉄道である」。

まさに「私のような人間」であった少年時代の私は、その頃に眺めた『私鉄大百科』だったかの小さく分厚い本によって、この鉄道を知っていた。そして『時刻表おくのほそ道』同様、「私のような人間」である中年の私も、この鉄道で物語を終えようと思う。岳南鉄道にとっては迷惑かも知れないが、冬の日は暮れようとしており、私は既に吉原駅に来ている。

岳南鉄道吉原駅は東海道本線吉原駅の西の外れにあった。流鉄馬橋駅を思い出す。

跨線橋を降りた所にある改札口は薄暗かった。私はそこで土休日のみ発売という一日周遊乗車券を買った。券は昔懐かしい硬券、薄い紙を何枚も重ね合わせた厚い紙だった。私はかつて各地の鉄道に乗り、降りた各駅で硬券の入場券を買い廻ったが、それも行方不明になっている。

疎らな乗客が所在無げに立っている歩廊の向こうから一輛きりの電車がやって来た。路面電車でもなければ一輛だけの電車と云うのは珍しいと思う。私が乗った事があるのは一畑電鉄の大社線のみである。大社線は本線の川跡駅から分岐し、小さく素敵な出雲大社前駅に向かう支線である。川跡駅では女性駅員が独特の節回しで乗換案内をしていたものだった。

一畑電鉄大社線が昔からそうであった様に、岳南鉄道の一輛電車も一人乗務である。車内には一面にクリスマスの飾り付けが施されている。鉄道の職員が乗客の眼を楽しませようと総出で働いたのであろう。その様を勝手に思い浮かべていたら、不意に胸が熱くなる気がした。

それから思った。クリスマスが近付いている。即ち、今年も終わりに近付いている。

多少混んで来たが、車内は厳たる静寂に包まれている。ただ時々咳の音が聞こえる。

運転士がやって来た。そして私の眼の前にある運転席に乗り込むと、縦長の時刻表を所定の位置に差し込み、それから指をぴんと伸ばし、よし、よし、と指しながら様々な計器を確認した。発車の鈴がじりりりりと鳴る。扉ががらりと閉まる。

運転士は小窓から首を伸ばして後方を確認すると、おもむろに眼の前の弁を回した。

一輛きりの電車がごとりと動き出す。全てが後ろに流れ始める。紅の空だけが動かない。

電車は東海道本線から弾き飛ばされる様にぐるりと北に針路を変える。右手に富士山が聳えている。東海道本線から見るより遙かに大きい。一面の白だった頂が紅に染まっている。赤富士などではない。紅富士である。思わず松竹映画の冒頭を思い出すが、あれは白富士だった筈である。だがどこかで見た事がある紅い山だと思っていたら、それはアメリカのパラマウント映画の冒頭だった事に思い至った。それにしても、紅に染まった富士は美しい。頬を赤らめた美少女の如き趣がある。だがその美少女の懐の中で、ジャック・リドリーは息絶えた。何となく不思議な気持になる。

富士が真正面に移った。電車はこのままその麓に突っ込んで行く態勢である。一輌だけなのに勇敢であると思う。富士に向かって電車を毎日運転する運転士の気分は果たして如何なものなのだろうかとも思う。すぐに電車は再び右に舵を切る。紅富士がゆっくりと左に動く。

吉原本町駅。駅の左側にある商店街はほぼ全て閉まっている。その次は本吉原駅。どちらが吉原という街の中心に近いのかは知らないが、電車は無人の街の中を進む。

岳南原田駅から紅富士は電車のほぼ真左に位置を固定した。この鉄道は地図上では「つ」の逆の形をしている。下の端が吉原駅、そして上の端が終点の岳南江尾駅である。

街を抜けた電車は工場地帯に入る。「なんだか京浜工業地帯の鶴見線あたりに乗っているかのようだ」と『時刻表おくのほそ道』にあった通りの気分になる。だがこちらの工場は殆ど操業していない様で、映画『ロボコップ』の、ロボコップと悪役どもが最後に対決する廃工場を連想させなくもない。それに富士の麓が工場だらけでいいのかと云う気もしなくはない。

無人の貨物専用の歩廊がぽつねんと佇んでいる。東成田駅の地下の廃歩廊が地上に浮かんだ趣がある。付近にはかつての操車場らしき空き地が草に埋もれている。

比奈駅。雛祭りの日に生まれた平山三郎の愛娘の名は比奈子。命名は百閒である。

岳南富士岡駅には電気機関車が二機留置されている。今も運用があるのかどうかは知らない。


乗客は徐々に減る。駅に停まる度に運転士は後ろの料金箱付近で降車客の切符を集め、途中駅からの乗客なら運賃を徴収し、そして全てが終わってから首を伸ばして後方確認を行う。その彼が須津《すど》駅に停まった時にすうと立ち上がり、無駄のない早足で車輛後部に向かった。そこには手押し車を抱えていた足の不自由らしい老女がいた。運転士は無言のまま手馴れた動作で重そうな手押し車を歩廊に降ろし、それから老女の下車を手伝った。老女は何度も有難う、有難うと云った。運転士はただ帽子の庇に軽く手を当ててそれに答えただけであった。そうするのが当然である行為に対し礼を云われて困惑している様にも思われた。

運転士は先程と変わらぬ足取りで運転席に戻り、後方確認をしてから電車を発車させた。私は銚子電鉄の笠上黒生駅で見た初老の駅員を思い出した。あの駅員は今日も、否、今も上り線と下り線の歩廊を走りながら行き来し、列車の進路の安全を指差しながら確認していることだろう。


空の紅は急速に水色に侵食されつつある。私は何となく富士を見てみた。

そして驚愕した。既に紅はない。もはや美少女どころではない。そこにあるのは凍り付いたかの如き富士だった。夕陽に染まっていた白は既に蒼白になっている。蒼白だけが空に浮いている様に見える。山の麓は空の色と同化している。富士が瞬時に凍り付いたかの様に思える。

その様は静かな戦慄すら感じさせる壮大な三角だった。それはもう、自らに少しでも触れようとする者を瞬時に凍結させるに違いない富士だった。私は斯様に恐ろしさを感じる山を見た事がない。かつて軽度の高山病に罹りながら見上げた中国西端のパミール山脈は、荘厳さは感じさせても恐ろしくはなかった。信越本線から見た妙義山は形が凶悪なだけだった。だが紅を落とした後の美少女は、下界にみじみじと棲みながら遺産云々に汲々としている人間どもの存在なぞ歯牙にもかけぬ程の、孤高な気高い女王の姿を私に見せつけていた。

私はその女王の姿に魅入った。そして、光栄にも女王に拝謁できた幸運を喜んだ。

一九八一年十二月二日。宮脇は岳南鉄道の終着駅である岳南江尾駅に降り立った。

「岳南江尾は、この辺でやめときましょか、といったような中途半端な終着駅で、駅のほかには何もなかった。行くところも、することもないし、電車のほうも、終着駅だから一応は挨拶に来たが、こんな駅に用はありませんのですぐ失礼します、とばかり、たったの一分停車で折り返す。14時42分着の43分発なのである。一分間とは運転士と車掌とが入れ替わるためだけの時間で、これほど冷遇されている終着駅は他にないだろう」（『時刻表おくのほそ道』）。

一輌きりの電車はゆっくりと新幹線の高架を潜り、速度を緩めて停車した。

「私は岳南江尾が気の毒になったが、早くも冬の日が傾いて、寒々とした駅と本当の寒さとが重なりはじめている。私たちは車掌にせき立てられながら、ふたたび電車に乗りこんだ」。『時刻表おくのほそ道』は右の文章で終わっている。だが私の物語はもう少し続く。

空は水色から藍色に転じている。小さな歩廊に電灯が点っているが、それが余計に寒々しい。離れに駅舎がある。歩廊とは繋がってはいない。側線を渡った場所にぽつねんと建っている。ここまで乗っていた他の二人の姿はもう見えない。歩廊に私だけが残された。静寂が訪れる。突如として、どんと云う衝撃波が伝わる。無数の室内灯を点らせた新幹線が走り去って行く。ひゅんひゅんひゅんひゅんと云う音が十六回鳴った後、光の波は名古屋の方向に流れて行く。静寂。

電車はそそくさと上りとなって折り返して行った。駅の先には貨物輸送時代の名残らしい側線が何本か延びているが、全て駅から少し離れた地点で寸断されている。その先は何ら変哲の無い住宅街が並んでいる。駅の周囲もまたただの住宅地である。

私は薄暗い駅舎の方に向かった。それは駅舎だった廃墟だった。かつてはここに駅員がいて、切符を売ったり、改札口で検札したりしたのだろう。切符売り場の硝子窓には木材が打ち付けられており、改札口はただの通路と化している。通路でもない。歩廊に行くのにこの旧駅舎を通る必要はない。傍らの道から両脇の空き地を通れば直接歩廊に上がれる。

この建物はもはや地上の誰にも必要とされていない。傍らの簡易便所ほどの存在意義もない。

そんな建物の中に突っ立ったまま、私はぼんやり思った。まるで、少し前の私の様だな、と。

ウクライナのオデッサでウォッカを浴び続けていた頃から、私はそこで叛乱事件を起こした戦艦についての物語を書いていた。帰国後も書き続けた。そして出来上がったものを幾つもの出版社に送った。返事があれば幸運だった。殆どは返答が無かった。無いままに日は無為に過ぎて行った。私はそれでも諦めなかった。何故かと云うに、私が読んだ本、とりわけ歴史関係の本の中には素晴らしいものもあったが、私が糞本《くそぼん》と呼んだ途方もなく詰まらないものも多かった。それに比べれば私の本の方が遙かにましである筈であった。私はそう信じ続けた。根拠は己の客観性だった。だがその客観性には根拠が無かった。私はただ自らを盲信し続けた。

再び書き直した物を出版社に送り、それから自分で見直してみて表現や構成の稚拙振りに自分で驚くと云う事が繰り返された。私はまた手を加え、送り、それからまた手を加えた。

そんな日々が続いた。何も起きなかった。誰にも見向きをされない原稿を手直ししながら、自分が誰からも必要とされていない人間に思えた。恐らくそうだったであろう。

私は自分の本は簡単に出ると期待した。出てくれと希望した。期待があったから落胆があった。希望があったから絶望した。諦めるのは厭だ。厭だが何も起きない。ならどうすればいい。

何事も面白ければそれでいい。面白い事は、面白いというだけで存在理由がある。

私には何事も面白くなかった。何事も面白くなければ、何事にも存在理由はない。


私は、自分が何の為に生きているのか、よく解らなくなった。

「兎に角人間は、何でもいいから死にさへすればいいのだ」

「死ねばいいと申しますと」

「さうすれば濟むのだ」（内田百閒『續贋作吾輩は猫である』）

私は死ぬには傲慢だった。私の本は出るから死ぬ必要は無い。

私は死ぬには臆病だった。死ぬ事は、死ぬ程恐ろしく思えた。

私は、傲慢で臆病だった。そのお蔭で、死なずに生き続けた。

なんのために生まれて
何をして生きるのか
わからないまま終る
そんなのは　いやだ！

なにが君の　しあわせ
なにをして　よろこぶ
わからないまま　おわる
そんなのは　いやだ！（やなせたかし作詞『アンパンマンのマーチ』）

図書館に、『アンパンマンの遺言』なる本が置いてあった。私は何となく借りた。何故借りたのか未だによく解らない。私は幼年時代に『汽車のえほん』の近を飛んでいた筈のアンパンマンには全く気付かなかった。アニメの第一話は見たが、当時中学生だった私にはさっぱり付いていけない作品だった。その作者の名前など私は知らなかった。だが何となく借りた。

私が叫びたかった言葉の全てが、この本に歌詞として載っていた。この通りだった。何をして生きるのか解らないままに終るなぞ真っ平だった。幸せだの喜びは本が出れば感じられる筈だった。それを知らないままに死ぬなぞ冗談ではなかった。本当に、冗談ではなかった。

自殺するのは、生への絶望を真摯に受け入れ、死への恐怖に打ち勝つ勇気を持つ人だろう。生憎と、私は絶望を受け入れるには傲慢で、恐怖に打ち勝つには臆病だった。

どうにかしなければならない。私はどうにかしようと必死に考えた。

所謂「持ち込み」、即ち原稿をそのまま出版社に送ってもほぼ確実に無視されると云う常識に、私は漸くにして気付いた。人脈《コネ》を利用すべし。然らずんば道は開かれん。

私は大学時代の恩師に涙っぽく送信した。お知り合いの出版社を御紹介戴けますか。
返信はすぐに来た。その前に、まず私が君の作品を読みます。私の所に送りなさい。
私は即座に送った。二月の寒い日だった。それから返信を待った。
卒業式の季節になり、入学式の季節になり、大型連休が近付いた。
私は傲慢にも先生に催促した。あのう、お読み戴けたでしょうか。
失礼。読んでいなかった。だがすぐ読みます。来週会いましょう。
一週間が過ぎた。会うのは私がかつて学んだ大学の構内だった。
ほぼ二十年ぶりの通学路だった。夜だった。暖かい夜だった。
構内からは遅い授業を終えたらしい学生達が賑やかに通る。
私も二十年前はああだったのであろう。それから二十年。
静かになった。今日が私の最後の日の様に思えてきた。
色々な意味で最後だろう。死ぬ訳ではないが、最後。
良い事も悪い事も終る。終ってから、また始まる。
恩師がやって来た。最初は当たり障りのない話。

やがて問うた。この作品は盗作ではないね。
私はぶるぶると首を振った。ちがいます。
恩師は、ゆっくりと頷いた。それから。

私をじっと見て云った。面白かった。とても面白かった。

「受験の日がやってきた。自信は少しもなかった。今年駄目だったら自殺しようとぼくは想っていた。もうどうでもいいやという心境だったが、本当に自殺したかどうかは解らない。多分、やっぱり自殺はしなかったろう」（やなせたかし『アンパンマンの遺言』）

恩師は早速知り合いの出版社の編集者を紹介してくれた。だがこうも云った。出版業界と云う世界は時間がかかるので、二ケ月位は大人しく待ってなさい。それから二ヶ月が過ぎ、更に二ヶ月が過ぎた夏の終わりの日。電話が鳴った。出版社の編集者が私に会いたいと云った。私は指定された日に会いに行った。飯田橋にあるその出版社の建物は、驚く前に笑ってしまう程に小さく見えた。

初老の編集者がおもむろに口を開いた。是非この作品を進行させて戴きたいと考えています。私はそれを既に予測していた。出版社がわざわざ無名の私を呼び付けて「残念ですが」云々を伝えるとは思えなかった。それよりも驚いたのは、編集者が「進行」と云う言葉を使った事だった。それは私の知っている特殊な言葉に似ていた。内田百閒の最初期の作品『地獄の門』で、百閒本人でしかない主人公が高利貸に金を借りる際、こう云われるのである。

「では、實行しませう」

金を貸す事が実行。本を出す事が進行。何となく不思議な感じがした。

印税の話だの、出版予定だのの話がひとしきり続けられた後、私は過分なまでに鄭重な見送りを受けながら出版社を辞した。まだ目も眩む様な残暑の続く九月の薄暮であった。私はぼんやりと飯田橋の駅の高架を北に抜け、神田川沿いをのろのろと歩いた。歓喜だの興奮だのはなかった。実感すらなかった。奇妙な脱力感だけがあった。ぼんやりしていると、左手を中央線の電車ががたん、ごとん、と走って行った。それを見送っていると、今度は総武線の電車ががたん、ごとん、と走って来た。車内の灯火が、もう殆ど黒くなっている神田川の水面にきらきらと光っていた。私はその光がゆらゆらと揺れるのを見ながら、きれいだな、と何となく思った。そして、ぼんやりとした気分のまま思った。そうだ、汽車に乗りに行こう、と。

かくしてこの物語は何となく始まった。そして、もうすぐ終わる。

私はまだ岳南江尾駅にいる。無人となり、無用となった駅舎にいる。

ここまで来たかった。そしてここまで来た。途中で訪れたい所も訪れた。ここまで来たので、ここから帰らなければならない。帰ってどうなるか。帰ってどうするか。そんな事は帰ってから解る事である。自分はどうなるか。自分はどうするか。そんな事は生きていれば解る事である。さばく駅に戻って来てから後のカンさんがどうなったかを知る必要は、今の私には、ない。


もう富士の白も見えない。周りは暗闇の中である。

新幹線が空気を震わせながら東京に向かって突っ走っていく。

あの中から私や岳南江尾駅の存在に気付いた人間は居ないだろう。

だが私にもあの流れる帯の中にいる人々はさっぱり見えない。

また静寂が訪れた。口からほうと白い息が漏れた。


最晩年の内田百閒は殆ど寝たきりになり、宮脇俊三は酒に溺れて作品が書けなくなった。

だが自分に訪れるかも定かでない晩年を考える必要はない。考えてもどうにもならない。

「いつ何が起ころうと当たり前だし、何も起きなくても当たり前だ。なるようになっているだけだ。この世に不思議なことなど何もないのだ」（京極夏彦『姑獲鳥《うぶめ》の夏』）

しにもせぬ旅寝の果よ秋の暮（松尾芭蕉『野ざらし紀行』）

時は　はやく　すぎる
光る　星は　消える
だから　君は　いくんだ
ほほえんで（やなせたかし『アンパンマンのマーチ』）

だが私は一人で微笑むのは厭だから、むっつりとした顔で帰ろうと思う。


暗闇の中から、一輛きりの電車がゆっくりと現われた。

明るい車内に乗客は一人も居なかった。私は行きと同様に最前部に席を占めた。

運転士が通路を歩いてやって来て、帽子の庇に手を当てて私に小さく挨拶をした。

そして運転席に入り縦長の時刻表を所定の場所に差し込み、各計器を指差しながら確認した。

到着から一分後、下り電車はあっと云う間に上り電車となって発車の時を迎えた。

運転士が首を伸ばして後方を確認し、前方の暗闇をさっと指差した。ぷあんと警笛が鳴った。

岳南鉄道の電車は無造作にごとりと走り出した。

歩廊が、駅舎だった建物が、ゆっくりと後ろに流れ始めた。

車窓が一層暗くなった途端、電車はぐらりと傾いた。それからまた傾いた。

かんかんかん、という踏切の警報音が前から後ろに流れて行った。

電車はゆらゆらと揺れながら、私が居た世界に向かってのろのろと走り出した。

ほんとうに　たのしい一日でした。機関士は、あすもつれていってあげようと　いってくれました。

「ぼく、あすもでかけるんだ。すてきだろう」

エドワードは、うきうきして　車庫のなかまにいいました。やがて　エドワードは、ぐっすりねむってしまいました。

（ウィルバート・オードリー『汽車のえほん』第一巻『三だいの機関車』桑原三郎・清水周裕訳）

二年後のあとがき

第一章の名が「近所電車」だった事も、そこに「時は二〇一二年十月初旬の昼下がり。未だに残暑が厳しい」という記述があった事も、読者諸賢のみならず筆者なる私にとってすら遠い過去である。あれから物語は二百七十頁《ページ》ほど進み、時間は二年余り進んだ。げに時は変改す。

この物語は誰にも求められないまま書かれたものであり、当然ながら締切と云うものも存在しなかった。ただ作中の時期に合わせ、せめて初冬に出版出来る様「進行」させられなかったのは矢張り私の責任であり、現代書館の皆様には申し訳ない事をした。そしてそれとは全く別に、進行を担当して頂いた福田慶太氏には途方もない我儘を押し付け続け、その当然の結果として途方もないご迷惑を掛けた。心からお詫びとお礼を申し上げたいのだが、実は最終章でちらりと触れた「別の話」、即ち私の次作も現代書館から進行して頂く予定であり、そしてその制作担当は福田氏に内定しているとの事である。天魔に魅入られたとしか思えない氏には心からお悔やみを申し上げると共に、私の所為で次作の進行が停止だの逆走だのしない様心掛けようと思う。

物語の終焉から二年余りが過ぎ、私のみならず現実の世界も様々に変化があった。

北海道の江差線の半分は廃止され、日本航空の旅客機ＭＤ90と埼玉県の秩父鉄道１０００系電車はそれぞれ退役し、群馬県の吾妻線樽沢隧道は放棄され、静岡県の岳南鉄道は岳南電車と社名を変更した。半世紀に渡って走り続けた誇り高き蒼い女王は、本書の出版後間もなく発車する上野駅発札幌駅行き寝台特急『北斗星』の最終運行列車と共に、日本から永遠に旅立つ。

ＪＲ東日本が常磐線を池袋なぞではなく東京へ、更にその先の品川へ突き進めていた事を、私は物語終了の時点でも知らなかった。常磐線民として自らの不明を愧じている。

東武野田線には新型車輌が投入されている。今に至るも見慣れず乗り慣れない気がする。

空の巨鯨ボーイングＢ７４７には新型が登場した。絶滅などまだまだ先の話らしい。

ＹＳ11の後継機とも云うべき三菱製の国産旅客機ＭＲＪの試作機が完成した。全くもって非常に悦ばしい。私は同機の客席窓の形状を、往年のフランスの名機シュド・カラベルの様におむすび型に、或いは往年のソ連の名機ツポレフＴｕ１３４の様に丸型にすれば、海外の航空会社並びに飛行機好きの熱き視線を浴びる事請け合いであると信じて疑わないのだが、はてさて。

東海道本線の薩埵峠区間は二〇一四年秋に発生した土砂崩れで不通となった。百閒の時代にも斯様な事故が起きたのかどうかは知らないが、死傷者皆無だったのは全くの幸甚であった。

薩埵峠の少し先にある大井川鐵道では、二〇一四年夏にトーマス列車が登場した。全身を真っ青に塗られ、顔に顔を描かれたＣ11の動画を見た私は、ＳＬマンの写真を見た時の様に絶句した。とんでもない姿だと思った。とんでもない姿だから面白いとも思った。そして、『汽車のえほん』の作者ウィルバート・オードリーの偉大さを改めて痛感した。

それから私は、今まで敢えて観ようとしなかった『汽車のえほん』の人形アニメ版を初めて観てみた。矢張り絶句した。私が慣れ親しんだ世界が忠実に再現され、機関車たちが気持良さそうに本当に走っているではないか。トーマスの声がアンパンマンのマチルダ中尉ではないか。ゴードンが自分の事を「おれさま」と呼んでいても気にならなかった。何故ならその声の主は、センベエさんでアポロ・クリードでラオウで鴨川会長だった、偉大なる内海賢二氏だったから。

二〇一三年秋、やなせたかし翁が永眠された。翁の偉大さを改めて述べる必要は無い。

この物語は、私が影響を受けた様々な人々の言葉のお蔭で成立したと思われる。だからして、あとがきも引用にて締めさせて頂こうと思う。その締めの言葉を、僭越ながらも最終章に引き続いて、私にとっての終生の傑作、『アンパンマンの遺言』から賜りたいと思う。

メリメリと異様な音がしたのは、重量のためにベニヤ板が割れる音なのだ。いったいどうなる。かまうもんか、進め。

この世に愁いがないように。

進め！　ＳＬアンパンマン号！

二〇一五年　成人の日とやらの日に　　梅田　十三

梅田十三（うめだ・じゅうぞう）
埼玉県生まれ。
明治学院大学文学部芸術学科卒業。
フィリピンのマニラ及び中国の上海にて外資系企業に勤務。
その後、ウクライナのオデッサに語学留学。
現地企業で翻訳者として勤務した後に帰国。
著作に『戦艦ポチョムキンの生涯』（現代書館、「寺畔彦」名義）。

近所鉄道《きんじょてつどう》

二〇一五年一月三十日　第一版第一刷発行

著　者　梅田十三
発行者　菊地泰博
発行所　株式会社 現代書館
東京都千代田区飯田橋三―二―五
郵便番号　102-0072
電　話　03（3221）1321
F A X　03（3262）5906
振　替　00120-3-83725
組　版　具羅夢
印刷所　平河工業社（本文）
東光印刷所（カバー）
製本所　越後堂製本

日本音楽著作権協会(出)許諾第1416318-401号
校正協力・高梨恵一／地図制作・曽根田栄夫
©2015 UMEDA Jyuzo Printed in Japan ISBN978-4-7684-5753-5
定価はカバーに表示してあります。乱丁、落丁本はおとりかえいたします。
http://www.gendaishokan.co.jp/

本書の一部あるいは全部を無断で利用（コピー等）することは、著作権法上の例外を除き禁じられています。但し、視覚障害その他の理由で活字のままでこの本を利用できない人のために、営利を目的とする場合を除き、「録音図書」「点字図書」「拡大写本」の製作を認めます。その際は事前に当社までご連絡ください。また、活字で利用できない方でテキストデータをご希望の方はご住所・お名前・お電話番号をご明記の上、左下の請求券を当社までお送りください。

活字で利用できない方のための
テキストデータ請求券
『近所鉄道』

現代書館

寺畔彦 著

戦艦ポチョムキンの生涯 1900▼1925

映画史上初めて完成されたモンタージュ技法を使い、革命のプロパガンダ映画として名高い『戦艦ポチョムキン』（エイゼンシュテイン監督）。伝説となった戦艦ポチョムキンの歴史（生涯）をロシア革命史の史実を織り交ぜ描いた物語。

2200円＋税

高橋敬一 著

鉄道と生物・運命の出会い

鉄道本についに新ジャンル誕生！　生物の視点から今まで予期しなかった鉄道の意味を考える。鉄道と運行システムは一種の生態系である！　鉄道と生物のウンチクをユーモアたっぷりの文章で描く痛快教養エッセイ。川本三郎氏書評絶賛

1800円＋税

鈴木常浩 著

モスクワ地下鉄の空気

新世紀ロシア展望

ロシアの首都にはもう一つの顔がある。都市交通網として拡大を続けたモスクワ地下鉄に秘められた歴史を探り、革命と戦争、スターリン主義と冷戦を経て今日に至るロシア現代史の激流を、モスクワ長期留学を経験した日本青年が描く。

2300円＋税

松村美與子 著

パリ・メトロ物語〈増補改訂版〉

2000年7月19日パリ・メトロ開通百年。新設の駅も含め全線・全駅の解説。パリの街角にひそむ物語と思いがけないパリの素顔。賑わうメトロが織りなす文化と歴史のタピストリー。地下からみた日仏文化論。パリ好き、地下鉄好きの必読書。

1800円＋税

北原遼三郎 著

わが鐵路、長大なり **東急・五島慶太の生涯**

東急の創始者・五島慶太の伝記。株買占めなど尋常ならざる経営手法のため「強盗慶太」と非難された彼の情熱と真の願いを明らかにし、彼の知られざる闘いを浮き彫りにする。現代日本を創り出した男の闘いの光と影を活写する。

2300円＋税

正木鞆彦 著

バス車掌の時代

ワンマンバスの無愛想な料金箱の場所に、かつて、紺色の制服を着た女性車掌が立っていた。女性労働者の誇りと受難と屈辱の歴史が今、ここに甦える。バス車掌のルーツと歴史、仕事の実態、生活と家庭等15年の歳月をかけた書き下しルポ。

2500円＋税

定価は二〇一五年二月一日現在のものです。